Hegel
et le procès d'effectuation

Ouverture philosophique

Collection dirigée par Aline Caillet, Dominique Chateau, Jean-Marc Lachaud et Bruno Péquignot

Une collection d'ouvrages qui se propose d'accueillir des travaux originaux sans exclusive d'écoles ou de thématiques.

Il s'agit de favoriser la confrontation de recherches et des réflexions, qu'elles soient le fait de philosophes « professionnels » ou non. On n'y confondra donc pas la philosophie avec une discipline académique ; elle est réputée être le fait de tous ceux qu'habite la passion de penser, qu'ils soient professeurs de philosophie, spécialistes des sciences humaines, sociales ou naturelles, ou… polisseurs de verres de lunettes astronomiques.

Dernières parutions

Michel J.F. DUBOIS, *La métaphore et l'improbable. Émergence de l'esprit post-scientifique ?,* 2015.
Ado-Dieumerci BONYANGA, *Émancipation et révolution biologique selon Habermas*, 2015.
Olivier LAHBIB, *Phénoménisme et empiriocriticisme*, 2015.
Camille LACAU ST GUILY, *Henri Bergson en Espagne. Une histoire contrariée (1875-1930)*, 2015.
Guylain BERNIER, *La Vidéo de soi sur Internet : rendre visible sa différence. Au-delà de la technologie, les fondements sociaux*, 2015.
Jean PIWNICA, *Le temps des philosophes,* 2015.
Robert PUJADE, *Fantastique et Photographie, Essai sur les limites de la représentation photographique*, 2015.
Nassim EL KABLI, *La Rupture. Philosophie d'une expérience ordinaire*, 2015.
Laurent CHERLONNEIX, *De la volonté de vérité à la Mort de dieu*, 2015.
Paul DUBOUCHET, *De Georg Wilhem Friedrich Hegel à René Girard. Violence du droit, religion et science*, 2015.
Oscar BRENIFIER, *Apologie de la métaphysique. Ou l'art de la conversion*, 2015.
Reza ROKOEE, *L'attitude phénoménologique comparée, de Husserl à Avicenne*, 2015.
François BESSET, *L'âme de la guerre. Petite métaphysique de la Nation*, 2015.
Philippe FLEURY, *Hegel et l'école de Francfort*, 2015.
Pierre ZIADE, Généalogie de la mondialisation, analyse de la crise identitaire actuelle, 2015.
Hamdi NABLI, *Foucault et Baudrillard : la fin du pouvoir*, 2015.
Richard GROULX, *Michel Foucault, la politique comme guerre continuée. De la guerre des races au racisme d'État*, 2015.

Hamdou Rabby Sy

Hegel et le procès d'effectuation

Des figures abstraites de la conscience aux figures de l'esprit

L'Harmattan

Du même auteur, chez L'Harmattan

Hegel et le principe d'effectuation. La dialectique des figures de la conscience dans La Phénoménologie de l'esprit, 2015.

5-7, rue de l'Ecole-Polytechnique, 75005 Paris

http://www.harmattan.fr
diffusion.harmattan@wanadoo.fr
harmattan1@wanadoo.fr

ISBN : 978-2-343-07001-8
EAN : 9782343070018

DEDICACE

A mes parents

Remerciements

Il n'y a pas de réalisation effective sans soutien réel ; c'est le moment de remercier mon épouse, mes enfants et mes amis qui ont attendu ce moment, depuis la soutenance de ma Thèse en 2007. Ils m'ont permis de retrouver l'élan qui m'a toujours animé en m'encourageant à publier. Parmi les noms à citer, je tiens à remercier très chaleureusement ma fille Fati qui a eu le courage de prendre son temps pour la relecture d'un texte ardu avec une grande attention rigoureuse. Ma reconnaissance à Philippe qui m'a accompagné avec rigueur et technicité aussi bien sur la forme et que sur le fond avec des remarques critiques, mais toujours avec bienveillance.
Je tiens à associer les noms de certains mes professeurs, M. Kane, M. Gouët (mon professeur au lycée).
A Abderrahmane, à Ousmane, à Mody, à Nicolas, à Joseph, à Astrid, à Alexis et à Pierre-Mohamed.
Mention spéciale à mon oncle Demba qui m'a toujours fait confiance.
A ceux et à celles qui de près ou de loin, n'ont cessé de m'encourager et de me soutenir. Qu'ils partagent avec moi la joie d'avoir pu réaliser cet ouvrage.
A mes frères Béchir et Thierno
A Fatima

Introduction

Il s'agit du procès de manifestation de l'essence spirituelle dans la réalité effective des figures de l'esprit, qui ne ressortissent plus à l'abstraction des figures en tant que présentation de l'esprit sous la forme de « conscience en général ». S'il est vrai que la *Phénoménologie* est le parcours total de la conscience, de la certitude sensible jusqu'au savoir absolu, il importe de remarquer que c'est bien l'esprit qui est retenu pour le titre final de l'œuvre. Dans la mouvance de son questionnement sur le sens du passage de la raison à l'esprit, Pierre-Jean Labarrière écrit : « Une question ne peut manquer de surgir : puisque la *Phénoménologie de l'Esprit*, comme son titre l'indique, n'a d'autre sens unitaire que d'exposer la « manifestation de l'Esprit » dans sa réalité effective et concrète, quelle signification peut revêtir, à l'intérieur de ce mouvement total, une section particulière qui emprunte pour titre ce concept-clé [1]? »
Chaque étape du parcours de la conscience en tant qu'expérience constitue un moment décisif de son devenir dans la mesure où la totalité spirituelle ne s'accomplit que par le processus de sa réalisation. C'est en ce sens que Hegel rend compte des figures abstraites en termes d'esprit sous la modalité de la conscience en général telle qu'elle est constituée par les trois figures de la Conscience : « L'esprit est donc *conscience* en général, ce qui comprend dans soi certitude sensible, percevoir et l'entendement dans la mesure où, dans l'analyse de soi-même, il tient fermement le moment selon lequel il est à soi effectivité *étante*, *ob-jective*, et abstrait de ce que cette effectivité est son être-pour-soi propre[2]. »
La présentation de l'esprit dans son devenir s'accomplit donc sous le mode de la récapitulation des expériences antérieures, dans la mesure où elles ont permis de libérer l'esprit de son abstraction autant objective que subjective. La première étape de l'esprit fut de « dés-objectivation » et la deuxième de « dé-subjectivation » ; et la première forme de réconciliation s'est manifestée au niveau de l'effectuation de la raison. C'est en ce sens que la raison est advenue en tant que devenir de l'esprit dont la figure la plus concrète est l'agir de l'autoconscience rationnelle, l'individualité agissante. La raison est,

---

[1] Pierre-Jean Labarrière, *Structures et mouvement dialectique dans la Phénoménologie, op.cit*, p. 110.
[2] *Phénoménologie de l'esprit*, p. 404.

de ce point de vue, la conscience universelle de l'esprit. Comme le souligne Jean Hyppolite : « La raison était bien la conscience de soi universelle, mais seulement en puissance, non en acte[3]. » La dialectique de la sursomption qui a caractérisé le cheminement des figures se présente dans sa dimension processuelle en tant que procès d'effectuation, parce que l'attribut de l'esprit n'est plus l'*abstraction*, mais l'*effectivité*.

« L'esprit est du coup l'essence réelle absolue qui se porte soi-même. Toutes les figures de la conscience jusqu'alors en vigueur sont des abstractions de ce même [esprit] ; elles sont ceci : qu'il s'analyse, différencie ses moments, et séjourne auprès de [moments] singuliers[4]. » L'esprit est la substance qui est sujet en ce sens que la certitude s'est déployée comme vérité. En s'élevant à la certitude de soi comme vérité du monde, la conscience a réalisé que son contenu véritable est la substance en tant que configuration rationnelle du monde. C'est pourquoi, le devenir de l'esprit en tant que conscience, s'est *différencié* à travers les figures qui le constituent en s'y effectuant dans sa totalité en mouvement. Ce mouvement de l'essence est caractéristique du procès d'effectuation de la conscience dans la mesure où la réflexivité qui l'anime ne met en scène son fondement que dans le processus même de son advenir.

Quand la raison s'est manifestée comme l'énonciation de l'esprit par la catégorie, en tant que celle-ci est l'affirmation conceptuelle de l'effectivité du monde, l'autoconscience est parvenue à un degré suffisant d'effectivité pour s'engager dans la dissolution de l'abstraction. La posture de l'esprit est de s'affirmer dans l'élément de la pensée tout en se déterminant sous le mode de l'objectivité existentielle en s'assumant à travers la singularité manifestée des esprits réels. C'est pourquoi l'esprit va se manifester dans son immédiateté en tant qu'esprit vrai, comme règne éthique du monde.

L'effectuation de l'esprit va mettre en œuvre le procès de concrétisation de la substance, de son immédiateté éthique à sa certitude morale. Trois moments constituent le devenir de l'éthicité comme esprit réel : la confrontation de la loi humaine avec la loi divine, l'effectuation éthique par l'opposition du savoir humain et divin et la figure de l'état de droit. La substance éthique va se dépouiller de son essentialité pour s'incarner à travers des effectivités

---

[3] Jean Hyppolite, *Genèse et Structure de la Phénoménologie, op.cit*, p. 312.

[4] - *Phénoménologie de l'esprit*, p. 404.

éthiques. C'est en ce sens que Hegel affirme que « L'esprit est la *vie éthique* d'un *peuple*, dans la mesure où il est *vérité immédiate*, l'individu qui est un monde[5]. » S'agit-il de monde réel où l'empreinte de l'épaisseur historique est présente ?
Le procès de l'esprit se déploie sous le signe d'une forme de concrétude qui ne peut être seulement considérée comme de l'ordre des allusions. S'il est vrai que l'imbrication de l'historique et du logique dans la configuration phénoménologique de la figure en sa dimension abstraite est complexe, il est significatif de constater que la résonance historique des effectivités de l'esprit est plus qu'allusive. La conscience singulière déterminée par l'abstraction est sursumée par la conscience collective, sous la figure de l'esprit comme monde éthique, monde déchiré, monde certain de soi.
L'esprit est dès lors le monde de l'effectivité dans la mesure où il est la présentation de son dédoublement « dans son élément obje-ctif[6] ». A cette étape d'énonciation de l'expérience spirituelle de la conscience, ce propos de Otto Pöggeler nous semble mettre en relief le niveau d'effectivité auquel elle parvient : « Il s'agit maintenant beaucoup moins d'une expérience que fait la *conscience* que d'une « expérience de l'*esprit* ». Or l'expérience de l'esprit est conçue comme le mouvement dans lequel l'esprit fait l'expérience de lui-même. Il s'aliène et revient à soi en se dégageant de cette aliénation. Le concept de conscience est dépassé par le concept d'esprit[7]. »

[5] *Phénoménologie de l'esprit*, p. 405.
[6] *Ibidem.*
[7] Otto Pöggeler, *Etudes hégéliennes*, Vrin, Paris, 1985, p. 230.

I-Le procès d'efffectuation dans la configuration de la substance éthique

Dans les premières pages de l'introduction à cette section, Hegel avait défini la substance comme « œuvre universelle » à laquelle tous participent en tant que peuple comme en tant qu'individu : « Cette substance est tout autant l'*œuvre* universelle qui s'engendre par l'*agir* de tous et de chacun comme leur unité et égalité, car elle est l'*être-pour-soi*, le Soi, l'agir[8]. » Ce qui constitue la substance comme essence universelle, c'est le fait qu'elle résulte de l'agir de tous en tant que peuple et de l'implication de chacun comme individu. Il ne s'agit pas d'une substance immuable, mais de l'œuvre universelle engendrée par la fluidité de l'agir. Ce que Hegel va exposer dans sa dimension éthique est la confrontation entre l'épaisseur de la substance et l'autoconscience singulière dans son agir. L'affirmation de la conscience est nécessairement sous le signe de la scission qu'elle éprouve dans son opposition à la substance. Celle-ci en tant qu'esprit dans sa manifestation immédiate est « conscience », et comme telle « disjoint ses moments les uns des autres[9]. »

Le procès d'effectuation de l'esprit vrai

L'esprit vrai comme première figure de la substance spirituelle va donc se déployer sous la modalité de l'immédiateté. Ce qui l'apparente à la dialectique de la conscience. L'essence de la substance se manifeste à travers une opposition structurelle qui définit son mode de fonctionnement en tant qu'effectivité éthique. Il s'agit de moments structurés de façon différenciée tout en étant articulés à l'effectivité éthique de l'esprit. Or, la conscience éthique prétend s'apparenter à la substance éthique en ce sens qu'elle s'est dépouillée de son abstraction phénoménale. Elle va se confronter ainsi avec la singularité éthique universelle qu'est la famille et avec la substance éthique effective qu'est le peuple. Cette nouvelle configuration va s'effectuer avec sa dialectique propre où le singulier et l'universel vont s'affronter à travers la conjonction de la sensibilité et de l'éthique par la médiation de l'anthropologique, c'est-à-dire la famille et le peuple. De l'échec de cette figure à exprimer l'universalité éthique

---

[8] *Phénoménologie de l'esprit*, p. 403.
[9] *Phénoménologie de l'esprit*, p. 406.

effective découlera l'émergence du sujet abstrait impersonnel et universel qu'est le citoyen au sein de l'état de droit. Sous le règne éthique de l'esprit, la reconnaissance de l'universalité de l'individu est traversée par l'opposition du naturel au spirituel. Autant la famille est le premier cadre de sociabilité qui concrétise le passage de la nature à la culture, autant la cité ou le peuple représente l'effectivité universelle éthique.
L'agir de la substance éthique se déploie alors à travers le mouvement de la conscience, dont la puissance de division et de différenciation va mettre au jour l'existence effective, le peuple, la famille, le gouvernement et le citoyen. Ces moments différenciés articulés à la totalité spirituelle apparaissent comme *l'effectivité éthique* de l'esprit. L'esprit se meut ainsi à travers la conscience éthique en tant que celle-ci est singularité déterminée par le procès de la substance éthique. C'est pourquoi, Hegel va signifier la fluidité de cette substance à travers les différents éléments qui la constituent dans son agir en tant qu'autoconscience effective universelle.
La substance éthique est ainsi traversée par l'opposition en son sein de son essence abstraite et de son extériorisation, à travers les figures qui la représentent et qui se présentent dans leur configuration propre, comme des « effectivités éthiques ». Ce qui constitue le mode de détermination de la substance éthique, c'est le principe de différenciation qui s'est manifesté comme mouvement de la conscience. La singularité qui détermine la conscience éthique « a la signification de l'*autoconscience* en général », parce qu'elle n'est plus une « conscience contingente singulière»[10]. L'effectuation de la substance éthique en tant qu'esprit immédiat apparaît sous le jour de la multiplicité foisonnante des « rapports éthiques » qui déterminent son agir sous le signe de « la dualité d'une loi de la singularité et d'une [loi] de l'universalité[11] ».
En fait, le procès de manifestation de la substance éthique tel que Hegel le présente condense toutes les étapes de son règne éthique qui n'est autre que l'esprit immédiat. Etant donné qu'il se met en scène en tant que substance effective, il se révèle dans sa partition en s'individualisant par la médiation de la singularité des effectivités qui la constituent. C'est ce Hegel expose dans ce passage: « Cet esprit, on peut le nommer la loi humaine, (...), dans la forme de l'*effectivité*

---

[10] *Phénoménologie de l'esprit*, p. 408.
[11] *Ibidem.*

autoconsciente d'elle. Il est, dans la forme de l'universalité, la loi *bien connue* et l'ethos *présent-là* ; dans la forme de la singularité, il est la certitude effective de soi-même dans l'*individu* en général, et la certitude de soi comme *individualité simple* il l'est comme gouvernement ; [...][12]. »

La substance éthique est l'esprit en tant que peuple, communauté naturelle organique où la présence de la singularité est articulée à l'universel que représente la cité. Aussi, l'individualité qui incarne la rationalité du Soi est-il le gouvernement qui est la figure juridico-politique du peuple. La dimension politique de l'être-là de la substance est constitutive de son agir qui met en évidence la relation de l'individu au peuple ou à la cité comme fondement de la communauté rationnelle et organique dont le modèle est la cité antique. Hegel pense constamment l'individu comme membre d'une famille, d'un peuple, citoyen d'une cité ou d'un Etat. L'individu n'est pas ce sujet solitaire qui trouverait en lui le sens de son existence ou les raisons de son agir. Il est une singularité dont l'essence est l'effectivité éthique et universelle du corps social en tant que peuple ou gouvernement. De la famille à l'Etat, l'individu se constitue comme effectivité singulière en tant qu'il est conscient de son appartenance à un peuple. Chacune des effectivités éthiques que représentent la famille, le peuple, le citoyen ou le gouvernement est un mode de particularisation de l'universel éthique dans la mesure où il s'incarne à travers des singularités universelles.

En effet, le règne éthique de l'esprit est traversé par la nécessité d'advenir à soi en se concrétisant par la médiation de la loi humaine et de la loi divine qui constituent les deux figures de la puissance éthique. En ce sens la figure anthropologique de la famille est le lieu de convergence de la nature, de la raison et du divin. Comment la famille incarne-t-elle ces trois dimensions de la substance éthique ? En tant qu'effectivité immédiate dont le fondement est la relation entre l'homme et la femme, la famille est d'essence éthique et non naturelle. Elle résulte de l'articulation de l'universel et du singulier sous le mode de détermination d'une totalité particulière.

Mais la famille définit le statut de chaque membre par la position qu'il occupe : homme/femme, père/enfants, mère/enfants, frères/sœurs, époux /épouses. Cette configuration est structurée par la culture, c'est-à-dire la raison, en ce sens que les relations sont déterminées de façon

---

[12] *Phénoménologie de l'esprit*, p. 409.

éthique. Il y a comme une loi divine qui veille à la structuration des rapports entre les membres de la famille, *première organisation universelle de l'humanité*. Entre nature et culture, la famille est la figure de l'effectivité éthique constituée d'une pluralité de rapports éthiques. Expliquant la configuration de la famille, Hegel affirme : « Tout d'abord, parce que l'[élément] éthique est l'universel en soi, le rapport éthique des membres de la famille n'est pas le rapport de la sensation ou la relation de l'amour[13]. »

En soi l'éthicité est universelle dans son principe dans la mesure où elle est une émanation pratique et effective de la raison. La famille comme dimension naturelle de l'essence éthique est tout aussi une figure relevant de la substance spirituelle et à ce titre est esprit. C'est pourquoi, sa configuration est le terreau de l'intelligence des autres figures de l'effectivité spirituelle et éthique. Particularité universelle et spirituelle, la famille se conçoit comme une totalité constituée de singularités, que le peuple représenté par le gouvernement entend récupérer en vue de la destiner à une existence publique contraire à l'harmonie familiale. « Cette détermination ne tombe pas dans la famille elle-même, mais concerne ce qui est vraiment universel, l'essence-commune ; elle est plutôt négative en regard de la famille, et consiste dans le fait de lui retirer le singulier, d'assujettir sa naturalité et singularité, et de le tirer vers la *vertu*, vers la vie dans et pour l'universel. La fin *positive* caractéristique de la famille est le singulier comme tel[14]. »

La singularisation de la substance éthique dans l'élément de l'être en adéquation avec son principe universel ne conforte pas la famille dans sa vocation à maintenir le lien organique interne. Elle dissout plutôt la piété familiale en arrachant ses membres en vue de leur conférer une posture universelle qui ne s'accorde pas avec la nature de la cohésion propre à la nature de la piété familiale. Cette scission constitue l'opérer éthique tel qu'il est effectué par la conscience. Aussi, la multiplicité éthique constitue-t-elle le contenu en mouvement de la substance dans la mesure où son immédiateté implique un processus de différenciation qui ne trouvera son ultime figure qu'au niveau de l'esprit certain de soi. C'est à ce titre que la famille illustre cette opposition déterminée du singulier et de l'universel, dont le procès d'effectuation met en exergue la richesse de la substance spirituelle.

---

[13] *Phénoménologie de l'esprit*, p. 410.

[14] *Phénoménologie de l'esprit*, pp. 410-411.

C'est à travers son effectuation que la substance se dépouille de son essence compacte et se libère à travers les effectivités singulières qui incarnent son universalité effective. Le ressort de ce processus de manifestation de l'essence spirituelle, sous la forme déterminée de l'esprit immédiat, est la tension interne à la substance où s'affrontent son unité substantielle et la différenciation autoconscientielle singulière.

En soulignant la tension entre la revendication de la singularité pour la famille et l'appartenance universelle de l'individu au peuple, Hegel met en scène la scission qui est au cœur de la substance éthique avant qu'elle ne se concrétise. La trajectoire de la substance spirituelle se traduit par l'avènement des figures effectives universelles et singulière. C'est l'advenir de l'effectivité éthique qui traduit la tension de l'opposition entre la conscience singulière et l'épaisseur éthique universelle qui la propulse vers ses limites.

La dialectique de la détermination de la conscience éthique comme effectivité universelle singulière revêt la signification de la négativité dont le rôle est de sursumer la scission qui traverse la substance éthique en tant qu'elle est sous le mode de l'immédiateté. Substance et conscience se confrontent pour faire advenir l'effectivité éthique sous la figure de l'universalité spirituelle. Cette confrontation se déploie en tant que mouvement de la division au sein de la substance, dans la mesure où ses déterminations sont la conscience et l'éthicité immédiate. C'est pourquoi la première effectivité de la scission de la substance est l'effectivité éthique. Elle se manifeste sous les formes déterminées que sont le peuple « substance effective », et l'individu « conscience effective » en tant que citoyen. Pour Hegel, l'Etat est « monde éthique vivant », d'où son effectuation à travers des effectivités dont l'épaisseur éthique résulte du procès d'effectuation de l'esprit.

Qu'il s'agisse de la famille, du peuple, du gouvernement, c'est la puissance éthique qui se concrétise. En se mettant en mouvement, l'esprit agit par le procès de la singularité qui fait advenir chaque effectivité éthique en tant que forme déterminée de la substance éthique : une succession de figures qui constituent le contenu de l'effectuation éthique. En fait, l'essence spirituelle se manifeste à travers la conscience afin de sursumer la contingence de la singularité en posant l'universalité éthique de l'autoconscience. En tant que substance éthique, l'esprit apparaît dans son immédiateté comme esprit vrai. « Parce que l'éthicité est l'esprit dans sa vérité *immédiate*, les côtés dans lesquels se sépare sa conscience tombent aussi dans cette forme de l'*immédiateté*, et la singularité passe dans cette négativité *abstraite* qui, sans consolation ni réconciliation *en soi-même*, doit nécessairement la recevoir *essentiellement* par une *opération effective* et *extérieure*[15]. »

Désormais, l'esprit s'incarne à travers des effectivités éthiques universelles, qui ne relèvent plus de l'abstraction de la conscience, même si, elles demeurent sous l'emprise de la négativité effectuante de la substance spirituelle. La détermination qui s'opère au sein de la substance spirituelle dans sa dimension éthique met en scène le principe de la conversion de l'essence spirituelle de son intériorité à son extériorité. Partant l'essence spirituelle est écartelée entre la nécessité éthique et la contingence naturelle. La famille, est en tant qu'essence naturelle éthique, révélatrice de cette situation ; *elle est à la fois de l'ordre de la nature et d'essence éthique*.

En fait le monde éthique s'est manifesté comme la sphère de la fusion et de l'harmonie de la nature et de l'éthicité. Or, il est exposé à l'antagonisme entre le droit à la singularité auquel est attachée la famille et à l'exigence éthique de son appartenance au peuple et à la puissance éthique. La notion de devoir surgit comme le mode de manifestation de la dimension éthique du membre de la famille. Ainsi la relation de l'individu au devoir est la médiation qui l'élève de la singularité naturelle à l'universalité éthique. « Le devoir du membre de la famille est pour cette raison d'adjoindre ce côté pour qu'aussi son *être* dernier, cet être *universel*, n'appartienne pas seulement à la nature et ne demeure pas quelque-chose d'irrationnel, mais [soit] quelque chose d'*agi*, et que soit affirmé en lui le droit de la conscience[16]. »

Chaque moment de ce processus de division de la substance en tant qu'effectivité éthique est l'articulation de l'essence commune comme loi avec l'affirmation de la singularité en tant qu'individu. Il y a comme l'advenir de l'effectivité éthique, avec comme mode de médiation la singularité de la conscience éthique. Pour que la substance spirituelle se dépouille de son essentialité, il faut l'agir de la négativité dont le principe est la différenciation. Ce principe, dans sa dimension positive, est la loi éthique. Deux puissances se disputent le sens de l'effectivité éthique dans la mesure où chacune, selon le

[15] *Phénoménologie de l'esprit*, p. 412.

[16] *Ibidem*.

principe de son agir, se détermine comme une essence effective : la loi humaine et la loi divine, le peuple et la famille.

Le sens de la conjonction de la substance en tant qu'essence universelle et de l'individualité éthique est de saisir la nature de l'effectivité éthique, dans sa dimension aussi bien singulière qu'universelle. Car, ce qui constitue l'éthicité, c'est le dédoublement de la substance dans la vérité immédiate de l'esprit. Sans entrer dans les détails du procès de manifestation de la substance éthique dans la famille, il importe de saisir cette *effectivité anthropologique* comme articulation de la contingence naturelle et de la nécessité éthique. Pour Hegel, la famille, dans sa dimension anthropologique, met en scène la conjonction du singulier et de l'universel par la médiation de l'éthicité et de la nature. Le passage de la sphère divine à la sphère humaine qui définit ce moment s'effectue comme mode de conversion de l'indéterminé en déterminé. « Il est maintenant l'opposition déterminée des deux sexes, dont la naturalité obtient maintenant la signification de leur détermination éthique[17]. »

L'éthicité comme procès d'effectuation de l'effectivité éthique

Le devenir de la substance s'énonce dans son immédiateté à travers la figure de la famille en tant que première forme d'articulation du singulier et de l'universel. Il s'agit du processus par lequel la substance s'extériorise par l'activité de division qui fait qu'elle s'incarne à travers des effectivités qui sont aussi des essences universelles. Il est de l'essence de la substance de se manifester, de se libérer de son essence intérieure. Le moment de l'immédiateté revêt une signification importante pour Hegel, parce qu'il traduit la nécessité de la médiation et de la sursomption pour que surgisse l'effectivité. Pourtant, l'esprit est déjà effectivité, mais en-soi dans la mesure où il est le résultat de tout le procès antérieur de la conscience. Il doit s'effectuer en tant qu'effectivité pour devenir en-soi et pour-soi. C'est pourquoi l'esprit vrai apparaît dans son immédiateté en tant que monde éthique. Ce monde est structuré par le procès de la division qui, à ce niveau, se manifeste à travers la « belle vie éthique » que représente pour Hegel la cité grecque antique.

Dans le procès d'effectuation de l'esprit à toutes les étapes, la dimension historique apparaît comme l'épaisseur qui sous-tend le

[17] *Phénoménologie de l'esprit*, p. 418.

mouvement de la conscience dans l'élément de la substance. Il ne s'agit plus d'abstraction, mais de la *réalité spirituelle* en procès. C'est pourquoi, la succession des moments de l'esprit tels que Hegel les présente requiert une attention particulière à l'histoire. La cité grecque antique permet à Hegel d'illustrer l'articulation qu'il établit entre la nature et l'esprit dans la mesure où le membre de la famille est l'unité complexe de la nature et du spirituel. De même que l'homme et la femme éprouvent à travers l'amour le sentiment naturel ; et dans le mariage, l'union éthique et sociale. La vie de l'esprit s'accomplit dans le sens de surmonter cette présence de la nature qui ne peut satisfaire le sens de la réflexivité qui l'anime. Certes, en se divisant, l'esprit est dans la dynamique de son essence, mais les configurations spirituelles qui rythment le procès d'effectuation ne sont pas libérées de la nature. C'est dans l'approfondissement de la scission de son intériorité que surgira l'effectivité spirituelle concrète.

De l'esprit vrai à l'esprit certain de soi-même, l'esprit se manifeste à travers des effectivités qui sursument leur opposé dans la mesure où il s'inscrit dans la logique de l'agir de l'autoconscience. L'esprit n'adviendra à soi même que dans la figure de l'effectivité absolue. Certes, la dualité conscientielle s'est convertie dès lors que la raison est advenue comme réalité effective d'un monde, mais le dédoublement qui se présente comme contenu de la substance éthique demeure de l'ordre de la nécessité intérieure de la scission. Chaque mode de manifestation de la substance résulte ainsi de cette opération de l'esprit qui investit le champ de l'histoire pour échapper à l'abstraction inhérente à la conscience.

En effet la dialectique de la conscience éthique se déploie sous l'angle de l'agir, qui dans sa détermination effective, est l'opérer de « l'individualité singulière » en tant qu'autoconscience singulière. C'est ainsi que Hegel présente l'individualité singulière dans l'universalité de son agir comme sursomption de sa particularité contingente. C'est à travers l'effectivité de l'agir qu'elle se détermine. Elle se meut dans l'univers éthique vivant qu'est le peuple et s'est déterminée en tant qu'autoconscience éthique. Etant donné que « l'acte est le Soi effectif », la conscience éthique se définit dans le mouvement de son agir.

Comme procès de concrétisation, le procès d'effectuation détermine le mouvement de la substance éthique. Il se déploie au cœur de l'éthicité à travers l'effectuation de l'autoconscience, dont la détermination essentielle est le devoir. Celui-ci est le mode de concrétion de l'essentialité éthique dans sa relation avec la conscience éthique en mouvement. C'est ce qui ressort de ce passage : « [...], elle [= l'autoconscience] est l'*orientation pure simple* vers l'essentialité éthique, ou le devoir[18]. » Le *devoir médiatise le rapport entre la subjectivité de l'autoconscience et l'objectivité de la substance.*

La détermination de la conscience en tant que conscience éthique se manifeste ainsi en son sein sous la modalité du devoir. L'éthicité permet à la conscience déterminée éthiquement, de sursumer l'arbitraire, la contingence et la passion. Elle est déterminée par le caractère et la capacité de décision pour se déterminer devant le choix entre la passion et la détermination éthique qu'est le devoir. Agir éthiquement pour la conscience singulière, c'est se mettre dans la posture de la « volonté universelle » qui se concrétise par des actes qui incarnent le mouvement de la substance éthique. Il ne s'agit pas de l'abstraction du vouloir qui reste dans le monde de la représentation des possibilités, sans entrer dans la concrétude de l'action.

La conscience éthique, dans la mesure où elle agit, va se confronter avec une série de contradictions qu'elle se doit de résoudre. La contradiction qui se manifeste dans l'horizon de son agir est celle qui oppose la loi morale et le droit. Etant donné qu'il s'agit de traduire son intention en acte, elle voit ce qui est juste d'un point de vue éthique s'affronter à l'effectivité. La tension entre la loi humaine et la loi divine se manifeste dans son agir déterminé. C'est pourquoi elle va se retrouver entre des attitudes qui révèlent l'ambiguïté de sa position. « La conscience éthique, comme autoconscience, est dans cette opposition, et, comme telle, elle va en même temps à soumettre par violence à la loi dont elle relève cette effectivité op-posée, ou à la mystifier[19]. » L'opposition est la manifestation de la nécessité pour l'en-soi de se convertir en pour-soi. Cette opposition prend ici une dimension éthique dans la mesure où la conscience est tiraillée entre la puissance éthique et l'effectivité publique. Le monde intérieur de la loi divine et de la famille développe une forme de rébellion face à la puissance extériorisée de la loi humaine que représentent la cité et le gouvernement.

La conscience éthique s'oppose à la puissance publique qui dépouille l'individualité de son appartenance intime à la famille et lui assigne la tâche d'incarner l'ordre public. Cette contradiction va animer le

[18] *Phénoménologie de l'esprit*, p. 422.

[19] *Phénoménologie de l'esprit*, p. 423.

procès de la conscience éthique à travers les différentes étapes de sa manifestation au sein de l'univers éthique. En fait, Hegel montre les difficultés de la conjonction de l'universel et du singulier quand il s'agit de l'affirmation de l'individu dans sa posture éthique. Tout en revendiquant sa singularité, l'individu demeure déterminé par la substance éthique. L'opposition qui la travaille structure son mode de fonctionnement et traduit la figuration de la substance éthique telle qu'elle se donne à voir à travers les effectivités de l'esprit.

En effet, la conscience éthique est certitude immédiate étant donné que, c'est son essence qui représente son effectivité objective. Elle n'a pas encore sursumé la scission entre elle et la substance. Elle ne se présente pas sous la forme d'une unité effectuée, advenue, de la substance et de son effectivité. La relation de la conscience et de la substance se déploie sous l'angle de l'unilatéralité. La conscience éthique devient alors unilatérale en ce sens qu'elle isole un côté et l'oppose à la totalité éthique que représente la substance spirituelle. « Contre une telle unilatéralité, l'effectivité a une force propre ; elle se tient en lien avec la vérité contre la conscience, et présente d'abord à celle-ci ce que la vérité est[20]. » La vérité est en relation avec l'effectivité qui échappe à la conscience dont la posture unilatérale occulte sa possibilité de perception éthique. Quelle est cette vérité qui échappe à la conscience ? La vérité montre qu'il y a un écart entre ce que la conscience perçoit et le contenu de la substance éthique. Elle est plongée dans la vacuité de la loi éthique qui se réduit à son agir pur et simple. L'agir éthique ne permet pas à la conscience de savoir, il y a un voile qui la maintient dans l'obscurité aveugle et l'empêche de voir l'effectivité. La conscience se maintient dans son « droit absolu » tout en ignorant que sa posture est unilatérale. Telle est la faiblesse de la conscience éthique en tant qu'elle ne peut pas s'identifier à la substance éthique comme totalité. C'est pourquoi Hegel donne comme signification à cette unilatéralité « le crime, la faute et le mal », expressions du manquement à la totalité spirituelle dans la mesure où leur insuffisance ne se reconnaît pas comme telle.

Le conflit de la singularité et de la totalité spirituelle résulte des contradictions inhérentes au procès de la substance éthique qui confère à l'autoconscience singulière, la puissance de s'affirmer comme universelle. Dans la mesure où, cette autoconscience jouit d'une confiance quant à son articulation à la totalité, elle se croit toute

[20] *Phénoménologie de l'esprit*, p. 424.

puissante, au point de se considérer comme totalité à part entière. C'est pourquoi, elle se détourne de la substance en s'assumant comme totalité négative et exclusive. Dans cette perspective Hegel écrit : « L'autoconscience, à l'intérieur du peuple, ne descend de l'universel que jusqu'à la particularité ; non jusqu'à l'individualité singulière, laquelle pose dans son agir un Soi excluant, une effectivité à soi négative ; mais au fondement de son opérer se trouve la confiance assurée envers le tout, à quoi ne se mêle rien d'étranger, aucune crainte ni hostilité[21]. »
La particularité est l'effectivité éthique différenciée de la totalité éthique que représente la substance d'une part et distincte de la singularité autoconscientielle qu'est la conscience éthique d'autre part. Elle ne semble pas jouer le rôle d'articulation entre les deux modes de représentation de la substance spirituelle. C'est pourquoi elle s'affirme dans la négativité de sa posture qui est entre les deux entités et instances concrètes de l'effectuation éthique. Le mode de concrétion de la vie éthique est à la fois le peuple et le citoyen qui, dans leur différenciation, expriment la substance éthique.
Ce sont l'agir et l'opérer en effet qui assument le procès réel de la substance éthique dans la réalisation de son universalité. C'est à travers l'opération comme advenir à l'effectivité de l'éthicité que se déploie le mouvement de la conscience éthique. C'est dans le procès de l'agir qu'elle sursume sa vision et se conçoit dans l'effectivité éthique de ses actes. *Ce qui est éthique est effectif.* D'où le sens que Hegel donne à la concrétude éthique par opposition à la représentation morale. La puissance d'effectivité revient à l'éthicité dans la mesure où elle ne se conçoit que dans le procès de son agir. « L'acte accompli renverse sa vision des choses ; l'*accomplissement* énonce lui-même que ce qui est *éthique* doit nécessairement être *effectif* ; car l'*effectivité* de la fin est la fin de l'opérer. L'opérer énonce directement l'*unité* de l'*effectivité* et de la *substance*, il énonce que l'effectivité n'est pas contingente pour l'essence, mais [qu'] en lien avec elle elle ne se trouve donnée à aucun [droit] qui ne soit pas droit vrai[22]. » Il apparaît que la conscience éthique est inscrite dans un processus complexe où le droit qu'elle revendique est en conflit avec la puissance à laquelle elle fait face, en la prenant comme une puissance arbitraire.

[21] *Phénoménologie de l'esprit*, p. 426.
[22] *Phénoménologie de l'esprit*, p. 427.

En se représentant le dédoublement de son agir ou en percevant la confrontation de l'effectivité avec l'éthicité, sous le signe de la mise en scène de la nécessité et de la contingence, la conscience éthique déplace le mode de perception de la nature de l'effectivité éthique. Elle ne se rend pas compte que l'arbitraire est de son côté étant donné qu'elle ne reconnaît pas l'effectivité qui s'oppose à elle. En agissant, elle se libère de la représentation et entre dans le royaume éthique de l'effectivité. C'est par l'acte qu'elle se trouve dans l'obligation de reconnaître l'effectivité éthique. La subjectivité et la singularité de sa décision constituent l'arbitraire qu'elle conférait à l'effectivité qui, elle, est éthique. « Il faut qu'en raison de cette effectivité la conscience éthique [reconnaisse] son op-posé, et en raison de son agir c'est comme la sienne qu'il lui faut reconnaître sa faute ; *parce que nous pâtissons, nous reconnaissons avoir failli* »[23]. La conscience éthique qui voit en l'effectivité l'arbitraire agit dans l'ignorance de la force du destin et de la puissance publique. Or, il s'agit de la confrontation tragique de la loi humaine avec la loi divine, par la médiation de l'action, qui constitue en toile de fond la trame de cette figure de l'effectivité éthique qu'est l'esprit immédiat. Cette figure, dans sa signification historique, est la méditation que Hegel effectue sur la tragédie grecque mise en scène par Sophocle, à travers les personnages d'Antigone et de Créon.

La conscience éthique s'est retranchée dans sa nature, s'affirmant ainsi dans sa négativité, sans pour autant appréhender l'essence de la puissance éthique. Celle-ci s'est manifestée comme nature et pathos, ce qui la conduit au gouffre et à sa dissolution. Il en résulte que la dynamique du conflit accentue l'opposition des extrêmes en instaurant un rapport empreint de tension et de négativité, au point que c'est le pathos qui se met en scène dans la relation de la substance et de la conscience. Le mouvement de leur rapport aboutit ainsi à leur déclin : « Le mouvement des puissances éthiques l'une en regard de l'autre et des individualités qui les posent dans vie et opération n'a atteint son *terme vrai* qu'en ce que les deux côtés font l'expérience du même déclin[24]. » Ce que le déclin révèle, c'est l'importance qu'a prise l'autoconscience singulière dans le procès de la substance, dans la mesure où le moteur de l'agir est bien la conscience éthique en tant qu'individualité singulière. Le procès d'individualisation de la

[23] *Phénoménologie de l'esprit*, pp. 427- 428.

[24] *Phénoménologie de l'esprit*, p. 428.

substance est constamment énoncé ; ce qui a suscité l'illusion de la puissance qui anime la singularité en se propulsant comme une effectivité toute puissante.

En chaque figure de l'essence éthique, la scission est révélatrice de cette structure oppositionnelle dont la conscience éthique ne s'est pas libérée. Elle s'oriente vers la dissolution de cette scission qui met en difficulté l'équilibre des moments essentiellement actifs et à ce titre constitutifs du procès de la substance. Cet équilibre passe par la reconnaissance de l'égalité essentielle entre l'effectivité et l'éthicité. La scission qui meut la substance éthique, dans sa figuration, se manifeste à travers l'opposition de l'individualité singulière et de la nécessité éthique. C'est cette opposition qui structure la relation entre l'individu et l'essence commune que représente la famille et énonce également le principe de sa révolte contre les lois de la cité. La conscience éthique proteste contre la puissance éthique publique qui piétine la « piété de la famille ».

Il s'agit de la tension conflictuelle entre les droits de la singularité et l'ordre imposé par la puissance publique. Entre la nature sacrée de la famille et son harmonie et la volonté universelle incarnée par la cité, l'individu se sent habité par une tension qui le conduit à la révolte. La sphère familiale, avec la composition de ses membres qui occupent des positions entre la nature et l'éthicité, est une illustration des contradictions qu'ils vivent. C'est en ce sens que, présentant le statut et le rôle de chaque membre de la famille, concernant la signification éthique du frère Hegel note : « Le frère abandonne cette éthicité *immédiate*, *élémentaire* et partant à proprement parler *négative* de la famille, afin d'acquérir et de produire au jour l'éthicité effective, autoconsciente de soi[25]. »

La conscience de l'éthicité universelle ne peut se juxtaposer avec l'attachement à la piété familiale ; c'est en rompant le lien avec l'harmonie familiale que le membre désigné peut se tourner vers l'extérieur. C'est à cette condition que la puissance publique confère à l'autoconscience sa dimension objective d'individualité éthique publique. L'analyse de la famille comme figure de l'éthicité immédiate entre singulier et universel, nature privée et puissance publique, est exemplaire de l'advenir de la singularité à l'effectivité éthique. Les médiations de la substance éthique en tant que figures du monde éthique sont constituées par l'individualité déterminée de ce

[25] *Phénoménologie de l'esprit*, p. 417.

que Hegel appelle les « deux différences » ou « essences universelles » que sont le frère et la sœur dont le statut éthique résulte de la sursomption de leur « essence naturelle ».

Le dynamisme du procès d'effectuation et de manifestation de la substance éthique, à travers les déterminations éthiques qui résultent de la sursomption de la nature, met en lumière le procès d'effectuation de la substance spirituelle. La fluidité qui caractérise les moments constitutifs du monde éthique traduit qu'il s'agit bien d'une figure de la vie spirituelle qui, en se manifestant dans l'immédiateté, n'en révèle pas moins son universalité. Qu'il s'agisse du pathos, du caractère concernant l'individualité ou de scission, de la violence quand il est question de la substance, c'est le dynamisme fonctionnel du monde éthique qui se manifeste. Dans les dernières pages de la disparition du monde éthique, Hegel articule cette fin de règne éthique avec la nécessité de la vigueur guerrière qui ne peut s'accommoder de la belle et pieuse harmonie de la famille.

Le processus de décomposition du règne éthique de l'esprit s'achève par la manifestation de la contradiction entre le calme paisible du monde éthique incarné par la famille et la cité antique et l'émergence de la violence de la puissance étatique que représente l'état de droit. Cette détermination empreinte de « naturalité » comprend l'éthicité et conduit l'esprit éthique à sa perte. Une autre figure de l'esprit émerge dans la mesure où l'éthicité ne peut convenir à l'effectivité à travers laquelle la substance éthique voulait trouver sa vérité. « La figure éthique de l'esprit a disparu, et c'est une autre figure qui entre à sa place[26]. » Comment la belle figure de l'éthicité a-t-elle fondu pour laisser la place à la figure de l'état de droit qui représente l'« universalité formelle » ?

[26] *Phénoménologie de l'esprit,* p. 433.

II-Le procès d'effectuation de l'état de droit

La figure de l'état de droit se présente comme l'expérience de la *réflexivité abstraite* de la substance éthique advenue comme puissance publique et incarnée par le monarque. Cette figure émerge à la suite du déclin de l'individualité éthique dans sa relation harmonieuse avec sa cité. La disparition de cette belle effectivité éthique a ouvert la voie au régime de la subjectivité abstraite. « Nous vîmes les puissances et les figures du monde éthique sombrer dans la nécessité simple du *destin* vide. Cette puissance qui leur est la substance se réfléchissant dans sa simplicité ; mais l'essence absolue se réfléchissant dans soi, justement cette nécessité du destin vide, n'est rien d'autre que le Je de l'autoconscience[27]. »

Au règne de l'effectivité éthique vivante et harmonieuse succède l'affirmation de l'autoconscience souveraine qui déploie son expérience sur la vacuité laissée par l'effondrement de la cité. Au citoyen conscient de son devoir et de sa relation fusionnelle avec son peuple, succède « le droit de la personne », dont la caractéristique est l'abstraction universelle de son autostance. La personne de l'état de droit s'attache à l'essence abstraite en la considérant comme la seule réalité à laquelle elle est liée. Dans la mesure où, dans l'état de droit, l'autoconscience se manifeste dans la sphère de l'universalité abstraite et se présente en tant que conscience autostante et libre de tout attachement à l'effectivité, Hegel l'identifie à l'autoconscience stoïque.

Trois caractéristiques constituent la réalité du formalisme juridique : l'*universalité abstraite*, la *pluralité réduite à l'Un* et la *propriété*. Il se présente comme la sphère de l'affirmation reconnue des droits de la singularité, même si subsiste encore la puissance arbitraire du souverain. « Ce maître du monde est à soi, de cette manière, la personne embrassant en même temps dans soi tout être-là, [personne] pour la conscience de laquelle n'existe aucun esprit supérieur[28]. »

Il s'est agi d'une singularité, qui sur son trône, se considère comme le moi universel et, dans sa solitude, entend agir pour tous sans les consulter dans la mesure où il affirme sa puissance comme l'œuvre universelle. Face au pluralisme dispersé des personnes, le maître proclame sa souveraineté sans contenu déterminé, étant donné qu'il

[27] *Phénoménologie de l'esprit*, p. 435.
[28] *Phénoménologie de l'esprit*, p. 437.

l'impose par la violence. Le maître du monde représente ainsi la figure historique de l'empereur qui instaure son règne sur la peur universelle et la terreur. La figure du souverain, monarque qui incarne l'exercice de l'autorité arbitraire, révèle bien le déclin de la puissance protectrice que représentait l'essence commune naturelle et éthique. L'individu passe ainsi de l'*harmonie* au « malheur universel » de la *domination* et de l'*oppression.* Parce que la puissance du monarque « n'est pas la *concorde* de l'esprit »[29].

Il est vrai que cette harmonie a été malmenée par la violence du destin et de la guerre. C'est pourquoi l'*universalisme abstrait* du droit se fait jour à un moment où l'existence de l'individu n'est plus protégée par la loi éthique de la cité. Le droit proclamé par la puissance publique en tant que gouvernement est en rupture avec le mode de fonctionnement propre à la cité. L'individu devient citoyen soumis à l'ordre du souverain qui se considère comme dépositaire de la volonté de tous. Le souverain est la singularité qui s'est élevée à l'autoconscience universelle. En sursumant l'immédiateté éthique, le monarque engendre le déchirement de la conscience éthique dont l'entrée dans le règne de l'universalité abstraite du droit confère un statut juridique à l'individu. La citoyenneté qui est octroyée aux individus signifie leur arrachement à l'intimité familiale. Ce qui constitue le contenu déterminé du citoyen est une force étrangère qui aliène son Soi pour le discipliner à ses ordres. « La personnalité de droit expérimente donc, en tant que le contenu qui lui est étranger se fait valoir dans elle [-] et il se fait valoir dans elles [= dans les personnes] parce qu'il est leur réalité-, plutôt son absence de substance[30]. »

L'étape de l'universalisme formel du droit montre que le mode d'être de l'effectivité éthique ne correspond pas aux exigences de l'esprit, dans la mesure où la négativité est la modalité de l'advenir dans l'existence effective universelle des figures de l'esprit. Ce qui implique « déchirement et aliénation ». C'est dans ce sens que la constitution du Soi effectif en tant qu'autoconscience universelle procède de la mise en mouvement de la négativité qui se concrétise dans la figure de l'état de droit. C'est pourquoi le déclin de l'individualité éthique résulte de la nécessité de la sursomption de l'esprit immédiat. La perte de l'harmonie d'un monde dans lequel ses

[29] *Phénoménologie de l'esprit*, p. 438.
[30] *Ibidem.*

membres vivaient heureux a donné naissance à un univers où se déploie l'état qui s'impose par son abstraction universelle. « A la place de cette belle relation vivante entre l'individu et le Tout surgit l'intérêt limité de l'individu pour sa propre conservation et la domination abstraite de l'Etat[31]. »

L'état de droit en tant que figure de la négativité inhérente à la substance spirituelle exprime la conversion du monde antique au monde moderne. Le principe de ce monde moderne est en effet l'affirmation de l'autostance de la personne dans sa dimension privée contre son appartenance à la famille et à la cité. Le *formalisme juridique produit une nouvelle articulation de l'individualité avec l'esprit du peuple, par la médiation de la propriété,* affirmant ainsi *sa souveraineté.* La conscience éthique s'est ainsi sursumée par la constitution de la citoyenneté. Pour le moment, il s'agit d'une figure de la négativité qui résulte de l'expérience de la décomposition de la vie éthique de l'esprit.

Dans cette configuration, il convient de remarquer que le dynamisme constituant de l'esprit se concrétise à travers les effectivités particulières qui extériorisent son contenu. Tel est le sens de l'autodétermination de l'esprit par le procès de la négativité, dont la productivité engendre les différentes effectivités de la substance spirituelle. Le procès dialectique de l'esprit se déploie ainsi à travers une progression déterminée par les étapes du procès de la négativité, de la scission, jusqu à l'affirmation de la certitude morale.

Dès lors l'esprit s'énonce d'abord dans son immédiateté à travers la figure de la cité qui est le lieu d'affirmation de la singularité individuelle, dont la conversion à l'universel est médiatisée par l'état de droit qui lui confère le statut de citoyen. Chaque étape de la transformation de l'esprit à travers ses effectivités particulières traduit l'émergence d'une nouvelle expérience de son procès de concrétisation. Il se réalise en se traduisant par sa particularisation à travers des effectivités singulières. C'est dans son advenir comme singulier que l'esprit affirme son universalité. « L'esprit, écrit Bernard Bourgeois, n'est *esprit* que comme singularité s'universalisant par la pensée ou la raison[32]. »

L'essence de l'esprit est agir parce qu'il consiste à convertir le singulier en l'universel d'une part, et, d'autre part à convertir

[31] Jean Hyppolite, *Genèse et Structure de la Phénoménologie, op. cit*, p. 356.

[32] *Ibidem.*

l'universel au singulier, en leur conférant ainsi effectivité. C'est en ce sens que l'esprit ne peut se réduire à l'effectivité unilatérale, qu'elle soit singulière ou universelle. En tant que tel, il est le lien organique des différentes entités qui, pour être effectives, doivent être conscientes de leur appartenance à la totalité spirituelle. « La substance compacte de l'esprit s'est résolue dans le monde des personnes, et c'est ce Moi abstrait, qui n'est plus lié à un contenu déterminé, qui devient objet. A la place de la *belle individualité éthique* surgit la *personne juridique* ; au lieu des relations vivantes des individualités éthiques apparaît une égalité sans esprit, l'égalité du droit, la reconnaissance juridique[33]. »

Par l'expérience de l'abstraction juridique, la conscience s'élève à l'universalité dont le contenu déterminé est l'indifférence du droit. Dans cette perspective, l'état juridique est une forme de médiation où le Soi sursume sa certitude immédiate par la négativité du devenir étranger à soi-même. Dans le procès du Soi sous la figure de l'état de droit, se manifeste un monde où se profile « la constitution d'un nouveau règne de l'esprit, au terme duquel le Soi se sera *fait* lui-même universel ; ce règne est celui de l'*esprit étranger à soi-même* qui s'oppose à l'*esprit immédiat*[34]. »

[33] Jean Hyppolite, *Genèse et structure de la Phénoménologie*, *op.cit*, p. 357.

[34] *Ibid.*, p. 363.

III- Le procès d'effectuation de la culture et de l'aliénation de l'esprit

Pour sa venue à l'effectivité authentique, l'esprit va se déployer dans le procès de l'aliénation dont les deux types d'effectivité sont la *culture* et la *foi.* Ce que Hegel montre à travers le phénomène de l'esprit devenu étranger à soi-même. Une des dialectiques qui nous semble être les plus fécondes dans le sens de la productivité de la négativité à l'œuvre dans ce processus de concrétion de l'esprit et de la réfutation hegelienne de l'identité sans différence. Le procès de l'aliénation de l'esprit est un moment particulièrement important dans le processus de conversion du *Soi abstrait* en *Soi effectif.*

On peut remarquer que ce processus de venue à soi de l'esprit se conçoit comme une tentative de se saisir du *Soi spirituel* dans la *concrétude* de l'*essence pensante*. La négativité caractéristique de la substance est au cœur de cette expérience de l'esprit dans son processus d'aliénation. L'expérience qui entre en jeu dans la dialectique de l'esprit à l'épreuve du procès de l'abstraction constitutive de l'essence entend déterminer l'effectivité dans la sphère de la pensée. Cette abstraction apparaît comme le mode de détermination de la pensée dans sa dimension de négativité en mouvement et à l'œuvre comme intériorité pensante. De quoi s'agit-il quand l'effectivité veut s'apparaître à soi-même comme essence ? Il s'agit de l'aliénation qui se présente comme le mode d'expression de la substance spirituelle en tant qu'elle devient étrangère au Soi de l'esprit, par conséquent à soi-même. Ce qui constitue le procès de l'aliénation, c'est le *devenir étranger à soi-même* de l'esprit.

L'agir qui définit la conscience, depuis l'époque de la raison, se détermine de figure en figure, dans la perspective de réconcilier l'en-soi et le pour-soi, l'essence et l'effectivité, la substance et le sujet. C'est pourquoi la dialectique de l'aliénation et de la culture s'inscrit dans la dynamique de cette puissance d'effectivité de l'esprit à travers l'agir. Pour Hegel, l'esprit est constamment en activité, en mouvement, il n'est pas *substance-substrat*, mais *devenir*, se constituant à travers les actes qui le constituent et qu'il constitue. L'esprit est l'*agir prenant conscience de lui-même*.

C'est dans la *Philosophie de l'histoire* que Hegel va illustrer la dimension constituante de l'esprit à travers les époques et les peuples. En articulant l'époque et l'esprit du peuple, Hegel montre que l'esprit n'est pas une *abstraction conceptuelle* dont la seule dimension est théorique et pensante. La rationalité de l'histoire signifie que c'est l'esprit qui *se manifeste* dans le champ de l'activité humaine. Il en résulte que l'aliénation est le procès de l'inscription de l'esprit dans une dynamique, où l'agir est orienté vers ce qui se définit comme effectivité, mais effectivité dans l'essence, c'est-à-dire, celle qui n'a comme lieu d'existence que la pensée comme représentation de la dualité. L'essence abstraite se présente sous la forme de l'effectivité comme si elle résultait de la réconciliation de son concept et de sa réalité.

Comme le souligne Jean Hyppolite, l'émergence de cette configuration succède au déclin du monde éthique : « Dans le règne éthique l'esprit existait immédiatement, mais cette existence immédiate ne convient pas à l'esprit et c'est pourquoi nous avons assisté au déclin de la belle individualité spirituelle. Ce qui succède à ce monde éthique c'est le monde du déchirement et de l'aliénation[35].» Saisir l'aliénation comme moment constitutif de l'effectivité, c'est appréhender la médiation qu'elle assume, sous la forme de la négativité qui, en régime hegelien, est le signe de la nécessaire sursomption de ce qui s'énonce dans la dualité. En explorant le fonctionnement de l'aliénation dans le procès d'effectuation de l'esprit, on appréhende la dimension d'extériorité d'une intériorité en advenir à l'effectivité, par la médiation de son autre, qu'elle appréhende dans son extériorité essentielle et non objective. Il ne s'agit pas d'extériorité *objectivante* ou *objectivée*, mais d'*extériorité dans la pensée*, c'est-à-dire comme essence.

C'est ainsi que l'esprit aliéné se présente dans son dédoublement en se confrontant avec deux mondes, celui de l'univers de l'*intériorité essentielle* et celui de l'*effectivité représentée*. La substance se divise, et le résultat se manifeste à travers le dualisme qui fait d'elle l'unité consciente, mais déchirée, de la conscience pure et d'une conscience effective. Le dédoublement caractéristique de la conscience va prendre une forme qui implique le processus par lequel la substance se déploie sous le mode de l'essence ou du Soi sans qu'elle puisse parvenir à réaliser leur unité.

Il s'agit de partir de cette dualité essentielle dont la forme déterminée est la conscience pure qui se traduit par un monde dédoublé pour l'esprit : « Cet esprit, par conséquent, ne s'élabore pas seulement *Un*

[35] Jean Hyppolite, *Genèse et Structure de la Phénoménologie*, *op.cit*, p. 353.

monde, mais un [monde] redoublé, séparé et op-posé[36]. » La confrontation de deux mondes dont l'unité ne peut être atteinte caractérise le procès de l'aliénation de l'esprit. Il est configuré à travers ce dédoublement qui est sien, dont le procès se déploie comme le mouvement du procès d'effectuation sous la figure de l'esprit dans la conscience de sa dualité. L'aliénation inscrit le mouvement de l'esprit dans une perspective d'objectivation de soi dans l'élément de la pensée. L'essence qui se manifeste dans son effectivité de pensée est le contenu de la conscience que l'esprit aliéné a de soi, d'où son dédoublement. Il est question donc d'une détermination qui se conçoit dans la sphère de la conscience pure. L'opposition qui en résulte est celle d'une conscience qui se veut pure et effective en tant que telle.

Le procès d'aliénation relève ainsi d'une dialectique de la négativité, dont la forme déterminée est la mise en scène de l'opposition structurelle de deux moments constitutifs d'une unité qui ne peut être qu'idéale et non réelle. Ces deux moments se présentent comme deux mondes ayant surgi de la décomposition de l'esprit vrai. « Le monde de cet esprit se décompose dans le [monde] double ; le premier est le monde de l'effectivité ou de son aliénation même [= l'aliénation de l'esprit] ; quant à l'autre, le [monde] qu'il s'est construit en s'élevant au dessus du premier, dans l'éther de la conscience pure[37]. » L'esprit dans la phase de l'aliénation est travaillé par la tension de la concrétude au plus haut de sa dimension abstraite. Deux déterminations s'opèrent ici de manière opérante dans son parcours : l'essence objectivée et l'universel.

Comment de l'essence universelle intérieure peut advenir l'effectivité ? Telle est la question qui peut surgir de cette mouvance d'apparence concrète du procès de l'aliénation. Partout, il s'agit d'opposition structurelle, de dédoublement constituant l'aliénation comme une effectivité essentielle. Or, l'aliénation semble advenir de cette détermination qui demeure sous le mode de l'intériorité autoconscientielle. Dans la mesure où la conscience de l'esprit aliéné est une détermination de la conscience pure, elle est sans effectivité réelle et se présente sous le mode de la négativité. Elle est dans la situation de la conjonction contradictoire de l'*idéalité* et de l'*effectivité,* dans la mesure où l'objectivité se manifeste comme essence universelle. La nature de l'aliénation est, dans son

[36] *Phénoménologie de l'esprit*, p. 441.

[37] *Phénoménologie de l'esprit*, p. 443.

fonctionnement, de présenter le contenu de l'esprit sous la figure de la conscience de l'essence intérieure et universelle. « Cette aliénation qui est leur est la *conscience pure* ou l'*essence*. Le présent a immédiatement l'opposition en son *au-delà*, qui [est] son penser et [son] être pensé ; tout comme celui-ci en l'en-deça, qui est son effectivité aliénée de lui[38]. »

La conscience de l'esprit aliéné procède d'une transformation du contenu de la substance éthique en l'affectant de la détermination d'essence qui caractérise chaque moment constitutif de la nouvelle configuration. Son contenu est la substance éthique décomposée dans la mesure où elle a perdu son harmonie. C'est en ce sens que l'esprit aliéné est le contraire de l'effectivité éthique ou son opposé. La configuration qui en résulte montre la signification et la nature de cette opposition dans l'articulation de ses éléments, d'où la précision de Hegel : « Mais ici, ce qui est présent ne signifie que [l]'*effectivité* ob-jective, qui a sa conscience au-delà ; chaque moment singulier, [entendu] comme *essence*, reçoit celle-ci, et par là l'effectivité, d'un autre, et, dans la mesure où il est effectif, son essence est quelque chose d'autre que son effectivité[39]. » L'essence, l'effectivité, au-delà, expriment l'ambiguïté de cette configuration dont le contenu se présente dans une structure dont le fonctionnement est empreint de distorsion et de déséquilibre. La figure de l'esprit aliéné est une manifestation de la conscience déséquilibrée. Elle n'a plus en soi son unité ni son fondement, ce que Hegel caractérise en ces termes: « Rien n'a un esprit fondé et immanent dans lui-même, mais [tout] est en dehors de soi dans un [esprit] étranger, - [...], mais repose sur l'aliénation de ce qui est op-posé[40]. » C'est sur le registre de la contradiction inhérente à son effectuation que le procès de l'aliénation prend son sens au sein du parcours de l'esprit, dont la dialectique de la culture va présenter toute la signification. Le processus par lequel s'effectue l'aliénation fait penser à la fuite dans un *monde imaginaire* ou *représenté*, détaché de la réalité.

Dans son chapitre intitulé le monde de la culture et de l'aliénation, Jean Hyppolite articule le sens de cette configuration au mouvement général de la *Phénoménologie de l'esprit* et, à ce propos, il écrit : « Dans la *Phénoménologie* Hegel retrouve toujours ce dualisme qu'il

[38] *Phénoménologie de l'esprit*, p. 441.
[39] *Ibidem*.
[40] *Ibidem*.

veut surmonter et qui exprime le déchirement de l'esprit, obligé de vivre dans un monde et de penser dans l'autre ; mais il le présente sous des aspects divers et distingue avec plus ou moins de bonheur la *conscience malheureuse-la foi- la religion*[41]. » En un sens, le dualisme dont il est question, signifie, dans sa dimension profonde, la déchirure qui caractérise la sphère de l'aliénation et de la culture.
Il ne s'agit pas seulement de l'opposition constante de la certitude et de la vérité, mais aussi de la confrontation de l'*effectif* et du *Représenté*. Le registre de l'aliénation est bien cette confrontation entre l'effectivité et l'essence. L'unité constitutive de cette double dimension de l'esprit montre que l'aliénation est le fait de la totalité spirituelle en quête d'effectivité concrète et universelle. En traduisant le procès de l'extériorisation de l'essence dans son intériorité, l'aliénation exprime l'opposition de deux mondes qui ne peuvent se réconcilier dans la mesure où ils n'ont de réalité que dans la structure oppositive qui les met en relation et les unit par un procès contradictoire.

Le procès de la culture comme effectuation concrète de l'aliénation

Cette unité dialectique constitutive du procès de l'aliénation trouve son illustration effective dans le procès de la culture. Il importe de souligner la dimension concrète de cette dialectique par delà son abstraction, dans la mesure où la notion de culture intègre plusieurs dimensions du développement intellectuel. C'est au sein de l'effectuation de la culture que Hegel évoque les opérations de la conscience jugeante dont les déterminations sont le bien et le mal, la dialectique du rapport de la richesse et du pouvoir, de la conscience noble et de la conscience vile, le langage déchiré et la conscience comique. Il y a dans ce mouvement de l'esprit, un foisonnement de figures qui, toutes, renvoient à la richesse du procès de l'esprit dans son devenir concret. Dans l'introduction générale au chapitre qu'il a consacré à cette partie, Jean Hyppolite souligne : « La période qui précède ces événements et qui va du Moyen Age au XVIIIème siècle est d'abord étudiée comme la période de la *culture* (ou de la civilisation) (Bildung). Ce terme a un sens très général chez Hegel. Il

[41] Jean Hyppolite, *Genèse et Structure de la Phénoménologie, op.cit*, p. 370.

s'agit aussi bien de *culture intellectuelle* que de *culture politique* ou *économique*[42]. »

En conférant à la culture une dimension intégrative, Hegel n'exprime-t-il pas ainsi l'unité plurielle qui la caractérise ? Certes la culture se présente comme la dimension essentielle de l'homme, sa dimension humaine et sociale. Elle traduit concrètement l'essence humaine dans son existence effective. Soulignant cette dimension de la culture, Conrad Boey écrit : « L'esprit du monde de la culture est la dimension sociale de l'essence humaine. Celle-ci est entièrement imprégnée d'une conscience de soi et se sait immédiatement *cet* individu social qui est pour soi, d'autre part elle sait immédiatement sa dimension sociale comme une effectivité qui lui fait face[43]. »

L'analyse qui se dégage de cette séquence de l'esprit, c'est l'intérêt que Hegel accorde aux moments constitutifs de cette configuration spirituelle dont l'épaisseur résulte d'une conjonction d'éléments structurant le mouvement de la culture et du royaume de son effectivité. Toutefois, la complexité du mode d'effectuation de ces figures fait ressortir la dimension essentialiste qui accompagne le processus propre à la dialectique de l'aliénation et de la culture. La référence à l'histoire soulignée par Jean Hyppolite, et qui se fait de plus en plus significative depuis l'autoconscience et de façon explicite avec l'avènement de l'esprit, demeure brouillée tout de même par la prégnance de l'*unité idéale* qui constitue le *principe* sur lequel fonctionne la figure de l'esprit devenu étranger à soi-même. La fuite qui spécifie le monde de la culture tout en l'articulant à la foi et à son opposé le situe dans la sphère de la conscience pure. Il y a comme une nécessité intérieure au procès de la progression de la conscience qui, à chaque étape de son parcours, procède à une récapitulation des expériences antérieures en les élevant à une forme plus déterminée.

En effet, les figures de l'esprit en tant qu'effectivités mettent en relief la concrétude immanente au processus de l'abstraction qui se donne sous la forme de l'esprit dans le dédoublement inhérent au mouvement de l'aliénation. Etant donné que la culture est une modalité de l'advenir à l'effectivité de l'esprit par la négativité inhérente à la substance, l'aliénation en constitue une forme cruciale. Dans celle-ci, l'effectivité est de l'ordre de l'idéalité dans la mesure où elle est

---

[42] Jean Hyppolite, *op.cit*, p.365.

[43] Conrad Boey, *L'aliénation dans « la Phénoménologie de l'esprit »*, Desclée de Brouwer, Paris, 1970, p. 99.

suspendue à l'essence abstraite saisie pourtant dans la concrétude de l'événement.

Avant de s'interroger en détail sur le procès de la dialectique de la culture et de son mode de fonctionnement, il importe de voir comment se présente la nature de l'effectivité sous la figure de l'esprit se cultivant. « L'esprit de ce monde est l'*essence* spirituelle pénétrée par une *auto*conscience qui se [sait] immédiatement présente comme *cette [autoconscience] étant pour soi*, et sait l'*essence* comme une effectivité qui lui fait face[44]. » La conscience qui s'est effectuée comme substance du monde se présente dans son dédoublement comme l'esprit du monde advenu comme unité de l'autoconscience et de l'essence universelle. Cette conscience résulte de la compénétration du singulier et de l'universel. Cette conjonction de l'individualité comme autoconscience sachante est structurée par son opposition à l'effectivité. En fait l'essence universelle fait face à l'autoconscience comme « son négatif ». « Mais l'être là de ce monde, tout comme l'effectivité de l'autoconscience, repose sur le mouvement selon lequel cette [autoconscience] s'extériorise de sa personnalité, produit au jour par là son monde, et se comporte en regard de lui comme [en regard] d'un [monde] étranger, en sorte qu'elle a désormais à s'en emparer[45]. »

La culture, dans son expression négative, comme c'est le cas dans cette figure de l'esprit aliéné, est le procès de conversion du naturel à l'effectif. « Le Soi n'est effectif à soi que comme [Soi] *sursumé*[46]. » Ce qu'est l'être en soi ne se manifeste dans sa concrétude que par la « médiation aliénante ». Le procès de l'aliénation est ainsi un mouvement où l'individu qui se cultive acquiert une effectivité et une puissance à la hauteur de la profondeur de son aliénation, qui veut dire arrachement à son Soi naturel, pour se réaliser dans son Soi effectif. Le procès de la culture traduit dans son propre langage, la conversion de l'en-soi en-pour soi, par la médiation de la négativité dont l'agir est l'aliénation.

La conscience aliénée se manifeste comme une conscience universelle agissante dans la sphère des idéaux abstraits. Elle poursuit son cheminement dont le principe est la considération de la dimension universelle de son agir. La détermination de ses actes provient de

---

[44] *Phénoménologie de l'esprit*, p. 444.
[45] *Ibidem*.
[46] *Phénoménologie de l'esprit*, pp. 446.

l'universel en mouvement qui la dépouille de sa singularité dans la mesure où elle ne se reconnaît pas dans les modes d'expression de la particularité. Le devenir de l'esprit aliéné est le procès du Soi dans son effectuation en tant que principe de mobilité de la substance, telle qu'elle se manifeste à travers ses moments. « Par le Soi [entendu] comme l'âme, la substance donc se trouve élaborée dans ses moments de telle façon que l'op-posé anime- spirituellement l'autre, chacun par son aliénation donne consistance à l'autre et la reçoit pareillement de lui[47]. »

Le Soi comme « âme » de la substance est la singularité sous le mode de l'agir et dans le processus de l'aliénation, il est ce par quoi « chaque moment a sa déterminité comme un valoir invincible, et une effectivité ferme en regard de l'autre[48]. » De par son mode de manifestation, la substance s'effectue dans le sens de s'arracher à son essence pour se concrétiser par la *médiation de la singularité* des moments qui constituent les *déterminations universelles* du Soi en tant que subjectivité dans son procès d'objectivation. C'est pourquoi le mode d'effectuation de la substance est le Soi en ce sens, qu'il est constamment en devenir. La dialectique de l'aliénation est une logique de renversement de chaque détermination en son contraire. Le dogmatisme de la fixité est remis en cause par une logique, dont le principe est la conversion qui engendre l'effectuation des moments dans leur diversité différenciée. Il s'agit de l'extériorisation de la substance dont l'instance motrice est le Soi conçu en tant que subjectivité en mouvement.

Le devenir-sujet de la substance est en effectuation dans les figures de l'esprit que sont l'esprit vrai, l'esprit aliéné et l'esprit dans sa certitude. De son énonciation immédiate à son affirmation dans la certitude morale en passant par la médiation de l'aliénation, l'esprit s'investit dans les déterminations universelles encore abstraites. La confrontation du Soi naturel avec le Soi effectif est le mouvement des déterminations qui caractérisent les figures d'effectivité de la substance telle qu'elle s'incarne à travers l'agir de l'individu. Celui-ci est la forme déterminée et singulière de la substance en tant que devenir et activité du Soi. C'est pourquoi la première figure qui illustre cette opposition à soi de la pensée est l'opposition entre le bien

[47] *Phénoménologie de l'esprit*, p. 446.
[48] *Ibidem*.

et le mal. Comment Hegel a-t-il introduit des catégories relevant de la morale et du jugement dans le procès de l'aliénation et de la culture ? En fait, le procès de l'esprit se cultivant est la mise en scène de l'individu qui prétend à la puissance de l'universel moyennant la détermination de soi par l'agir de la substance. C'est dans la mesure où le sujet est en adéquation avec la nature de la substance qu'il se met en mouvement et que son Soi se manifeste en tant qu'être-là universel de l'essence spirituelle. « Car la puissance de l'individu consiste en ce qu'il se rend conforme à elle, i.e. qu'il s'extériorise de son Soi, donc se pose comme la substance étante ob-jective. Sa culture et son effectuation propre sont par conséquent l'effectuation de la substance elle-même[49]. » L'individu en tant que singularisation de la substance essaie d'incarner cette puissance inhérente à l'essence spirituelle qui, dans son effectuation, se particularise et élève ses moments au niveau de la totalité qu'elle représente. Dans la mesure où la substance s'extériorise et s'aliène, elle confère à l'individu la dimension de l'autoconscience universelle.

A travers l'agir de l'individu, c'est la substance qui s'exprime dans la figure de l'autoconscience étrangère et sachante. L'individu est l'essence dans sa forme aliénée. D'où l'élaboration de jugements de valeur qui résulte de l'agir universel de l'individu en tant qu'il est soumis à la logique de la substance dont les déterminations se concrétisent par des opérations effectives. L'individu se représente son activité en tant qu'opérer universel de la substance tout en se singularisant par le mode de différenciation qui lui est propre. Il est ainsi au cœur du procès de la culture depuis qu'il s'est sursumé dans sa singularité en se manifestant comme effectivité universelle. C'est pourquoi cette individualité advenue comme autoconscience universelle est le concept de la Chose même dans son agir universel. « Dans *la Chose même*, écrit Hegel, donc, [entendu] comme la compénétration devenue ob-jective de l'individualité et de l'ob-jectivité elle-même, est advenu à l'autoconscience son concept vrai à propos de soi, ou elle est parvenue à la conscience de sa substance[50]. » Cette individualité qui représente la conscience de la substance en tant qu'identité advenue de soi et de l'essence universelle s'accomplit aussi comme conscience aliénée. En se sursumant à travers les figures particulières de l'autoconscience qui sont aussi des figures de la

[49] *Ibidem*.

[50] *Phénoménologie de l'esprit*, p. 382.

liberté, l'individualité acquiert la dimension d'universalité qui la rend apte à représenter les figures-monde dont l'esprit aliéné incarne toute la richesse dans son foisonnement complexe et contradictoire. Dans le monde de la culture, l'individu se retrouve engagé dans un processus d'universalisation de soi qui doit faire l'épreuve de la négativité. Il ne s'agit plus de l'adhésion au monde en se posant dans l'immédiateté sans médiation comme ce fut le cas à l'époque où la conscience est engagée dans le monde pour le plaisir ou au nom de la vertu. Ce n'est pas non plus l'adhésion au monde vivant et éthique où prévaudrait l'harmonie.

La conscience est projetée plutôt dans un univers où le déséquilibre est le mode de manifestation de l'universalité dont elle est porteuse et qui se confronte avec la négativité de la substance dont l'en-soi et le pour-soi sont divisés. Cette scission ne peut trouver sa résolution dans le procès en cours dans la mesure où l'essence abstraite qui la caractérise se veut effective. Or, son effectuation se déploie dans l'abstraction de la pensée qui a pour univers la conscience pure. La conscience est à fond dans le déchirement de l'intériorité de l'essence qui se considère effective. Elle cherche l'effectivité tout en demeurant dans la sphère de la représentation et de la pensée. En se déterminant comme puissance étatique ou comme richesse et à travers le bien et le mal, elle ne se dépouille pas de l'abstraction ou de la représentation. Car ces essences universelles ne s'élèvent pas à l'effectivité que prône la conscience dans son effectuation. Elle se confronte avec l'effectivité qu'elle reconnaît comme telle parce qu'elle est à elle-même son en-soi et son effectivité. Dans son dédoublement inscrit dans l'énonciation et le fonctionnement de cette figure, nous pouvons constater le paradoxe inhérent au procès de l'esprit aliéné.

Dans l'exposition du contenu de cette effectivité-monde, des configurations particulières se dessinent en mettant en mouvement des essences, dont la tendance est de se figer. A travers le procès de l'esprit en advenir de soi devenant étranger à soi, Hegel a-t-il voulu traduire la médiation nécessaire à travers l'aliénation dont la négativité oblige toute réalité en soi à s'affronter à la reconnaissance de son autre pour advenir à sa réalité effective ?

Dans son analyse de l'articulation de la culture et de la politique, Pierre-Jean Labarrière montre la portée générale de cette partie de la *Phénoménologie* qui nous livre la clé de l'intelligence d'une époque bouleversée et mouvementée qui a représenté un tournant historique majeur. La négativité qui s'est emparée du devenir-monde de la

substance sous sa forme déterminée en tant que moment du cheminement de la conscience a produit une *mutation historique singulière*. Saisissant cette mutation en ces termes, il écrit : « L'histoire de ce passage, sous les aspects les plus brillants qui soient, c'est donc celle d'une dégénérescence, avec son cortège d'insidieuse décadence, au secret des choses, avec aussi ses brusques flambées et ses affrontements sans merci : belle occasion pour étudier, dans tous ses attendus, ce qu'il en va d'un groupe social et d'un Etat basés sur ce qu'l'on pourrait appeler l'anti-type de l'humain [...] »[51]. Dans le procès de la culture, une dynamique structurelle où les figures qui se manifestent en
tant que déterminations d'essence est à l'œuvre, avec comme caractéristique une inversion des termes. Le procès de l'effectuation traverse le mouvement d'émergence de ces figures déterminées qui, dans leur effectivité, demeure sous l'emprise de l'abstraction. Déterminées sous forme de pensées ou essences en-soi et essences objectives, elles sont des représentations tantôt de la conscience pure, tantôt de la conscience effective. C'est ainsi que le bien comme détermination immédiate, en tant que forme simple, est « la première *essence*, [entendue] comme *l'[essence] égale à soi-même*, immédiate et immuable, de toutes les consciences, est le *bien*»[52]. Considéré comme détermination simple et immédiate de la substance telle qu'elle est représentée comme moment de la conscience pure, le bien est l'extériorisation de l'en soi de la conscience aliénée dans sa dimension positive. C'est pourquoi le bien, en tant que détermination positive, est « la puissance de l'*en-soi*, spirituelle, indépendante, près de laquelle le mouvement de la conscience étant-pour-soi ne fait que jouer à côté[53]. »

Le procès de la culture dans la configuration des déterminations d'essence comme le bien et le mal

La dialectique du négatif et du positif oriente à ce niveau les déterminations du contenu de la substance par la structuration de leur propre configuration. Contenu et détermination des essences universelles sont advenus en tant qu'essences objectives par la posture

[51] Pierre-Jean Labarrière, *Introduction à une lecture de la Phénoménologie, op.cit*, p. 196.
[52] *Phénoménologie de l'esprit*, p. 448.
[53] *Ibidem*.

qui leur revient dans la logique de la substance spirituelle en décomposition. L'univers de l'esprit aliéné est la configuration d'un monde dont le procès d'effectuation est la scission oppositive. Ainsi, au bien comme détermination positive va faire face le mal comme détermination négative. « L'autre en revanche est l'essence spirituelle *passive*, ou l'universel dans la mesure où il se livre à merci et laisse les individus prendre en lui la conscience de leur singularité ; il est l'essence nulle, le *mal*[54]. » Le bien et le mal s'affrontent dans l'unité d'une essence déchirée, c'est-à-dire non réconciliée. Ils représentent l'en et le pour soi de la conscience pure qui entend se saisir de son intériorité comme étant son effectivité. Il y a comme l'affirmation d'une puissance de représentation de soi dans l'essence, dans la mesure où elle s'appréhende en engendrant ses propres déterminations qui constituent les moments concrets de son autodétermination. Il en résulte que le bien est l'universel de l'essence spirituelle, et le mal, le singulier de cette même essence. Unité d'effectuation de la substance qui trouve la réalité de son agir dans la scission de son essence universelle. La dissolution de l'essence dans son intériorité, sous le mode d'un procès d'extériorisation dans soi, s'autodétermine, à travers des essences objectives, afin de faire advenir « l'essence intérieure » à « l'effectivité autoconsciente ».

Sous le régime de l'abstraction, en ce sens qu'il s'agit des déterminations d'essence, une dialectique concrète s'effectue dans cette partie dense et vivante de la *Phénoménologie de l'esprit*. Il y a là comme l'illustration de cette phrase à la résonance aphoristique dans le mouvement de manifestation de ces « puissances spirituelles » dont la concrétude apparaît au fil de leur effectuation : « L'*effectif* a purement et simplement la signification spirituelle d'être immédiatement universel[55].» Tout le long de ce procès d'effectuation de l'esprit aliéné à travers les effectivités qui le constituent se dégage le mouvement de l'esprit tel qu'il se manifeste dans son dédoublement en se sacrifiant à travers des déterminations qui sont structurées par leur opposition transitoire et sursumante.

La signification du dédoublement qui anime l'autoconscience, comme concept de l'esprit, est porteuse du fonctionnement d'une contradiction intériorisée déterminée par l'agir de la substance. C'est pourquoi chaque moment se double de l'en-soi et du pour-soi tout en

[54] *Ibidem.*
[55] *Phénoménologie de l'esprit*, p. 449.

s'inversant dans son contraire. C'est en ce sens que le rythme dialectique qui structure l'effectuation des essences spirituelles les expose à une inversion constante. De ce fait, la dissolution comme le sacrifice sont constitutifs de la constante réflexivité de la substance qui se manifeste selon une logique d'opposition et d'inversion de l'en-soi et du pour-soi. C'est ainsi que les déterminations identifiées et assignées sous le mode de la représentation en tant que bien et mal s'avèrent être des effectivités. « Mais ces *pensées* simples du bien et [du] mal sont tout aussi immédiatement aliénées de soi ; elles sont *effectives*, et, dans la conscience effective, [sont] comme moments *objectifs*[56]. »

En suivant la logique du mouvement propre à l'esprit aliéné, nous constatons qu'il s'agit, à travers l'autodétermination du contenu de la substance dans son dédoublement, de l'engendrement des figures diverses de la conscience sous le régime de l'abstraction qui est aussi de la représentation. C'est en ce sens que la conjonction de l'universel et du singulier, de l'en-soi et du pour-soi, du positif et du négatif est la compénétration en mouvement de la substance et de l'individu. Les déterminations représentatives que sont le bien et le mal se disent alors comme Etat et richesse. « Ainsi la première essence est-elle la *puissance-étatique*, l'autre la *richesse*[57]. » Il s'agit là d'essences effectives dans la mesure où elles sont à la fois la singularité des individus et leur universalité advenue depuis l'effectuation de l'individualité rationnelle. Or, le principe du procès de l'esprit, c'est la concrétisation de cet universel sous la figure de l'unité en mouvement de la substance et de l'individu.

C'est pourquoi cette conjonction est saisie sous l'angle de la catégorie de l'effectivité dans toute son ampleur d'universalité et de singularité concrète. Quand il est question de l'Etat, Hegel ne manque pas de souligner sa dimension d'effectivité universelle et totalisante : « La puissance-étatique, (…), est aussi l'*œuvre* universelle ;- la *Chose même* absolue, dans laquelle aux individus est énoncée leur *essence*, et leur singularité [est] purement et simplement conscience seulement de leur *universalité* ;- (…) ; elle [= l'œuvre] demeure la base et [le] subsister absolus de tout leur agir[58]. » Essence spirituelle effective et objective, substantielle et universelle, la puissance étatique est «

[56] *Phénoménologie de l'esprit*, p. 448.
[57] *Ibidem*.
[58] *Phénoménologie de l'esprit*, pp. 448-449.

œuvre universelle », « Chose même », ainsi résume-t-elle le procès de la conjonction de l'effectivité en mouvement de la substance et de l'individu, de l'en-soi et du pour-soi. Il est significatif de noter que, même inscrit, dans une dynamique d'unilatéralisme essentialiste, l'Etat est selon Hegel la figure de l'effectivité concrète. N'est-il pas paradoxal d'énoncer l'Etat dans l'élément de la substance spirituelle, sous la détermination de l'abstraction?

Il est remarquable de voir que c'est dans la mise en scène des déterminations du contenu de la substance que la concrétude se manifeste dans l'élément de l'essence comme lieu de son procès d'effectuation et de concrétisation. L'essence dont il est question, puisqu'elle apparaît dans la dualité, n'est pas de l'ordre de l'abstraction dans la mesure où elle s'incarne à travers des déterminations concrètes qui se présentent en son sein en tant qu'essences effectives ou essences objectives. C'est pourquoi l'*en-soi et le pour-soi ne sont plus des abstractions de l'intériorité, mais des effectivités d'essence conçues dans leur procès d'extériorisation.* C'est ainsi que l'en-soi est l'unité de soi et de son autre et le pour-soi également unité de son en-soi et de son autre. Cette dynamique de l'inversion s'explique dans l'unité négative qui fait que chaque détermination contient en soi le principe de son redoublement. Le mouvement de ces déterminations ne peut être intelligible que par le mode de conversion propre à « l'essence comme *essence* dans soi [59]» et qui se convertit à travers des déterminations qui vont au-delà de leur dimension seulement d'essence.

C'est le procès de l'autoconscience en tant qu'unité négative des déterminations dans leur agir universel et contradictoire qui constitue la substance en mouvement d'effectuation et s'autodétermine, de manière concrète, à travers ces essences spirituelles. Elles sont à ce titre bien et mal, puissance étatique et richesse. L'autoconscience comme conjonction de l'essence pensée et de l'essence objective est jugement. A partir de ce moment, l'en-soi et le pour-soi de ces moments vont s'inverser en s'exposant selon le principe de leur opposition.

C'est dans leur exposition à l'extérieur que les déterminations révèlent leur contenu en confrontation avec l'effectivité. La nature de l'effectivité et la configuration de la détermination dans son essence s'imbriquent dans une relation d'opposition structurelle qui ressortit

[59] *Phénoménologie de l'esprit*, p. 450.

au procès de l'aliénation. Les contraires s'interpénètrent selon un procès où l'en-soi se convertit en son contraire qui est son autre et le pour-soi aussi en s'imbriquant l'un dans l'autre sans s'épuiser dans le procès de leur détermination. Il y a une puissance d'auto-détermination qui anime les moments de l'autoconscience s'affirmant désormais dans son advenir à soi comme effective en tant que jugement.

Ce qui s'expose dans la structuration de l'autoconscience dans l'élément de l'essence en s'autodéterminant dans son contenu selon le mode de l'unité négative et dédoublée, c'est la configuration des essences objectives. Leur objectivité résulte de la relation qui se noue entre l'objet comme essence et l'esprit comme processus de détermination de cette essence. C'est pourquoi c'est dans leur rapport à l'esprit que ces essences trouvent leur posture d'objectivité et d'effectivité. En tant que déterminations, elles ne sont plus abstraites, parce qu'elles sont en relation avec le soi de la substance qui se détermine dans l'agir universel de l'esprit. L'objet, dans la mesure où il accède à l'en-soi, cesse d'être objectivé comme objet pour se mouvoir dans son contenu réflexif qui le transforme et le convertit en effectivité.

Dans son analyse de ce qu'elle nomme « Double rapport de l'autoconscience aux essences effectives », pour montrer en quoi consiste « l'*écriture structurale* de l'identité entre sujet et ob-jet », Gwendoline Jarczyk écrit : « En effet, c'est justement en sa qualité d'essence double que l'autoconscience qui est esprit peut témoigner de cette *unité d'identité* entre sujet et objet qui métaphysiquement répond déjà de la *faille* ou du *négatif*- qu'il s'agisse d'égalité *et/ou* d'inégalité, de bien *et/ou* de mal-attestée par la toute première dyade logique être/ néant[60]. »

L'épaisseur logique de la structuration duale de l'essence spirituelle est constamment présente. C'est en ce sens que la processualité qui est en jeu se déploie sous le mode de « l'*écriture structurale* » caractéristique de la dialectique de la négativité, dont les figures constitutives sont la conscience pure et la conscience effective. A travers l'aliénation dans la substance, le mode de concrétion de ces figures est leur *devenir étranger* à leur essence propre. La logique de l'effectuation du Soi dans son articulation à la substance se déploie dans le sens de l'aliénation de la certitude pour advenir à son

[60] Gwendoline Jarczyk, *Le mal défiguré, op.cit*, p. 46.

effectivité. C'est dans ce sens que Jean Hyppolite écrit : « Le Soi devient substantiel quand la substance devient effective[61]. »
Le procès de l'aliénation se déploie comme l'advenir de l'effectivité spirituelle en tant que manifestation du Soi dans son contenu substantiel. Les formes déterminées que prend l'essence intérieure en tant que contenu de la conscience pure se convertissent en effectivités dans l'élément de la représentation. La conscience pure cherche à atteindre en son sein les deux essentialités qui la constituent. C'est son rapport au réel par la médiation de l'égalité et de l'inégalité comme mode de détermination de la conscience noble et de la conscience vile qui est au cœur de ce procès de la conscience effective. La dialectique de la culture procède alors d'une logique de dédoublement qui exprime son mouvement de déséquilibre fonctionnel. C'est dans la mesure où l'essence de l'esprit aliéné ressortit au dédoublement que les essences s'exposent d'une part dans leur en-soi et d'autre part dans leur pour-soi.

La conscience se déploie dans la perspective de s'approprier le foisonnement des figures qui représentent aussi bien son *en-soi* que son *pour-soi.* Aussi s'effectue-t-elle sous la détermination de la diversité. Sa configuration tente de s'incarner dans la double sphère de l'intériorité s'*extériorisant* et de l'extériorité s'*intériorisant* selon la logique de l'unité dédoublée de l'esprit aliéné. Car, le principe du dédoublement est le moteur du dynamisme des figures qui se succèdent au niveau de l'esprit aliéné. Qu'il s'agisse du bien, du mal, de la puissance étatique, de la richesse, de la conscience noble, de la conscience vile, du langage et de ses formes variées, de la foi et de l'intellection, il est question des figures de l'esprit aliéné. Il y a là une configuration riche, variée et multiforme, qui détermine le contenu de l'esprit qui se déploie sous le registre de l'aliénation. D'un point de vue phénoménologique, nous pouvons souligner que le procès de la conscience est sous la *détermination de la diversité* en remarquant aussi que sa relation dédoublée à soi s'énonce comme étant « le rapport de soi-même au réel. »

Mais comment comprendre une relation au réel qui demeure dans la sphère de l'essence ? Pour répondre à cette question, il importe de saisir le sens du procès de la substance sous l'angle de l'aliénation. L'identité de la substance est en soi une abstraction qui va s'exposer à travers ses différents moments que sont les figures de la négativité qui,

---

[61] Jean Hyppolite, *Genèse et Structure de la Phénoménologie, op.cit*, p. 366.

sous sa forme positive, est déterminée par la progression vers des effectivités-monde. Le sens concret de la dialectique de la substance spirituelle ne peut être réductible à l'abstraction qui la constitue en tant qu'essence universelle. Analysant le régime dialectique de la substance dans son identité abstraite, Jean Hyppolite énonce : « L'identité de l'en-soi est précisément une abstraction, et c'est parce qu'elle est une abstraction qu'elle est le contraire d'elle-même, qu'elle est pour de l'autre[62]. »

Si les analyses hegeliennes dans cette section de *la Phénoménologie de l'esprit* sont nourries à l'histoire, c'est que le contenu de la substance contient la négativité telle qu'elle s'appréhende aussi dans sa positivité. Les figures de ce monde spirituel sont des effectivités historiques. L'effectivité est autant *essence spirituelle* que *conscience objective*. La substance en tant qu'identité de l'essence et de la conscience porte l'uiversalité de l'esprit, comme individualité universelle.

Le procès d'effectuation de la conscience noble et de la conscience vile

Ce que Hegel entend par le processus de la culture procède de l'aliénation du *Soi naturel* au *Soi acquis*, conquis par des sacrifices et des renoncements au sentiment de soi de notre singularité. La formation de la conscience noble en résulte du fait de son adhésion entière à l'universel que représente la puissance étatique. La structuration de la conscience noble est constituée de son rapport à soi qui est négatif et de son rapport à l'autre, l'universel, qui est positif. C'est en sursumant la contingence de sa particularité qu'elle s'accomplit dans sa disponibilité à la puissance étatique qui représente l'essence universelle. « Elle est l'héroïsme du *service*, - la *vertu* qui sacrifie l'être singulier à l'universel, et par là amène celui-ci à l'être-là,- la *personne*, qui de soi renonce à la possession et à la jouissance, et, pour la puissance présente-là, opère et est effective[63]. »

Ce qui détermine concrètement l'aliénation sous la forme d'une figure, en l'occurrence celle de la conscience noble, c'est le sacrifice de soi au profit de la puissance étatique. Sa vertu n'est pas de l'ordre

---

[62] Jean Hyppolite, *Genèse et Structure de la Phénoménologie de l'esprit, op.cit*, p. 379.

[63] *Phénoménologie de l'esprit*, p. 454.

de l'abstraction, mais de la mise en mouvement de sa conscience par la médiation concrète du service, du dévouement à la Chose même dans son effectivité publique. La formation de la conscience noble s'effectue par la privation et l'indifférence au plaisir. Le contenu de cette conscience est la substance universelle dans son opération publique et concrète. Elle convertit ainsi son être naturel en Soi universel. La conscience noble se libère de l'attachement à la contingence de l'être-là par la conscience de ce qui constitue l'incarnation de « l'œuvre de tous et de chacun. »
Le dédoublement qui est le propre de la substance dans sa scission autoconscientielle se manifeste de façon déterminée à travers les figures concrètes de la richesse et de la puissance étatique d'une part, de la conscience noble et de la conscience vile d'autre part. Dans un premier temps, la substance s'est manifestée dans son en-soi comme essence universelle *subjective* et dans son pour-soi comme essence universelle *objective*. Dans un deuxième temps, elle s'est déployée en tant que pour-soi dans son dédoublement. Il en résulte une structuration de la substance à travers les puissances spirituelles effectives que sont les figures qui révèlent de la concrétude de l'esprit. Ce procès de concrétisation de la substance est la mise en scène de sa richesse telle qu'elle se concrétise par la médiation des figures dont le sens est de révéler la configuration vivante de l'esprit dans son concept advenu en tant que « monde réel de la culture ». L'essence réelle de l'esprit dans sa vérité conceptuelle est d'apparaître dans sa réalité vivante avec l'épaisseur historique qui détermine son agir.
Que résulte-t-il de cette étape du procès de l'aliénation ? Il advient que l'esprit ne retient pas que le procès des essentialités objectives, mais s'oriente aussi vers des formes subjectives qui s'expriment à travers la contingence des particularités. Il en est ainsi de son cheminement constamment traversé par la déchirure qui l'anime tout le long du procès de l'aliénation. Sa double dimension singulière et universelle constitue l'épaisseur de son parcours à travers les multiples médiations qui caractérisent le contenu effectif de l'esprit cultivé. Le monde de la culture comme lieu de manifestation de l'esprit aliéné n'épuise pas la nécessité intérieure pour l'esprit de se saisir de soi en tant que Soi universel. C'est pourquoi, l'esprit va se déployer dans l'univers de la foi et de l'intellection.

IV-Le procès de l'effectuation de la foi et de l'intellection

La négativité comme procès d'effectuation des Lumières

La configuration des figures de l'être-là de l'esprit tel qu'il se manifeste à travers les effectivités advenues comme figures- monde révèle l'imbrication de la phénoménalité et de la dimension existentielle de la substance spirituelle. Il y a comme une inflexion de la traduction de l'intériorité dans l'extériorité, dans la mesure où l'esprit s'effectue selon le principe de son ancrage dans le monde. L'ultime forme de concrétion de l'esprit dans son procès d'aliénation consiste-t-elle à revenir sous la forme *réflexive* ? Il nous semble que le contenu de l'esprit sous la détermination de la pensée procède de la mise en scène de la négativité inhérente au procès de l'aliénation tel qu'il s'effectue dans le monde de la culture. Quelle est la visée de l'esprit à travers les figures de l'intellection et de la foi ?

Il s'agit de montrer en quoi le contenu de la conscience croyante comme de la conscience réfléchissante, dans la mesure où il est l'élément de la pure pensée, ne s'appréhende pas dans son intériorité advenue. Elles sont déterminées par la négativité de la scission qui, sous le mode d'une forme de concrétion dans l'essence, entend élever la pensée à son effectivité. Dès lors, il importe de souligner que la réflexivité telle qu'elle s'opère dans la sphère de l'essence est encore sous la détermination de la représentation. C'est pourquoi ces deux figures relèvent de la fuite dans la mesure où elles ne sont pas dans le procès de médiation de l'intériorité et de l'extériorité. Conscience croyante et conscience réflexive s'identifient donc à la conscience pure et ne sont pas comme telles advenues sous la figure de la conscience effective. La pureté qui caractérise la conscience comme détermination d'intériorité s'oppose à l'effectivité comme mode de concrétude de la conscience. La conscience pure est par conséquent déterminée par l'absoluité de l'essence, dont l'intériorité en mouvement ne s'effectue pas, par un procès d'extériorisation de soi jusqu'à l'extériorité, en tant qu'intériorité manifestée. En se réduisant à son intériorité, elle se fait réflexive, d'une réflexivité abstraite et formelle, simple reduplication de soi. C'est pourquoi, elle pense son Soi dans son intériorité comme l'effectivité même. Quelle signification peut-on dégager de cette conscience pure qui appréhende sa configuration intérieure comme monde ?

La foi montre ce qu'est l'esprit sous le mode de son immédiateté pensante, représentante, autrement dit sous la modalité de l'être en et pour soi, donc absolu. Ce qui détermine en clair la conscience croyante comme telle, c'est sa relation non médiatisée avec l'Absolu avec lequel elle fusionne en se dissolvant comme singularité. Elle se représente l'absolu comme son objet. La foi est la conscience de son contenu en tant que suprasensible, qui est son autre et qu'elle ne peut pas atteindre et ne fait que se représenter. Ce qui se dérobait au pouvoir de la conscience croyante va définir l'intellection que nous appelons conscience réflexive. « Dans la pure intellection, en revanche, le passage du penser pur dans la conscience a la détermination op-posée ; l'objectivité a la signification d'un contenu seulement négatif, se sursumant et faisant retour dans le Soi, i.e. ce n'est que le Soi qui est à proprement parler l'ob-jet, ou l'ob-jet n'a vérité que dans la mesure où il a la forme du Soi[64]. »
Il apparaît que le procès de configuration de la foi et de l'intellection procède de la détermination de son contenu en tant qu'articulation de l'objet au Soi. Celui-ci est le contenu effectif comme vérité ou l'objet est comme tel dans sa forme. Il en résulte que son procès définit le mouvement de l'essence telle qu'elle se donne comme contenu de la conscience croyante ou de la conscience réfléchie. Ce contenu, en tant que Soi, est saisi soit sous le mode de la représentation, soit sous le mode du concept, dont l'unité se maintient à travers la conscience pure. C'est pourquoi l'articulation en mouvement du contenu de la conscience pure avec l'objet comme vérité ou Soi dont le mode de saisie est la représentation ou le concept révèle la complexité de la relation de l'essence à l'effectivité.
Nous pouvons remarquer que le mode de corrélation de la foi et de l'intellection dans leur antagonisme fonctionnel est structuré par la nécessité pour leur venue à l'effectivité de s'extérioriser à même l'effectivité historique, politique et culturelle, hors de laquelle, elles seraient sans substance et exposées à la vacuité de la pure abstraction. Il s'agit là de la manifestation de la substance spirituelle à travers des formes déterminées de l'autoconscience universelle qui incarnent l'une et l'autre, la positivité de l'effectivité et la négativité de l'esprit. « [...] ainsi viennent à s'affirmer les deux attitudes antagonistes que sont la « foi », en laquelle se concentre la positivité tant de ce monde

[64] *Phénoménologie de l'esprit*, p. 476.

que de l'autre, et la « pure intellection », qui prend sur elle et exerce sans relâche la négativité essentielle à l'esprit[65]. »

Le procès d'effectuation de l'esprit se déploie à travers les effectivités qui incarnent le mouvement de l'esprit dans la concrétude historique. C'est pourquoi, la foi et l'intellection comme formes déterminées de la conscience s'effectuent dans le procès d'effectuation du monde de la culture et de l'aliénation. Elles apparaissent à ce titre comme le mode de réflexivité de l'aliénation de l'essence dans sa relation inversée avec l'effectivité qu'elle appréhende comme son autre. Ce qui se fait jour dans l'impasse de la conjonction du principe qui meut le monde idéal de la conscience et son autre sous mode de la réflexivité négative de l'intellection, c'est la disjonction inhérente à l'essence de la représentation. Etant donné que l'esprit n'est plus l'abstraction notionnelle des phénomènes de la conscience, son inscription dans l'effectivité historique met à l'épreuve la dissonance entre l'aspiration à l'effectivité concrète et l'adhésion à une intériorité qui se redouble en elle pour se donner son objet. L'advenir de la configuration effective de l'esprit révèle l'exigence de la sursomption de la radicalité de l'intériorité sous le mode de la pensée et la conversion de la détermination d'objectivité en réalité advenue. Entre l'univers de l'en soi de l'essence et l'effectivité historique, se profile la nécessité de l'effraction de la substance spirituelle en tant qu'esprit se manifestant comme monde à même sa dimension d'histoire.

La problématique de l'aliénation suggère l'ancrage historique de ces figures qui ne se déploient plus dans la pure abstraction, mais dans la sphère de l'effectivité comme moteur du mouvement de l'esprit. C'est en ce sens que la dé-réalisation qui anime la conscience réflexive est en désaccord avec la conscience croyante qui se donne un contenu qu'elle appréhende comme absolu. Mais l'unité fondamentale de ces deux figures inscrit leur confrontation dans une même réalité, *celle de la pensée*. C'est pourquoi, elles s'inscrivent dans un parcours de distinction et de différenciation qui ne surmonte pas encore le fait qu'elles soient essentialités aliénées. « Ces essences distinctes, reprises dans soi par le penser à partir de la fluctuation du monde effectif, sont des esprits éternels dépourvus de toute fluctuation, dont l'être est de penser l'unité qu'ils constituent[66]. » Cet être qui pense

[65] Pierre-Jean Labarrière, *Introduction à une lecture de la Phénoménologie*, *op.cit*, p. 225.

[66] *Phénoménologie de l'esprit*, p. 477.

l'unité ou qui permet l'unité contradictoire qui meut ces deux figures est bien l'esprit. Parce que la foi comme l'intellection sont des effectivités spirituelles dont le parcours dans la sphère de l'essence montre que l'une s'attache à un contenu positif et l'autre à la négativité. De l'une à l'autre, il n'y a pas passage ou conversion, mais concrétion de l'aspiration de l'esprit à l'effectivité sous le mode de l'immédiateté. Si le concept se manifeste comme contenu de la conscience croyante et de la conscience réflexive, il importe de remarquer que sa détermination n'est pas la même.

« Quant au concept, l'effectivité présente à soi-même de l'esprit, il demeure, dans la conscience croyante, l'*intérieur* qui est tout et [tout] produit, mais ne vient pas lui-même au jour[67]. » Tel est le concept appréhendé par la foi, donc sous la forme de la représentation dans la mesure où il est l'être du contenu qui ne s'affirme que sous le mode de la présence effective. S'il est vrai que le concept est la modalité de la présence effective de l'esprit et de l'effectivité elle-même, il n'en demeure pas moins que, comme contenu de la conscience croyante, il signifie pensée pure ou pensée représentative. « Mais dans la *pure intellection* c'est le concept qui seul est l'effectif»[68]. Le concept comme contenu de la foi et de l'intellection est le résultat de la certitude qui se présente comme identité advenue de la subjectivité et de l'objectivité.

Il convient de remarquer que le parcours de la substance est conçu à ce niveau dans la dynamique de la transposition de l'effectivité dans l'intériorité. Parce que l'autoconscience se déploie sous le régime de l'effectuation de l'essentialité qui prétend à l'effectivité. Dans la mesure où la substance s'est accomplie dans son objectivité à travers les figures de l'esprit dans son être-là, l'essence spirituelle entend épouser les configurations de l'effectivité concrète. C'est pour faire émerger cette conscience de l'essence effective que le mouvement de la conscience pure tel qu'il se donne à voir à travers la foi et l'intellection assume les sphères de la culture, de l'histoire, de la politique et de la religion. Il est très significatif que le couplage de l'essence et de l'effectivité soit posé par la médiation de la pensée. La confusion qui règne entre pensée représentative et pensée conceptuelle exprime mieux la tension de l'intériorité dans son advenir à soi comme essence effective. La réconciliation de l'essence et de

[67] *Phénoménologie de l'esprit*, p. 478.
[68] *Ibidem.*

l'effectivité est énoncée dans son principe, mais ne s'est pas encore réalisée. Mais on peut reconnaître avec Pierre-Jean Labarrière : « Accomplissement au niveau du contenu tout d'abord : c'est désormais la totalité du monde humain et historique, politique, institutionnel, culturel, moral, et même religieux déjà, qui se trouve requis pour que la conscience puisse s'apparaître à elle-même en vérité[69]. » Le procès de l'intellection pose ainsi dans sa vérité la concrétisation à venir de la substance libérée de sa phénoménalité et de son essence dans leur unilatéralité. Dans cette perspective, Hegel écrit : « Elle s'attache donc à sursumer toute autostance *autre* pour l'autoconscience, qu'il s'agisse de ce qui est effectif ou d'étants-*en-soi*, et à en faire le *concept*. Elle n'est pas seulement la certitude de la raison autoconsciente d'être toute vérité ; mais elle *sait* qu'elle est cela[70]. »

En se voulant la conscience effective de l'intériorité, l'intellection prétend à la saisie conceptuelle de l'essence dans la mesure où le concept est le mode d'être de l'effectivité sachante. C'est pourquoi elle ne reste pas inscrite dans le mouvement de la forme, mais prétend être « automouvement du contenu » tout en étant affecté de contingence. « Mais, tel que le concept de cette même [pure intellection] entre en scène, il n'est pas encore *réalisé*[71]. » C'est nous qui pouvons remarquer l'ineffectivité de sa posture dans la mesure où ce qu'elle énonce est encore sous la détermination de la négativité.

Quelque chose de décisif se joue au niveau de cette étape où la conscience affirme clairement son intention de s'instaurer comme une rationalité intégrale. Car, en un sens, le projet de l'intellection est de faire de l'agir de l'autoconscience un agir conforme à l'effectivité universelle, et le mode d'y parvenir est le concept. La dialectique d'intériorité qui traverse le procès de l'intellection lui permet de sursumer l'en soi de la substance pour la convertir dans son essence objective. La conscience réflexive ou l'intellection en parcourant le procès de sa diction énonce son exigence de considérer que, pour avoir droit à la validité universelle, toute chose se doit d'être concept. « Dans ce jugement infini, toute unilatéralité et propriété de l'être-pour-soi originaire est abolie ; le Soi sait être son objet comme Soi

[69] Pierre-Jean Labarrière, *Structures et mouvement dialectique dans la Phénoménologie, op.cit*, p. 133.
[70] *Phénoménologie de l'esprit*, p. 479.
[71] *Ibidem*.

pur ; et cette égalité absolue des deux côtés est l'élément de la pure intellection[72]. »

La vérité du procès de l'aliénation telle qu'elle résulte de l'effectuation des deux figures peut être énoncée comme le processus universel de la substance se concrétisant par la médiation d'un concevoir négatif. Ce négatif se concevant se déploie en tant que mouvement d'une subjectivité dont l'objectivation s'effectue par son propre redoublement. Identité de soi et de son autre, la subjectivité advenue comme autoconscience se manifeste ainsi comme concrétion de l'individualité de la substance « égale à soi-même et universelle[73]. » Ce qui advient au niveau de l'expérience de l'intellection, c'est la diction de l'esprit se comprenant comme identité de la subjectivité et de l'objectivité. L'essence objective est le Je universel qui se manifeste dans sa dimension de rationalité, c'est pourquoi, l'intellection est l'esprit se concevant comme essence effective universelle sous le mode négatif. D'où la nécessité de son ancrage dans un mode d'affirmation de soi à travers l'effectivité de l'agir qui sursume le pur concevoir.

Le procès d'effectuation des Lumières

L'énonciation de l'exigence de concevoir l'effectivité sous l'angle de l'universalité effective et rationnelle va définir le parcours des Lumières en tant que le concept se manifeste comme liberté universelle et absolue. Il importe de saisir le sens et la portée du puissant mouvement de négativité qui est à l'œuvre dans la relation complexe entre la foi et les Lumières. Nous assistons dans cette dialectique à l'approfondissement de l'agir négatif de l'intellection. Elle expose le contenu indéterminé de l'autoconscience comme incarnation universelle du négatif. La façon dont l'intellection s'effectue est clairement indiquée : « La pure intellection et intention qui se comporte négativement ne peut, étant donné que son concept est toute essentialité et [qu'il n'y a] rien en dehors d'elle, être que le négatif d'elle-même[74]. »

Sous sa dimension conceptuelle, les Lumières constituent la figure par excellence de l'agir de la négativité en ce sens que leur mission est par

[72] *Phénoménologie de l'esprit,* p. 480.
[73] *Ibidem.*
[74] *Phénoménologie de l'esprit*, p. 486.

essence négation de tout ce qui n'est pas conforme au concept. Or, le concept est encore négativité, et l'identité telle qu'il l'incarne est une identité contradictoire parce qu'elle ne reconnaît le savoir et son objet que sous le mode de l'unité contradictoire qui se manifeste sous la détermination de la « négativité absolue ». Tout le procès de l'autoconscience sous l'égide des Lumières est de dénoncer son autre comme contraire à la raison. Mais son essence contradictoire se révèle dans le fait que son autre qu'elle dénonce n'est qu'elle-même. « Ce que du coup la pure intellection énonce comme son autre, ce qu'elle [énonce] comme erreur ou mensonge, ne peut être rien d'autre qu'elle-même ; elle ne peut condamner que ce qu'elle est[75]. »

Sans contenu dans la mesure où elle est portée par la fureur de la destruction, l'autoconscience, sous la détermination des Lumières, se donne à elle-même comme étant son propre contenu. Elle n'est pas encore consciente que l'objet de sa réfutation et de sa dénégation, c'est *elle-même*, dans l'effectuation de son combat contre son opposé. Elle se meut dans la sphère de la négativité absolue dans la mesure où elle ne peut procéder à la reconnaissance d'aucune vérité, ni positivité. Son essence est de mettre en lumière que la détermination de son autre est non-conforme au concept, et son combat est de dénicher partout les modes de manifestation de ce qu'elle considère comme « mensonge, erreur et fiction »[76]. Il s'agit des éléments dont l'être est en inadéquation avec la rationalité qui est la structure d'être de l'effectivité qu'elle énonce sans être en mesure de l'appréhender parce que son contenu n'est pas déterminé. Quel est l'objet des Lumières ? « Les Lumières saisissent donc leur ob-jet, d'abord et universellement, de telle façon qu'elles le prennent comme *pure intellection*, et, ne se reconnaissant pas elles mêmes, le déclarent ainsi erreur[77]. »

Processus intellectuel de dénonciation et de démystification, les Lumières procèdent de l'effectuation de la raison critique qui montre à la foi que son contenu qu'elle tient comme autre que la conscience n'est qu'elle-même sous le mode de la représentation. C'est cette dimension *critique* et *négative* qui explique que l'intellection soit la détermination de l'autoconscience sous le règne des Lumières. Ce qui intéresse la conscience philosophique, c'est de mettre à l'épreuve de la

---

[75] *Phénoménologie de l'esprit*, p. 487.

[76] *Phénoménologie de l'esprit*: « Cette nature du combat des Lumières avec les erreurs, [qui consiste] à se combattre soi-même dans elles, et en cela à condamner ce qu'elles affirment, est *pour nous*, ou ce qu'elles et leur combat sont *en-soi*. », p. 487.

[77] *Phénoménologie de l'esprit*, p. 488.

critique de la raison un mode de fonctionnement de l'esprit qui ne correspond pas à l'essence critique, c'est-à-dire au fonctionnement de l'intellection. C'est la détermination qui constitue le contenu authentique de l'intellection qu'elle se représente dans son essence comme l'unité dialectique du concept et de son autre. Elle ne vise pas à surmonter cette différenciation, mais elle la met en évidence comme pour dénoncer la conscience naïve de la foi. « [...], le concept de la pure intellection est à soi quelque chose d'*autre* que son ob-jet ; car c'est justement cette détermination négative qui constitue l'ob-jet[78]. » Toute la problématique des Lumières dans son procès de détermination de son contenu et de son autre est la constitution d'un contenu d'universalité à même la singularité sans que subsiste la dimension représentative de la foi. Or, comme détermination négative et essence en soi, l'intellection ne se manifeste dans la plénitude conceptuelle qui assume dans son effectivité l'en soi et son autre qu'en sursumant sa détermination négative. C'est pourquoi, dans la mesure où les Lumières sont configurées essentiellement comme processus de la négativité, elles demeurent sous le régime de la représentation. Elles sont déterminées par ce contre quoi elles exercent l'intellection dont le processus procède de la négativité.

Il y a en effet une relation complexe, contradictoire et étroite, entre la foi et l'intellection dans la mesure où, pour se déployer dans leur logique propre, elles sont déterminées par la nécessité structurelle qui les maintient dans une relation organique. Elles sont ainsi inscrites dans un mode de processualité animée par la détermination négative qui est le contenu de l'agir de l'autoconscience dans son advenir à soi dans l'ultime phase du procès de l'aliénation de l'esprit. La foi comme l'intellection sont dans la mouvance de l'exposition de l'autoconscience à travers l'énonciation de son universalité dont l'effectivité est à l'épreuve de la négativité inhérente à l'intellection.

Il est remarquable de voir que le procès de manifestation du principe des Lumières ne peut se constituer que dans son opposition déterminée à la croyance. « La pure intellection se comporte, à l'égard de l'*essence absolue* de la conscience croyante, de façon négative[79].» Il en résulte que l'analyse du comportement de l'intellection montre qu'elle expose les mécanismes de sa critique de la foi en identifiant son contenu à l'insignifiance contingente des objets sensibles qu'elle

[78] *Phénoménologie de l'esprit*, p. 489.

[79] *Phénoménologie de l'esprit*, p. 491.

considère. Pour elle, la foi est dans le registre de la représentation essentialiste des phénomènes naturels qu'elle appréhende comme absolu.

Les Lumières, en tant que figure dont le contenu est un mouvement de contestation, de remise en cause de l'ordre religieux, politique et social, se présentent dans le rapport aux croyances et aux valeurs dans une attitude autant ambiguë que contradictoire. Il nous semble que la contradiction provient du fait de mener la critique de ce qu'elles considèrent comme relevant de la contingence. A entendre l'examen critique de la conscience philosophique des Lumières, il s'agit d'un monde pourri où l'alliance entre le prêtre et le despote s'est constituée sur la base du mensonge et de duperie du peuple. Un monde sans substance dont la configuration reposait sur la crédulité de la conscience populaire.

Hegel confère ainsi une signification philosophique à une époque historique dont l'intérêt réside pour lui dans l'affirmation du principe de liberté par la radicalité du combat que les philosophes ont mené contre la foi et les superstitions. Les Lumières ont élaboré un discours dont l'essence critique fonctionne comme une mise en œuvre des effets de la négativité dans sa dimension de néantisation et de destruction. Ce qui intéresse le plus les Lumières, c'est autant la production d'un discours critique que la mise en évidence de la vacuité de la conscience croyante. Pour mettre en exergue l'attitude hostile et méprisante du croyant devant les plaisirs de la vie, Hegel écrit : « En conséquence, nous voyons, en ce qui regarde la *conformité à la fin*, les Lumières trouver extravagant que l'individu croyant se donne la conscience supérieure de n'être pas enchaîné à la jouissance et au plaisir naturels du fait qu'il s'interdit *effectivement* jouissance et plaisir naturels, et prouve, *par l'acte*, qu'il ne *feint* pas leur mépris, mais qu'il [= ce mépris] est *vrai*[80].»

Il ne s'agit pas seulement pour les Lumières de mettre en évidence par un argumentaire théorique et conceptuel les effets pervers de la conscience comme attitude intellectuelle de représentation, mais de désigner de façon effective les impasses qu'elle engendre sur le plan de la vie réelle du croyant. La conscience croyante n'est pas une simple vision de l'esprit ; elle agit concrètement en adoptant un comportement de défiance vis-à-vis de l'attitude ordinaire des humains engagés dans un processus vital où tout en accomplissant

[80] *Phénoménologie de l'esprit*, p. 494.

leurs obligations se donnent aussi des plaisirs et des joies. La conscience croyante en arrive au mépris en invitant à vivre détaché des conditions qui font que les individus s'adonnent aux plaisirs et aux jouissances. Elle multiplie les preuves de sa mise à l'écart par rapport à tout ce qui est attachement et adhésion à l'existence terrestre, contingente et éphémère.

La confrontation engagée par l'intellection avec les extravagances de la conscience croyante dans son délire de pureté caractérise son acharnement à se manifester dans sa « réalité négative » par la médiation de sa réfutation fonctionnelle. Le procès des Lumières poursuit son œuvre de négation et de dénonciation, au point de ne se donner comme contenu que la néantité de sa dénonciation. Les déterminations qui caractérisent son agir se présentent dans leur effectivité comme des abstractions pures. L'intellection se manifeste ainsi comme le mouvement de la conscience sous le mode de l'instabilité, signe de l'absence de contenu déterminé. Aussi convient-il de souligner que les Lumières vont se retrouver dans leur propre jeu dans la mesure où elles ne peuvent pas se dissocier de l'objet de leur dénonciation.

Le mouvement de l'intellection s'est accentué dans sa dimension négative au point de ne plus être en mesure d'établir la distinction entre l'objet de sa dénonciation et l'effectivité qu'elle veut énoncer. Ce contre quoi elle exerce sa critique et son contenu procèdent de la même essence. Une confusion s'instaure alors et elle ne sait plus rendre compte de l'intelligence de son agir, du moins comme processus de différenciation. Il est de la nature de l'essence négative du concept à ce niveau de mettre à mal le procès de la différenciation, dans la mesure où ce qui importe pour l'intellection, c'est de mettre en exergue la vacuité du contenu de la conscience croyante. Les Lumières n'arrivent pas à faire accéder à l'unité les deux aspects qui caractérisent leur agir ; ce qui est la conséquence de leur posture de négation qui consiste à procéder à la condamnation sans connaître ce qui est ainsi condamné. La foi essaie de se préserver de cette fureur critique et destructrice de la positivité de son contenu qu'est le divin.

Mais les Lumières semblent être incapables de se mouvoir en dehors de la sphère de confrontation avec la foi. C'est en se déterminant dans une dynamique de négativité par rapport au contenu de la foi que l'intellection se donne son concept et la nécessité de son agir comme l'unité de l'en-soi et de l'autre que soi. « En regard de la foi, donc, l'intellection est la *puissance* du concept, dans la mesure où elle est le mouvement et le rapporter des moments se trouvant les uns en dehors des autres dans sa conscience, un rapporter dans lequel la contradiction de ces mêmes [moments] vient au jour[81]. »

Le procès de l'intellection comme conscience réflexive des Lumières est le mouvement de l'agir de l'autoconscience en tant qu'elle est « [...] la négativité du concept, [négativité] qui n'est pas seulement *pour soi*, mais empiète aussi sur son contraire ; et la foi elle-même, parce qu'elle est conscience, ne pourra pas leur disputer leur droit[82]. » Les Lumières, dans leur processus de constitution ne se donne aucun contenu qui ne soit pas le fait du concept dans sa négativité. Elles apparaissent ainsi comme la *figure phénoménologique de la négativité*. En soi, leur effectuation ne peut être différenciée de leur essence comme unité en advenir de soi et de son autre. En fait, l'intellection est le concept comme structure en mouvement de ce qui en soi devient son autre, par la médiation de la scission qui abolit la connexion non médiatisée de la certitude et de son objet. C'est sous le mode de l'abstraction négative sursumante que l'intellection dénonce le jeu de purification auquel se livre la foi. Le malentendu qui anime leur rapport dépouille la conscience croyante et la conduit à la perte de sa certitude.Telle est la victoire de l'intellection sur la foi. Ainsi : « Les Lumières ont donc sur la foi un pouvoir irrésistible du fait que, dans sa conscience elle-même [= la conscience de la foi] se trouvent les moments qu'elles font valoir[83]. »

La confrontation entre la foi et l'intellection comme déterminations effectives du procès des Lumières sous le registre de la pensée a mis en évidence la dimension phénoménale de la dualité de la représentation et du concept. S'il est vrai que toutes les deux procèdent d'une commune essence, il n'en demeure pas moins que l'une opère comme pensée représentative et l'autre sous le registre de la pensée conceptuelle. Différenciation mise en scène à travers toutes les étapes de ce procès, où le combat que l'intellection livre contre les superstitions de la conscience croyante a pris l'allure d'une tension dont la résonance historique illustre bien l'intérêt que Hegel n'a cessé de manifester pour le siècle des Lumières. La philosophie des Lumières a, en effet, joué un rôle critique dans la dénonciation de toutes les formes de superstition et de croyances dont le fondement ne

[81] *Phénoménologie de l'esprit*, p. 502.
[82] *Phénoménologie de l'esprit*, p. 500.
[83] *Phénoménologie de l'esprit*, p. 506.

reposait pas sur la raison. Il y a eu en cette période un mouvement de pensée dont le seul but est de réfuter l'autorité de la foi et des traditions qui en découlaient.

Le combat que l'intellection livre contre la foi engendre une résonance en son sein dans la mesure où la dimension abstraite qui les caractérise finit par réduire la différenciation sur laquelle s'appuient les Lumières pour son processus de négation. En insistant sur sa dimension conceptuelle dans son aspiration à s'abstraire de la représentation pour s'identifier à l'effectivité conceptuelle, l'intellection accentue son procès de différenciation à travers une dynamique qui implique la totalité spirituelle. C'est en ce sens que son procès de négativité qui entend se déterminer de manière précise dans sa fluidité est ainsi énoncé : « [...], elle [= la pure intellection] est ainsi, comme concept absolu, un différencier de différences qui n'en sont plus, [un différencier] d'abstractions ou de concepts purs, qui ne se soutiennent plus eux-mêmes, mais n'ont maintien et différenciation que par *le tout du mouvement*[84]. »

En effet, le mouvement des Lumières ne trouve sa réalité que dans le conflit et dans la tension dont les protagonistes sont la conscience philosophique et la conscience croyante. Elles constituent un processus universel de scission qui trouve sa satisfaction dans le triomphe de l'opposition permanente. « Un parti s'avère d'abord comme le [parti] *victorieux* du fait qu'il se décompose en deux partis ; car en cela il montre qu'il possède en lui-même le principe qu'il combattait, et qu'il a du coup sursumé l'unilatéralité dans laquelle il entrait en scène précédemment[85].» Le mode de figuration de la scission comme structure de l'intériorité divisée trouve en l'intellection et dans la foi leurs figures déterminées. S'agit-il de porter la phénoménalité de la substance dans son intériorité essentielle ?

Comme procès universel de différenciation et de démarcation, le dédoublement est constitutif des Lumières. C'est sous cet angle que l'on peut appréhender le sens selon lequel l'essence qui est constamment en jeu dans le procès des Lumières est empreinte de ce dédoublement qui se manifeste à travers le jeu de confrontation de l'intellection avec la foi. La traduction effective de ce dédoublement dans son extériorisation se concrétise par l'énonciation de la nature et

[84] *Phénoménologie de l'esprit*, p. 508.
[85] *Phénoménologie de l'esprit*, p. 509.

de l'esprit. Il en résulte que la nature et l'esprit sont ses formes déterminées. Ainsi sa configuration dédoublée réside dans l'unité de la Chose qui se démultiplie dans ses expressions différenciées que représentent l'intellection et la foi.
L'aspiration à l'unité par la pensée est constamment contrariée par la diversité qui provient du fait que les Lumières sont tiraillées entre le principe unitaire du penser pur et la différenciation, nécessairement, pluraliste. La posture principielle procède par abstration et s'astreint au purement pensé ou conceptualisé est contredite par le procès de différenciation qui induit la diversité des phénomènes à considérer. Le point de vue des Lumières prétend ainsi à l'unité conceptuelle de la pensée qui est constamment mise à l'épreuve par la variété négativement déterminée.
Enoncées sous le signe de la négativité et de la différenciation, les Lumières se sont éloignées de leur abstration, pour explorer l'extériorité phénoménale et la contingence événementielle. Le mouvement de scission qui a engendré la foi et l'intellection en tant que figures déterminées du combat que livrent les Lumières contre la foi trouve son ultime expression dans la catégorie de l'utilité qui se présente comme « concept propre » de l'intellection. Ce qui constitue la force de l'intellection, c'est qu'elle est le concept qui, comme processus de différenciation, se conçoit comme l'unité de l'en-soi et du pour-soi. Etant donné que l'intellection est le concept qui rassemble dans une unité négative l'en-soi et le pour-autre-chose, l'utile peut l'incarner dans le champ de l'effectivité. C'est dans cette perspective que Hegel affirme : « La pure intellection a donc en l'utile son concept propre, dans ses moments *purs*, pour *ob-jet* ; elle est la conscience de cette *métaphysique*, mais pas encore le comprendre-conceptuellement de cette même [métaphysique] ; elle [= la conscience] n'est pas encore parvenue à l'*unité* de l'*être* et du *concept* lui-même[86]. »
Le procès de l'« Aufklarung » procède d'une logique de « déconstruction » d'un univers dont la seule détermination est la négation de sa réalité. Quelle configuration effective peut-elle surgir d'une réalité qui n'est posée que par sa négation ? Processus universel de dénonciation de tout ce qui veut se déterminer comme effectivité réelle, les Lumières procèdent de la négation et de la destruction d'un monde en convulsion. Ce monde va apparaître sous le mode de

[86] *Phénoménologie de l'esprit*, p. 513.

l'affirmation de la liberté absolue par la terreur. En proclamant sa volonté universelle d'instauration de la rationalité comme fondement du monde politique, social et culturel, les Lumières ont engendré leur contraire, l'irrationnel. La terreur est-elle l'ultime vérité des Lumières dans leur accomplissement en tant que « bouleversement effectif de l'effectivité » ? Telle est la question qui mérite d'être posée au seuil de l'expérience de la terreur, conséquence de la mise en pratique de l'affirmation radicale de la liberté absolue.

La Terreur perversion des Lumières

Avant de pénétrer la figure de la liberté absolue et la terreur, il importe de souligner ce que l'on peut considérer comme le moment récapitulatif du mouvement des Lumières à travers ce qui en constitue la détermination négative, l'intellection. « Ce qui fait défaut est atteint dans l'utilité, dans la mesure où la pure intellection atteignait là l'objectivité positive ; elle est, par là, conscience satisfaite dans soi effective. Cette ob-jectivité constitue maintenant son *monde* ; elle est devenue la vérité du monde total précédent, de l'idéel autant que du réel[87]. »

C'est dans cette perspective que l'agir de l'autoconscience est au centre de la mobilité de la substance spirituelle, expression du procès d'effectuation dans chacune de ces déterminations singulières dans leur particularité, mais universelles dans leur configuration propre. C'est pourquoi, l'imbrication des figures à travers une progression dialectique continue consiste en une concrétion se poursuivant à travers une forme de reduplication permanente. Etant donné que les Lumières se sont manifestées comme un vouloir immédiat de la raison avec comme objectif l'instauration d'un monde conforme à ce vouloir, elles n'ont pas échappé à cette immédiateté. En faisant le lien avec la première manifestation de l'immédiateté qui est aussi la première effectivité de la conscience, Hegel a, d'emblée, précisé que cette immédiateté de la certitude n'est plus sous la modalité de la conscience naturelle.

Il convient de souligner le sens que Hegel accorde à l'imbrication de l'autoconscience et du vouloir dans le processus de mise en œuvre de la concrétude de l'agir souverain, instaurant un ordre social et politique fondé sur la loi. Le geste de ce que Hegel appelle la liberté

[87] *Phénoménologie de l'esprit*, p.514.

absolue affirmée et instaurée comme *univers du rationnel institutionnalisé* est l'œuvre de la révolution issue des Lumières sous sa fureur tyrannique. Que devient le principe de l'affirmation de la liberté absolue, quand elle enfante la monstruosité qu'est la Terreur ? Toute la tragédie de la Révolution de 1789, dans sa cruelle et meurtrière perversion de 1793, repose sur ce que Hegel résume ainsi : « Il n'est donc aucune œuvre positive ni [aucun] acte [positif] que puisse produire au jour la liberté universelle ; ne lui reste que l'*agir négatif* ; elle n'est que la *furie* du disparaître[88]. »

Comment le mouvement des Lumières a-t-il vu sa générosité proclamée et fondée sur l'exigence universelle de liberté se pervertir en Terreur absolue ? L'esprit critique et l'examen approfondi des institutions sociales, politiques, religieuses ont-ils favorisé la logique de l'anéantissement qui a résulté de la puissante réflexivité critique caractéristique des Lumières ? Comment rendre intelligible l'articulation de la liberté absolue à la Terreur absolue ? Le vouloir universel qui s'est concrétisé et incarné dans un univers advenu comme le résultat de l'effectivité universelle d'un combat de la raison contre l'obscurantisme a succombé aux démons de la violence et de la tyrannie. C'est à cette analyse rigoureuse et qui ne manque pas de clarté que Hegel fait culminer le procès des Lumières.

En fait les dix pages que Hegel consacre à la figure de l'échec de cette aventure intellectuelle et politique, dont la signification historique a été élevée au rang d'un phénomène majeur de la civilisation occidentale et marquant pour l'humanité en quête de liberté, est d'une densité remarquable. L'intérêt que Hegel a accordé à cet événement qui a provoqué un séisme dans la société de l'époque est à l'aune de la place qu'il lui a conférée dans l'une de ses œuvres maîtresses qu'est la *Phénoménologie de l'esprit*. Il n'a cessé de méditer sur ce fait historique décisif depuis sa jeunesse jusqu'à sa maturité, notamment dans les *leçons sur la philosophie de l'histoire*[89].

---

[88] *Phénoménologie de l'esprit*, p. 520

[89] « La pensée, le concept du droit se fit tout d'un coup valoir et le vieil édifice d'iniquité ne put lui résister. Dans la pensée du droit, on construisit donc alors une constitution, tout devant désormais reposer sur cette base. Depuis que le soleil se trouve au firmament et que les planètes tournent autour de lui, on n'avait pas vu l'homme se placer la tête en bas, c'est-à-dire, se fonder sur l'idée et construire d'après elle la réalité. » Hegel, *Leçons sur la Philosophie de l'histoire*, traduction par J. Gibelin, Paris, Vrin, 1963, seconde édition 1979, p. 340.

De quoi s'agit-il dans la mise en évidence de l'échec des Lumières ? En rebondissant sur la catégorie de l'utilité, Hegel montre comment une métaphysique du néant s'empare de ce mouvement du concevoir qui est le fait d'un Soi qui se dédouble en lui-même dans l'intellection radicale qui l'anime. Il nous semble que la radicalité de l'agir révolutionnaire résulterait de cette rigueur qui ne se satisfait plus d'une vision concrète des choses. L'intellection s'arrache au réel et se replie sur la négativité n'ayant pas renoncé à sa volonté de s'inscrire dans la réalité sociale et politique. La mise en pratique du geste spirituel, par la forte impulsion de la négativité, engendre les conditions d'une action qui se déploie dans la spirale de la violence. La présence à soi comme liberté absolue de l'esprit s'accomplit dans la conversion contemplative de l'être-pour-soi en concept pur.

En se concevant comme l'agir du concept dépouillé de toute forme d'utilité, l'autoconscience se présente comme la certitude de soi de toute effectivité. A partir de ce moment, la certitude de soi devient la subjectivité universelle qui s'identifie au Soi en tant qu'essence de tout ce qui prétend à l'effectif par la médiation de la mise en acte du Soi dans sa pure radicalité conceptuelle et théorique. « Par là l'esprit est présent-là comme *liberté absolue* ; il est l'autoconscience qui se saisit, de sorte que sa certitude de soi-même [est] l'essence de toutes les masses spirituelles du monde réel aussi bien que du surnaturel, ou, à l'inverse, de sorte que essence et effectivité sont le savoir de la conscience de *soi*[90]. » Le principe de l'agir considéré, dans sa dimension de réflexivité essentielle, se détermine comme l'accomplissement du vouloir universel, sans la médiation des corps constitutifs de la société.

Il s'agit de l'identification de l'autoconscience singulière à la volonté universelle comme volonté de tous en s'autorisant de répondre de la totalité de la substance dans la mesure où elle se conçoit en tant que conscience de soi universelle de l'esprit en acte. C'est pourquoi cette singularité « est consciente de sa personnalité pure, et en cela de toute réalité spirituelle, et toute réalité est seulement [quelque chose de] spirituel ; le monde lui est purement et simplement sa volonté, et celle-ci est volonté universelle[91]. »

En ne se reconnaissant qu'à travers sa volonté propre, l'autoconscience singulière entend agir en tant que dépositaire de la

[90] *Phénoménologie de l'esprit*, p. 516.
[91] *Phénoménologie de l'esprit*, pp. 516-517.

volonté de tous et par conséquent à se donner la légitimité toute puissante de l'ensemble rassemblé dans sa singularité. Il en résulte que la volonté individuelle se déploie en tant que volonté générale et universelle avec la légitimité de décider et d'agir au non de la communauté des singularités. Une pratique conçue dans la sphère de la décision du singulier qui s'est identifié à l'universel est le propre du sujet souverain qui exécute des actions sous le signe de la loi. La configuration de cette figure présuppose une conception de la volonté qui sera au centre de la pensée politique et juridique de Hegel. C'est ainsi que dans les *Principes de la philosophie du droit,* Hegel mène une réflexion approfondie sur le concept de volonté.

Dans l'introduction à cet ouvrage, nous pouvons lire ceci : « La volonté est l'unité de ces deux moments ;- elle est la *particularité* réfléchie *au-dedans de soi* et reconduite par là à *l'universalité*,- *singularité* ; elle est l'*autodétermination* du moi qui consiste, tout en un, à se poser comme le négatif de soi-même, à savoir comme *déterminé*, *borné*, et à demeurer auprès de soi, c'est-à-dire dans son *identité avec soi* et son universalité, et, dans la détermination, à ne fusionner qu'avec soi-même[92]. » Ce qui fait la dimension pratique de la volonté en tant que disposition subjective apte à la concrétude objective, c'est qu'elle est l'unité réfléchie de la déterminité singulière et de la détermination universelle. Une philosophie de l'agir pratique s'est incarnée dans le procès des Lumières dans la mesure où l'articulation de la liberté et de la volonté s'est accomplie par la médiation de la loi, *opérateur juridique et politique universel.*

En fait le procès de la volonté conjugue la *subjectivité* et l'*objectivité* dans la perspective de la mise en œuvre de l'action concrète du sujet souverain comme incarnation de la communauté politique unie sous sa volonté particulière. Celle-ci se représente sous la *détermination de la liberté* pour se dépouiller de la dimension arbitraire de sa particularité. Ce que le singulier a de contingent est sursumé par le concept de liberté et par la représentation que la personnalité du maître souverain dans sa particularité représente la personnalité de chacun et de tous. Le mode de représentation du singulier et de l'universel confère la légitimité de l'agir de l'individu reconnu comme le sujet universel libre de l'arbitraire de la contingence. « Il entre dans l'existence de

---

[92] G. W. F. Hegel, *Principes de la philosophie du droit*, texte intégral, accompagné d'annotations manuscrites et d'extraits de cours de Hegel, présenté, révisé, traduit et annoté par Jean François Kervégan, édition revue et augmentée, première édition Quadrige / puf, Paris, 2003, p. 123.

telle sorte que chaque conscience singulière s'élève de la sphère qui lui était impartie, ne trouve plus son essence et son œuvre dans cette masse particularisée, mais saisit son Soi comme le *concept* de la volonté, toutes les masses comme essence de cette volonté, et ne peut par là aussi s'effectuer que dans un travail qui est travail total[93]. »
Qu'est-ce qui entre dans l'existence pour déterminer l'universalité commune effective des individus ?
C'est le contenu substantiel de la volonté des individus libérés des appartenances particularisées par la médiation de la négativité qui les élève à leur dimension universelle qui se traduit par l'organisation rationnelle étatique. Ce qui advient avec cette époque de l'esprit, c'est la sursomption des différences sociales limitatives et figées par un monde qui ne correspond plus aux exigences nouvelles de la volonté libre et universelle. L'avènement de ce monde nouveau est le surgir de la liberté absolue qui abolit les bornes limitatives de la déterminité singulière, en le faisant reconnaître comme autoconscience universelle dans toutes ses dimensions. Ce passage résume le credo de ce processus dans son effectuation concrète : « Dans cette liberté absolue sont donc abolis tous les états, qui sont les essences spirituelles en quoi s'articule le tout ; la conscience singulière qui appartenait à un tel membre, et qui dans lui voulait et accomplissait, a sursumé sa borne : sa fin est la fin universelle, son langage la loi universelle, son œuvre l'œuvre universelle[94]. »
L'universalité constitue le processus de conjonction de la liberté et de la volonté par la médiation de la négativité qui, en libérant l'individu de ses limitations sociales arbitraires, lui a permis de concrétiser de façon effective sa dimension universelle à tous les niveaux. Ce que les Lumières montrent, c'est l'essence universelle de tout être humain, et que, pour qu'il y accède réellement, il faut bien une libération qui procède de la négation dont l'agir ne peut faire l'économie de la violence et de la destruction. Le monde nouveau qui surgit de la liberté ne peut s'édifier que sur les ruines d'un monde ancien, et son mode de rupture ne peut se faire que par la négativité instauratrice d'un code nouveau. Et ce code résulte de l'abolition de la servitude des particularismes pour faire advenir la liberté qui provient de l'universel concrétisé par l'agir de tous et de chacun en tant qu'acteur

---

[93] *Phénoménologie de l'esprit*, p.517.
[94] *Phénoménologie de l'esprit*, pp. 517-518.

de ce processus universel d'advenir à l'effectivité de l'organisation sociale, politique et rationnelle qu'est l'Etat.
Le procès de constitution et de construction d'un ordre nouveau consiste à mettre en phase les exigences institutionnelles objectives et les aptitudes des individus comme subjectivités aptes à s'assumer sous le règne de l'universel étatique. C'est pourquoi la double détermination de la volonté à la fois universelle et singulière est mise en évidence tout au long de ce processus de concrétion du concept de liberté absolue. C'est en ce sens que « cette conscience *singulière* est consciente de soi de façon pareillement immédiate comme volonté universelle ; elle est consciente de ce que son ob-jet est loi par elle donnée et œuvre par elle accomplie ; passant dans [l']activité et créant [l]objectivité, elle ne fait donc rien de singulier, mais seulement des lois et des actions d'Etat[95]. »
L'essence de l'agir de l'autoconscience universelle comme sujet souverain est en elle-même porteuse de la Terreur dans la mesure où elle fait comme si l'adhésion au projet révolutionnaire devait se concrétiser du fait même que l'universel comme la volonté sont en chaque individu en tant qu'être doué de pensée. L'idéal révolutionnaire n'a pas mis en euvre une pédagogie pour accompagner le processus de rupture, dans la mesure où l'adhésion à son projet est présentée comme une question de vie ou de mort. La perversion est inscrite dans cette vision essentialiste de l'adhésion à un projet qui est censé être intelligible pour tout le monde. Le messianisme humaniste des Lumières comportait en soi la violence qu'elle a générée de façon radicale.
Il est clair que l'échec du projet d'instauration de la liberté absolue comme fondement d'un ordre social équitable procède de cette difficile articulation de l'universel au singulier dans la particularisation de la décision universelle. Les promoteurs des Lumières ont pensé que l'objectivation de la décision particulière assortie de la détermination de l'universalité est une garantie de liberté suffisante pour la concrétisation du règne de l'*effectivité institutionnelle*. Ils n'ont pas suffisamment évalué les risques de despotisme inhérents à l'identification du Soi universel à la singularité particulière et de la négation des autres que cette posture induisait. « Pour que l'universel en vienne à un acte, il lui faut se reprendre dans le Un de l'individualité, et placer au sommet une autoconscience

[95] *Phénoménologie de l'esprit*, pp. 518- 519.

singulière ; car la volonté universelle n'est volonté *effective* que dans un Soi qui est Un. Mais, par là, *tous les autres singuliers* sont exclus du *tout* de cet acte, et n'y ont qu'une part bornée, de telle sorte que l'acte ne serait pas acte de l'autoconscience *universelle effective*[96]. »

Il convient toutefois de reconnaître que le mouvement des Lumières a permis de libérer la conscience de la tutelle de l'au-delà en faisant advenir, dans sa singularité, son universalité effective et la capacité de se penser désormais en tant qu'acteur de son propre destin. Tel est le sens de cette réflexion de Jean Hyppolite : « Le grand problème humain qu'avait prétendu résoudre la Révolution française était celui de la pénétration de la *substance* (la réalité spirituelle sous la forme objective) et de la *conscience de soi*[97]. » L'antagonisme structurel qui a fini par mettre en échec l'expérience des Lumières est la traduction de la complexité de la conjonction effective de la substance et de la conscience, du Soi universel et du Soi singulier, de l'universel et du particulier.

En fait, sous la figure de la Terreur s'accomplit, de façon négativement déterminée, l'inscription de la substance universelle dans la volonté singulière sans la médiation. C'est en ce sens que la figure de la Terreur pose la nécessaire effectuation du principe que les Lumières ont appréhendé pour qu'il parvienne à déterminer l'agir de l'individu ayant sursumé la contingence de sa particularité. Hegel montre comment le gouvernement qui est censé représenter la volonté universelle s'avère être volonté particularisée sous la forme particulière qu'est la « faction ».

Ce qui résulte de la volonté universelle telle qu'elle s'est incarnée à travers l'effectivité d'un gouvernement, c'est l'échec de la mise en application du principe abstrait de la liberté absolue. Il se trouve, néanmoins que la Terreur absolue ne s'est pas réduite à l'abstraction théorique du principe d'affirmation de la liberté absolue. La Révolution a, en effet, engendré la terreur réelle en s'emballant dans la fureur de la destruction. La proclamation de l'exigence abstraite de la liberté a eu pour conséquence la mort sous sa forme sanglante, arbitraire et insignifiante. *L'exigence de liberté s'est transformée en arbitraire de la mort*.

En effet, la détermination du contenu de la substance universelle en vouloir pratique identifiant le Soi universel et le Soi singulier s'est

[96] *Phénoménologie de l'esprit*, p. 520.

[97] Jean Hyppolite, *Genèse et Structure de la Phénoménologie, op.cit.*, pp. 443-444.

avérée négative et abstraite, c'est pourquoi, l'échec de l'expérience de la liberté absolue annonce la nécessité pour l'esprit de se saisir de soi-même dans la certitude de son intériorité. Pour énoncer l'advenir de la figure de la moralité, Hegel procède à la récapitulation des moments qui se sont effectués pour la venue à soi de la figure de la liberté intérieure. « Comme le royaume du monde effectif passe dans le royaume de la foi et de l'intellection, ainsi la liberté absolue passe-t-elle de son effectivité se détruisant elle-même dans un autre pays de l'esprit autoconscient, (...). La figure nouvelle de l'esprit *moral* a surgi[98]. »

[98] *Phénoménologie de l'esprit*, p. 525.

V- Le procès d'effectuation de la certitude morale

L'entrée dans le règne de l'effectivité spirituelle morale présuppose que l'expérience de la dimension d'extériorisation de la liberté abstraite ait échoué pour que désormais soit explorée sa sphère intérieure. Il s'agit du procès d'effectuation de la certitude de soi. Comment se présente son objet ? « [...] maintenant l'ob-jet est à lui-même la certitude de soi, le savoir- tout comme la certitude de soi-même, en tant que telle, n'a plus de fins propres, donc n'[est] plus dans la déterminité, mais est savoir pur[99]. »

De quoi s'agit-il dans le procès d'effectuation à travers la manifestation de la vision morale ou de l'agir de la certitude morale ? L'exposition de cette figure consiste à montrer la complexité de la traduction concrète de l'exigence du devoir dans la réalité. L'essence contradictoire de la conscience morale se trouve dans la postulation d'une *liberté de conviction* et de l'extériorité de la nature qui s'oppose à elle. Son parcours est traversé par la représentation d'un contenu qui repose sur l'impératif du devoir et l'effectivité qu'elle n'appréhende pas. Constituée par la nécessité de penser son effectivité comme savoir pur, la conscience morale s'effectue d'abord dans la tension inhérente à son essence formelle et la composition variée de la nature caractéristique du sujet. Elle contient en elle dans son effectuation le conflit qui lui confère sa configuration et justifie son agir. Certes le devoir est son contenu comme catégorie exprimant son exigence morale. Cependant, le devoir en lui-même est sous le mode de l'intériorité formelle.

Le sujet moral est confronté à la tension entre sa passion, ses désirs, ses penchants et l'aspiration à une pureté de conviction qu'il a du mal à réaliser. Ce qui rend problématique l'agir moral, ce sont les limites inhérentes à la nature de l'individu en tant que c'est sa nature même qui rend difficilement réalisable l'injonction morale sous forme de conscience intérieure dont l'essence est de demeurer sous le mode de l'exigence idéale d'une action plus intentionnelle qu'effective. Ce qui détermine la conscience morale, c'est la postulation à la perfection qui ne l'est que dans la mesure où elle ne s'accomplirait pas, donc elle resterait toujours de l'ordre de l'idéalité.

Dans l'analyse que Hegel livre du procès de la vision morale, se dégagent, à travers ce qu'il appelle les postulats, les termes de cette

---

[99] *Phénoménologie de l'esprit*, p. 526.

contradiction. On peut retenir que la nature contradictoire est inhérente à la structure même de la conscience morale dans la mesure où elle cherche à unifier des entités qui se posent dans leur différence irréductible. Dans la première manifestation de son opérer, il s'agit de l'essence en soi dans son opposition à la nature, comme effectivité empirique ; dans la deuxième expression de son devenir, les deux termes de l'opposition révèlent son effort de concilier son harmonie et sa propre sensibilité ; enfin, dans sa troisième manifestation, il s'agit de viser la réalisation de la réconciliation de l'autoconscience singulière avec la volonté universelle.

Ce qui détermine la conscience morale, c'est la prise de conscience de l'impossible et nécessaire adéquation entre l'idéal qu'elle se construit et l'effectivité. Les contradictions qui sont constitutives de son procès d'effectuation révèlent son ineffectivité alors qu'elle entend se poser comme « autoconscience morale effective ». C'est pourquoi c'est à travers son agir qu'elle se confronte avec la non-transparence de son contenu, c'est-à-dire de son objet. Elle est ainsi constamment tiraillée entre la forme abstraite et une exigence de concrétude. C'est dans la représentation qu'elle va constituer sa réalité postulée et projetée dans une sorte d'unité qui ne fait que reculer au point de se poser comme irréalisable.

Il convient de remarquer qu'il y a dans le procès d'effectuation de la conscience morale la nécessité de mettre en évidence l'ineffectivité d'une forme dont la seule réalité résiderait dans la conviction. C'est en cela que consiste la contradiction qui l'habite et qui détermine son agir dans la diversité des circonstances. Le procès de configuration de la conscience morale dans la réalité de son opérer se présente sous le mode d'un mouvement contradictoire. « La vison morale du monde n'est par conséquent en fait rien d'autre que l'élaboration, selon ses divers côtés, de cette contradiction qui se trouve au fondement ; elle est, pour user ici, où elle convient à merveille, d'une expression kantienne, *tout un nid* de contradictions dépourvues de pensée[100]. »

L'évocation de la nature procède de l'expérience du rapport à l'autre de la conviction qui est la modalité d'affirmation de ce qui la constitue dans son intériorité. L'agir moral ne peut se considérer comme opération déterminée et conditionnée par l'extériorité. Quel est le sens de la nature dans sa représentation de soi ? Il apparaît que la nature, dans la mesure où elle est son autre, se manifeste comme ce qui

---

[100] *Phénoménologie de l'esprit*, p. 539.

s'oppose à son autonomie. Ce n'est pas dans l'abstraction de l'intériorité sans relation à son autre que la conscience advient comme conscience morale. C'est dans l'effort de démarcation et d'autonomie que la conscience se propulse dans sa trajectoire constituée de contradictions. C'est à ce titre qu'elle est mouvement contradictoire en soi, étant donné que son agir ne peut se mouvoir sans la prise en compte de ce qui ne se laisse pas absorber ou dissoudre par son effort de conciliation. La diversité des expériences qu'elle éprouve et qui prouve la constante confrontation de l'intériorité avec l'extériorité traduit l'opposition non surmontée de la représentation de l'objectivité par la subjectivité.

En fait, le procès dialectique de la conscience morale expose la phénoménalité dans une dimension différente de l'objectivité extérieure. C'est son essence qui se confronte avec elle-même sous la modalité de la conviction, caractéristique de sa subjectivité. La conviction comme disposition intérieure de représentation du Soi exprime une forme de subjectivité qui ne s'est pas accomplie dans son effectivité. Les conditions qu'elle met en œuvre ne sont pas en adéquation avec la finalité qu'elle vise, qui n'est autre que l'absolu. Comme parcours du négatif dans l'intériorité de la conscience, l'autoconscience morale est sous l'emprise de la conviction en tant qu'affirmation du Soi dans sa pureté. En se situant dans la sphère de la conviction, l'agir moral veut se concevoir absolument autonome de tout ce qui peut venir de l'extérieur souiller sa pureté. Mais, plus elle s'enracine dans cette vision, plus elle se retrouve dans la contradiction qui l'habite à travers ses multiples péripéties.

En se propulsant dans la certitude morale, elle s'élève au niveau de l'étape où elle cherche à conjoindre son en-soi et le pour-soi de l'esprit qui s'énonce dans la conviction que l'avènement de la moralité résulte du fait que l'esprit a atteint la certitude de soi. L'intuition du Soi comme certitude de soi dans son intériorité est ici constamment manifeste dans le procès phénoménologique de la conscience à tous les niveaux de sa progression. L'advenir de la conscience à son Soi effectif universel ne définit-il pas le sens de cette processualité que nous avons énoncée sous le mode du procès d'effectuation ?

En effet, le procès d'effectuation de la conscience morale met en scène la complexité des figures qui se présentent sous le signe de l'effectivité intérieure alors qu'elles vivent en profondeur le négatif ou l'abstraction de la pensée. Car, depuis l'avènement de l'esprit devenu étranger à soi-même, il est manifeste que le procès des figures qui se succèdent au sein de la substance spirituelle se meut dans la sphère de la pensée, du savoir et de la certitude de soi du concept dans la dimension représentative.

Nous pouvons ainsi remarquer qu'une tension résultant de la nécessité d'advenir à soi comme effectivité, qu'elle soit extérieure ou intérieure est à l'œuvre dans ces figures. Or, l'impasse dans laquelle se retrouve la conscience signifie que l'effectivité concrète est le résultat de tout son parcours, au terme duquel elle se réalise en tant que savoir absolu. La nature de l'effectivité concrète et son accomplissement exigent que soit réalisé le chemin de la conscience phénoménale dans l'épuisement de ses expériences.

En conférant à cette effectivité de l'esprit sa dimension de certitude universelle du Soi dans son intériorité, Hegel entend montrer les contradictions inhérentes à l'agir moral en tant qu'il est sous le régime de la représentation sans le reconnaître comme tel. C'est dans cette configuration des contradictions que le sujet moral s'est retrouvé comme la représentation vide d'une fin inaccessible. La comparaison entre les deux moments précédents du procès d'effectuation de l'autoconscience morale montre en quoi la certitude morale est l'instance de l'effectivité morale. « Ce n'est que comme certitude-morale que, dans son *autocertitude*, elle a le *contenu* pour le devoir précédemment vide, tout comme pour le droit vide et la volonté universelle vide ; et, parce que cette autocertitude est pareillement l'*immédiat*, [elle a] l'être-là même[101]. »

La certitude morale se présente comme la vérité du processus qui a vu les étapes de l'esprit advenir comme état de droit, volonté universelle libre à l'époque de la révolution et vision morale du monde. Ces trois moments décisifs furent déterminés par la vacuité du Soi de la substance sous la figure de l'effectivité abstraite. Le Soi se manifestait dans sa différence avec l'en-soi du Soi singulier. Or, la certitude morale s'énonce comme « l'esprit certain de soi comme de l'absolue vérité et de l'être[102]. »

En s'accomplissant sous la figure de la certitude morale, l'autoconscience morale se sursume dans son abstraction pour s'élever à l'effectivité morale en tant que conjonction du devoir et du savoir ou de l'universalité et de la singularité opérante de l'agir. Cet agir que Hegel définit ainsi : « L'agir n'est par conséquent que l'acte de

---

[101] *Phénoménologie de l'esprit*, p. 551.

[102] *Phénoménologie de l'esprit*, p. 550.

transposer son contenu *singulier* dans l'élément *ob-jectif*, où il [= ce contenu] est universel et reconnu, et justement le fait qu'il est reconnu fait de l'opération l'effectivité[103]. » L'advenir à soi comme effectivité pour la certitude morale se traduit pas le fait que l'agir est le processus de transposition de son contenu en tant qu'il est singulier dans la dimension de l'objectivité. En ce sens, elle se conçoit comme l'unité de l'intérieur et de l'extérieur dans l'intériorité advenue comme essence objective universelle et se présente comme l'unité de l'universel et du singulier.

Dans sa réflexion sur la question du bien et du mal dans la certitude morale, Gwendoline Jarczyk montre le rapport qui se noue entre l'universel et le singulier à travers le procès de la certitude morale dans sa structuration. C'est dans cette perspective qu'elle souligne : « [...], l'écriture structurale de la certitude-morale étant justement celle d'un rapport tel entre intérieur et extérieur que l'intérieur *n*'est ce qu'il est *que* comme impliquant foncièrement l'extérieur[104]. »

Ce qui fait l'originalité de la structuration de la certitude morale, c'est son inscription dans la dynamique de la conjonction de l'intérieur et de l'extérieur, de l'universel et du singulier en réalisant l'unité de la conviction comme détermination de l'effectivité. Il en ressort qu'elle ne se conçoit pas sous la détermination d'une intériorité abstraite sans relation à l'extériorité. Toutefois, il nous semble que la complexité de sa structuration tient à la difficulté même de sursumer cette dimension de la conviction qui « a stature d'absolu ». Si la dimension de l'intériorité est considérée comme absolue, il est difficile que l'objectivité, en tant qu'extérieur, prenne la place qui est la sienne dans une configuration où la reconnaissance abolit la prévalence déterminante de l'un ou de l'autre.

En fait, l'effectuation de la certitude morale sous la détermination de la conviction comme instance d'intériorité montre les limites de l'effectivité à laquelle prétend la conscience morale. « Cette *pure* conviction est comme telle aussi vide que le pur *devoir*, pur au sens où rien dans elle, aucun contenu déterminé, n'est devoir[105]. » Sous la détermination abstraite négative de la pureté, le devoir comme la conviction illustrent que la certitude est dans une posture paradoxale qui montre qu'elle est aussi sous la détermination de la négativité.

---

[103] *Phénoménologie de l'esprit*, p. 555.

[104] Gwendoline Jarczyk, *Le mal défiguré, op.cit.* , p. 75.

[105] *Phénoménologie de l'esprit*, p. 558.

Dans la mesure où l'agir engage le sujet à se déterminer de façon concrète, il ne peut demeurer dans l'indécision de l'indétermination. Il y a une nécessité de l'agir qui exige la décision et la détermination de l'individu qui s'oppose à la vacuité abstraite du pur devoir et de la pure conviction. « Mais on doit opérer, il faut que cela se trouve *déterminé* par l'individu ; et l'esprit certain de soi-même, dans lequel l'en-soi en est arrivé à la signification du Je autoconscient, sait avoir cette détermination et [ce] contenu dans la *certitude* immédiate de soi-même[106]. »

Il apparaît qu'il est de nécessité logique que la certitude morale dans son agir sursume concrètement la diversité phénoménale des cas dans la multiplicité des circonstances pour que le contenu du devoir soit déterminé. Elle ne peut pas s'astreindre à l'hésitation du sujet qui se trouve dans l'embarras de choix. L'effectuation concrète du devoir à travers l'opérer de la certitude morale est une exigence de mise à l'épreuve de la vacuité du devoir dont le déficit d'effectivité n'échappe pas à l'énonciation de l'absence de contenu effectif qui le caractérise. Il est significatif que la conjonction du savoir pur, du devoir pur et de la conviction pure soit révélatrice d'une exigence de pureté qui met l'accent sur la complexité de la concrétude du contenu déterminé de la certitude morale.

C'est pourquoi la certitude morale poursuit son procès de différenciation dans la perspective de se saisir de soi-même comme Soi de l'esprit certain de soi-même. Elle se déploie comme autoconscience universelle à même la singularité et la diversité phénoménale. A défaut de s'accomplir comme effectivité absolue, la certitude morale va du moins s'appréhender comme prise de conscience de la vacuité du devoir en tant qu'exigence pure de l'absolu. Processus d'effectuation de l'effectivité absolue dans les mesures de la subjectivité qui se sait en tant que « réalité spirituelle », la certitude morale s'assume comme l'expression de la « *Chose même* ». C'est en ce sens qu'elle est la figure de l'absolu intuitionné dans la dimension de la certitude qui se veut extérieure dans la mesure où elle se présente en tant que procès d'objectivation de la subjectivité en soi-même. Ce qui explique son écartèlement entre la dimension naturelle de la conscience et sa dimension spirituelle.

En effet, le procès d'effectuation trouve dans l'exposé de cette figure la dimension processuelle qui la caractérise d'autant que la négativité

---

[106] *Ibidem.*

qui est ici à l'œuvre implique toutes les dimensions de l'agir dans la diversité de ses opérations. La moralité n'est pas seulement de l'ordre de la manifestation de la substance spirituelle, mais aussi dans les sphères de la sensibilité et des circonstances réelles. « C'est de cette manière que la certitude-morale opère et se maintient donc dans l'unité de l'*en-soi* et de l'*être-pour-soi*, dans l'unité du penser pur et de l'individualité, et est l'esprit certain de soi qui a sa vérité en lui-même, dans son Soi, dans son savoir, et dans lui comme le savoir du devoir[107]. » La certitude morale cherche à affirmer sa réalité ou son effectivité de façon autostante dans la mesure où elle ne veut se réduire ni à une détermination générale comme contenu ni à une déterminité particulière comme devoir.

Il s'agit pour elle de s'appréhender dans son concept pur en tant qu'égalité à soi-même sous la figure de l'identité du devoir et du savoir. Sa logique se manifeste en tant que processus d'autodétermination du Soi dans son en-soi qui est identité à soi de son être et de son effectivité. « Cette *autodétermination* est, pour cette raison, immédiatement ce qui est purement et simplement conforme au devoir ; le devoir est le savoir même, mais cette ipséité simple est l'en-soi ; car l'*en-soi* est l'égalité-à-soi-même pure ; et celle-ci est dans cette conscience[108]. »

La certitude morale est le mouvement de perception du devoir dans l'élément de la subjectivité telle qu'elle se présente dans la sphère de l'intériorité. Etant donné qu'elle n'a pas atteint dans son opération la réconciliation de l'en-soi et du pour-soi, elle est dans l'autoconscience morale dans sa conscience. Du fait qu'elle se manifeste dans sa conformité au devoir comme l'égalité à soi-même, elle implique sa dimension relationnelle, c'est-à-dire « être pour autre-chose ». Cette égalité qu'elle incarne contient en soi l'inégalité. La configuration processuelle de la certitude morale dans son opérer aboutit ainsi à l'émergence de la figure de la belle âme comme individualité dont l'agir correspond à la nature de la conviction. Avec comme déterminations la conviction et le devoir, la certitude morale se détermine concrètement à travers la figure de la belle âme.

C'est ainsi que le procès de l'opérer de la certitude morale comme effectuation de soi dans l'intériorité se traduit dans la manifestation de la belle âme. « Du coup nous voyons ici l'autoconscience revenue

[107] *Phénoménologie de l'esprit*, p. 561.

[108] *Phénoménologie de l'esprit*, pp. 561-562.

dans son plus intérieur, pour lequel disparaît toute extériorité comme telle,- dans l'intuition du Je = Je, où ce Je est toute essentialité et être-là[109]. » L'absence de réalité extérieure exprime que la constitution de l'être de la belle âme est l'intuition de sa subjectivité comme essentialité objective. L'être-là de la subjectivité sous la figure de la belle âme se conçoit ainsi comme l'intuition de la certitude morale. L'intériorité comme mode de constitution et de structuration de la configuration de la belle âme traduit son inconsistance, dans la mesure où elle ne pose pas le concept de l'être en rapport avec l'effectivité.
A travers le procès de cette figure d'épuration et de purification telle qu'elle se démarque de toute relation avec l'extériorité s'énonce une tentative de la conscience de se maintenir dans son intériorité. C'est à ce niveau de son parcours que la conscience accède à la vraie dimension de la certitude de soi dans sa vacuité sous la forme de la pureté qui est constitutive de sa certitude : « Clarifiée jusqu'à cette pureté, la conscience est sa figure la plus pauvre, et la pauvreté qui constitue son unique possession est elle-même un disparaître ; cette *certitude* absolue dans laquelle s'est dissoute la substance est la *non-vérité* absolue qui s'abîme dans soi ; elle est l'*autoconscience* absolue dans laquelle sombre la conscience[110]. »
En effet l'expression effective de la situation phénoménologique de la conscience dans sa relation avec l'autoconscience absolue est le procès de la belle âme dont l'attitude existentielle exprime l'impasse dans laquelle se trouve la certitude morale. Se saisir de soi dans l'absolue certitude est la forme déterminée que se donne la certitude morale à travers la figure de la belle âme. Le concept de soi sous le mode de l'intuition du Je comme subjectivité se posant comme l'être-là de l'autoconscience caractérise la situation de la certitude morale dans sa configuration.
En fait, l'inscription dans une dynamique de conjonction de l'effectivité et de la certitude dans l'élément de l'intériorité est le propre de l'autoconscience qui entend se manifester comme l'intuition de la substance sous le mode de la certitude absolue.
En sombrant dans l'abîme d'une profondeur sans consistance, comme c'est le cas de la conscience sous le mode de la certitude, l'autoconscience retombe dans la situation de la conscience

[109] *Phénoménologie de l'esprit*, p. 568.
[110] *Ibidem*.

malheureuse, avec la différence qu'elle est désormais « le concept de la raison ». A

La certitude morale comme belle âme se révèle dans son incapacité à s'exposer devant la phénoménalité objective du réel et à se donner une posture concrète devant les événements du monde. En se refusant au risque de s'engager, elle montre son impuissance devant la prise de responsabilité face à l'agir qui exige du sujet acteur une prise de décision. Elle ne veut pas souffrir du jugement et de la conscience qui consiste à s'assumer dans l'action accomplie. Ne pas se mouvoir dans la sphère de l'agir pour se préserver de la souillure inhérente à l'agir semble être son credo. Le souci de la pureté de l'intérieur conservée dans sa dimension sublime dans la mesure où elle ne s'est pas confrontée avec les faits et les circonstances de la réalité extérieure prime sur l'implication concrète dans l'histoire. La belle âme se complaît dans les langueurs de la passivité qui se veut conservation dans la pure abstraction de l'intuition de soi. En se donnant sous cette modalité, la belle âme se propulse vers la perte de son identité conçue dans l'absolu de la différence. Elle se retrouve dans le destin d'« une *belle âme* malheureuse » dans la mesure où sa concentration absolue sur son intériorité fait qu'« elle s'éteint peu à peu dans soi, et s'évanouit comme une vapeur sans figure qui se dissout dans l'air[111]. » Il ressort du procès d'effectuation de la belle âme l'inconsistance d'une posture d'intériorité qui se refuse à la médiation de l'extériorisation et de l'agir. En se confiant à la structure de l'intériorité sans confrontation avec l'expérience de la réalité objective et extérieure, la belle âme se livre en réalité à l'ineffectivité de l'abstraction pure. Il s'agit pour Hegel de montrer que la conviction, que la subjectivité peut s'intuitionner dans son intériorité comme être, est de l'ordre de l'ineffectivité. Sans le procès de l'extériorisation, l'intériorité ne peut accéder à son effectivité véritable. C'est pourquoi la dialectique de la certitude morale est un exemple du procès de dissolution de soi dans la sphère de l'intériorité quand l'extériorité n'est pas prise en compte. Tel est le sens du procès phénoménologique de la certitude morale telle qu'elle prétend à la certitude absolue sans la médiation de l'être autre en face de soi.

Le mouvement de la certitude morale a conduit à l'antagonisme en profondeur des deux moments de l'esprit certain de soi sous les figures déterminées de la conscience opérante et de la conscience

[111] *Phénoménologie de l'esprit*, p. 569.

jugeante. Dans leur posture irréductible, elles sont parvenues à la phase ultime de leur opposition qui a trouvé sa sursomption dans la réconciliation. Cette ultime phase de l'esprit dont les moments se scindent en se manifestant sous la détermination de la réconciliation procède de l'advenir à l'autococonscience du Soi spirituel. Il en résulte que « [...] c'est le parfaitement *intérieur* qui est ainsi venu face à soi-même et dans l'être-là [...][112] ». C'est l'effectuation de la dualité jusqu'au surgissement de l'esprit absolu dans sa phénoménalité advenue qui montre comment c'est dans son mouvement d'opposition à soi que s'est déployé le procès d'effectuation.

C'est de cette scission profonde qu'émerge l'esprit en tant que processus d'effectuation de la certitude dans son advenir comme vérité. La condition pour l'esprit de se manifester réellement procède de cette économie de la scission qui est douleur et souffrance. Faire advenir la certitude de soi par la médiation de la scission, de l'opposition, de la négativité ne peut faire l'économie de la douleur pour l'esprit. C'est en ce sens que Hegel écrit : « Les blessures de l'esprit guérissent sans que cicatrices demeurent ; l'acte n'est pas l'impérissable, mais se trouve repris dans soi par l'esprit, et le côté de la singularité qui est présent-là en lui, que ce soit comme intention ou comme négativité étant-là et borne de cette même [négativité], est ce qui immédiatement disparaît[113]. »

Les dialectiques qui conduisent l'esprit à la prise de conscience de sa certitude sous le mode de l'autoconscience de l'absolu ne se conçoivent pas sans cette dimension dramatique. Pour que l'esprit parvienne à la reconnaissance de son intériorité comme extériorité, il ne peut se réduire à la dimension logique de son effectuation. C'est pourquoi, la blessure qui est la sienne ne peut être également réduite à sa dimension existentielle. C'est en se phénoménalisant que l'esprit parvient à la certitude de soi qui est le mode de l'être-là de l'intériorité dans sa phénoménalité. En s'effectuant sous le signe de la dualité, dans sa dimension universelle, la conscience parvient à sa forme extérieure, vérité de la sursomption de son intériorité et condition de sa conversion en autoconscience de l'absolu. La conscience phénoménale est désormais conscience de l'essence absolue.

---

[112] *Phénoménologie de l'esprit*, p. 580.

[113] *Phénoménologie de l'esprit*, p. 578.

VI-Le procès d'effectuation de l'esprit dans son autoconscience

Dans l'introduction à la Religion, Hegel opère une récapitulation significative des moments antérieurs, comme pour dégager ce qui, dans ces figurations, fait signe à la venue de l'autoconscience religieuse. C'est ainsi qu'au sein de la Conscience, on peut noter que l'absence du Soi signifie que l'universel n'est pas encore parvenu à sa dimension d'essence absolue. Au niveau de l'Autoconscience, la figure de la conscience malheureuse n'incarne pas la présence de l'Absolu même si celui-ci, est appréhendé sous la forme déficiente d'un « au-delà ». Dans le procès de la Raison, la conscience est dépouillée de toute dimension de religiosité dans la mesure où elle conçoit sa relation à l'objectivité sous le mode de la « présence immédiate ».

Il apparaît ainsi que dans les trois figurations : la Conscience, l'Autoconscience et la Raison, le concept de Religion ne fait pas signe dans la mesure où l'universel en devenir non seulement « n'est d'abord que l'*universel* » mais « est encore fort loin d'être l'esprit se sachant comme esprit[114]. » Les déterminations abstraites de l'esprit qui relèvent de l'énonciation conceptuelle de l'universel ne contiennent pas suffisamment de substance pour évoquer la dimension spirituelle absolue que requiert l'autoconscience religieuse.

En revanche, dès le surgissement de l'esprit, dans sa première effectivité, le concept de Religion s'énonce, dans la mesure où la conscience est devenue prise de conscience de soi comme autoconscience de l'Absolu. « Par contre, dans le monde éthique, nous vîmes une religion, et en vérité la *religion* du *monde d'en bas* ; [...] »[115]. L'émergence de la Religion est contemporaine, dans son énoncé conceptuel, de la première effectivité spirituelle. Celle-ci, ayant sursumé l'universel abstrait, est à même de s'assumer en tant que Soi, c'est-à-dire « universalité du destin ». Elle est l'essence absolue dans l'unification effective de l'universalité et de la singularité. Le contenu déterminé du monde éthique, tout en étant sous la forme de la nécessité implacable du destin, n'en demeure pas moins l'unité de l'individu mort élevé ainsi à son universalité substantielle. Il en résulte que le destin de ce royaume de la foi dans le monde éthique

[114] *Phénoménologie de l'esprit*, p. 583.
[115] *Ibidem*.

trouve sa forme dans la pensée. D'où la religion des Lumières dont la caractéristique est de soumettre la foi à l'examen critique de la raison.

Le procès d'effectuation du concept de religion

C'est dans le parcours conscientiel de l'esprit, qu'il convient de saisir la genèse de l'autoconscience de l'esprit qu'est la Religion. En tant qu'effectuation de l'esprit sous mode de la représentation, la Religion est l'unité de l'essence absolue et du Soi. C'est pourquoi ce mouvement se déploie dans le sens de montrer en quoi le devenir de l'esprit dans son monde s'effectue dans le sens de parvenir à s'identifier à l'esprit dans son autoconscience par le procès de la représentation. Le devenir de l'esprit, à ce niveau, est l'expérience de la conversion de son mouvement dans son monde à sa manifestation comme conscience de soi de l'Absolu. En ce sens la conscience advient comme autoconscience de la substance absolue telle qu'elle la saisit dans sa représentation.

Il apparaît que le mode d'effectuation de la substance spirituelle se manifeste à travers la détermination en trois partitions différenciées qui la constituent en tant que *moments*, *figurations* et *figures*. Ce sont ces moments qui « constituent ensemble l'*effectivité étant-là* de l'esprit total, lequel n'*est* que comme le mouvement différenciant et revenant dans soi de ces côtés siens[116]. » C'est ainsi que pour parvenir à son effectivité concrète, l'universalité spirituelle assume la reprise du parcours de l'esprit tel qu'il s'est effectué dans sa dimension conscientielle. Ce sont ces étapes dans la succession de leur apparition phénoménale, qui dessinent le contenu de la substance spirituelle, telle qu'elle se phénoménalise, au travers des moments constitutifs de la Religion.

Partant, l'enjeu du procès d'effectuation de la Religion est l'esprit advenu comme autoconscience du Soi tel que celui-ci résulte de la trajectoire au terme de laquelle l'esprit s'est accompli dans son monde. Il y est question, donc, de l'esprit dans sa dimension autoconscientielle. Pour signifier ce devenir de l'esprit comme « esprit de la Religion », Hegel écrit : « L'esprit total, l'esprit de la Religion, est à nouveau le mouvement [qui consiste], à partir de son immédiateté, à parvenir au *savoir* de ce qui est *en soi* ou immédiat, et à atteindre au fait que la *figure* dans laquelle il apparaît pour sa

[116] *Phénoménologie de l'esprit*, p. 588.

conscience égale parfaitement son essence, et [qu']il s'intuitionne tel qu'il est[117]. »

Le mouvement qui anime l'esprit comme religion voit s'énoncer tout le procès qui a conduit à son émergence dans la figure de l'en-soi, mode d'affirmation de l'immédiateté qui pose ainsi la nécessité du devenir pour-soi de l'en-soi. C'est cette configuration qui va constituer le procès de la Religion dans la conversion de l'essence spirituelle en conscience parvenant à son essence sous le mode de l'égalité. Le procès des figures déterminées de la Religion apparaît ainsi comme le mouvement du contenu des effectivités telles qu'elles résultent du procès de l'esprit dans ses figurations antérieures.

En effet, le procès d'effectuation, dans l'élément de la Religion se détermine dans la perspective de montrer qu'à chaque étape du parcours d'autodétermination de la conscience, il s'est agi de réconcilier l'en-soi et le pour-soi, l'intérieur et l'extérieur. Le mode de détermination de l'autoconscience religieuse résulte ainsi de la conscience qu'en chaque moment du parcours phénoménologique, s'est concrétisé un aspect de son effectivité. Telle est la signification du mode de récapitulation qui l'anime et qui constitue la concrétude de la trajectoire de l'esprit dans sa dimension religieuse. Cet advenir à soi à l'intérieur de la substance spirituelle, dans son procès phénoménologique, est explicitement énoncé ainsi : « La figure *déterminée* de la Religion, pour son esprit effectif, extrait des figures de chacun de ses moments [= des moments de l'esprit] celle qui lui correspond[118]. » Le procédé de l'extraction traduit la vitalité inhérente à la logique processuelle constitutive des expériences qui caractérisent le procès de la Religion comme assomption des moments déterminés et effectués de l'esprit dans son monde et dans sa conscience.

L'enjeu de cette totalité spirituelle, sous l'égide de la représentation, est de mettre en articulation la substance spirituelle comme essence absolue et la singularité effective qui l'assume en tant qu'effectivité religieuse. C'est en ce sens que les figures déterminées de la Religon apparaissent comme moments particuliers de l'effectuation de la conscience absolue. Dans cette logique de manifestation de l'esprit certain de soi, dans l'intériorité de la représentation, chacune de ses déterminations s'effectue dans la profondeur de son effectivité singulière. « Dans la série considérée, chaque moment,

[117] *Ibidem.*

[118] *Phénoménologie de l'esprit*, p. 589.

s'approfondissant dans soi, s'élaborait en un tout dans son principe caractéristique[119]. »

En quoi consiste ce « principe caractéristique » ? Nous savons que le procès d'effectuation à travers la succession des figures de la conscience et des effectivités de l'esprit met en scène l'articulation de la totalité spirituelle avec la singularité de chaque détermination particulière en tant que figure. Aussi, les effectivités spirituelles telles qu'elles se sont effectuées au niveau de l'esprit résultent-elles de cette conjonction de l'universalité et de la singularité. De même les effectivités spirituelles religieuses, dont, il est question au sein de l'esprit dans son autoconscience, sont animées par cette logique de l'approfondissement de cette conjonction de l'universalité et de la singularité.

Hegel montre la nécessité de saisir l'esprit dans sa dimension religieuse comme « esprit absolu » dans la mesure où il est l'identité certaine en soi de la conscience et de l'autoconscience. Son effectivité résulte ainsi de la certitude de soi de l'Absolu comme effectivité spirituelle dans sa vérité. « C'est seulement comme esprit absolu qu'il est effectif, en tant que, tel qu'il [est] dans la *certitude de soi-même* il est à soi aussi dans sa *vérité*, ou [en tant que] les extrêmes dans lesquels il se partage comme conscience sont l'un pour l'autre en figure-d'esprit[120]. »

Le cours de la Religion se manifeste, en effet, dans le sens de l'assomption-sursomption des différents moments qui ont déterminé, de façon effective, les figures qui se sont succédées pour que l'effectivité spirituelle soit à même de se réprésenter l'Absolu. L'esprit ne parvient à sa certitude de soi, que dans la mesure où, il est l'unité advenue de la conscience et de l'autoconscience. Les effectivités qui vont se succéder dans leur dimension singulière et imparfaite représentent le tracé de l'esprit tel qu'il advient sous le mode de la figure parfaite qui achève le procès de conjonction de la certitude et de la vérité. L'enjeu de la dialectique de la représentation de l'Absolu, sous le mode de l'effectivité, est de montrer, en quoi le moment de la religion présuppose l'accomplissement des figures et des effectivités spirituelles en tant que figures d'histoire. En s'autodéterminant comme figuration religieuse, l'esprit se déploie

---

[119] *Ibidem.*

[120] *Phénoménologie de l'esprit*, p. 591.

dans la sphère de la réprésentation, diction de la certitude de soi dans l'élément de l'objectivité divinisée.
Nous pouvons remarquer qu'en son *moment religieux* l'effectivité spirituelle s'inscrit dans une histoire où le sujet n'est plus une conscience en quête de certitude en relation avec l'extériorité phénoménale ou l'intériorité essentielle. La quête du sujet résulte d'une prise de conscience de la réconciliation de l'homme avec son autre, par la médiation de l'essence absolue effective que représente Dieu. Dans l'expérience religieuse, la conscience adhère à l'Absolu qui lui permet ainsi d'être en relation avec l'autre conscience advenue comme elle, en tant qu'autoconscience qui se révèle dans son lien avec l'Absolu. C'est dans le dynamisme de la manifestation de son contenu comme absolu que cette réconciliation prend son sens comme tracé de la trajectoire de l'Absolu tel qu'il se révèle dans le procès de l'esprit.
La mise en évidence de la nature de la représentation religieuse correpond ainsi à l'exigence de manifestation de l'Absolu dont le mode de perception par la conscience humaine va rythmer le symbolisme du culte. La relation au divin se conçoit nécessairement sous le mode de la médiation par le signifiant sublimé comme objet ou contenu du culte. C'est la façon dont s'effectue le culte qui va déterminer la nature de la forme religieuse : *naturelle*, *artistique* et *manifeste*. En ce sens, le procès de la Religion, est révélateur de la concrétude spirituelle, étant donné qu'il a sursumé tout le processus antérieur de la conscience. Soulignant la dimension historique de la conscience phénoménologique, dans son parcours jusqu'à l'avènement du moment de la Religion, Jean François Marquet en déduit : « Donc, avec la Religion, aussi paradoxal que cela puisse sembler, nous sommes pour la première fois sur le sol du concret[121]. »
Il est important de saisir le sens de la concrétude de la sphère religieuse en tant que cheminement de la relation du sujet et de la substance. Le procès de la représentation de l'Absolu sous la détermination de la réconciliation de l'en-soi et du pour-soi traduit-il le sens de la conversion de la substance en sujet ? La structure de l'Absolu ne recouvre-t-elle pas le mode de manifestation de la conscience comme instance de révélation de l'Absolu ? En quoi la succession des trois moments religieux peut-elle assumer l'effectivité

[121] Jean-François Marquet, *Leçons sur la Phénoménologie de l'esprit de Hegel*, Ellipses, Paris, 2004, p. 401.

de l'esprit absolu dans la genèse de sa venue à son concept effectif ? Si dans l'advenir de l'autoconscience religieuse se profile le savoir absolu, il importe de montrer que c'est au sein d'une compréhension sursumante de la représentation que devient intelligible le sens de la concrétude effective que Hegel confère à la Religion.

En fait, la succession des trois effectivités religieuses se déploie dans le procès d'une logique de réassomption. C'est dans cette perspective que, la reconversion des moments antérieurs réinscrit les moments essentiels du parcours phénoménologique dans une posture sursumante, qui leur confère une effectivité concrète. Dès lors, le procès d'effectuation va se déployer comme processus de configuration des effectivités religieuses par la conversion des « attributs de la substance » en « prédicats du sujet ». Cette conversion résulte de l'accomplissement de la substance en sujet dans la sphère de la Religion, dont il convient de remarquer que sa venue à l'effectivité ressortit à la réalisation des moments antérieurs. Ils s'inscrivent, en conséquence, dans ce processus comme des déterminités constitutives des effectivités religieuses.

Il en découle que l'accomplissement effectif de la Religion présuppose « le cours total de ces mêmes [moments] » en tant que déterminités concrètes de la totalité spirituelle qu'elle représente. C'est sa manifestation en tant que « Soi absolu » se déployant dans son autoconscience que nous voulons saisir à travers le procès d'effectuation au sein de l'esprit dans son autoconscience.

Le procès d'effectuation de la religion naturelle

Le mouvement qui s'énonce dès les premières lignes de cette effectivité religieuse comme savoir de l'esprit se saisissant de soi-même comme objet exprime la nécessité de sa manifestation dans l'extériorité de son Soi. L'esprit se phénoménalise dans son immédiateté autoconscientielle. Il se pose dans son intériorité sous le mode de l'advenir de celle-ci dans l'objectivité. Il s'agit de la détermination conscientielle de l'autoconscience religieuse. Etant donné qu'il apparaît dans son immédiateté, l'Absolu va s'autodéterminer sous le mode de l'extériorité phonoménale. Il en découle que l'esprit ne se meut plus dans la sphère de l'intériorité abstraite. Cette intériorité essentielle se phénoménalise dans un processus d'extériorisation à même l'effectivité qui la constitue. Le procès de la Religion est, ainsi, le mouvement d'inscription dans le champ de la concrétude comme identité de la phénoménalité et de l'essence. C'est pourquoi, nous pouvons dire que, la Religion, dans cette phase de son effectuation, est dans son en-soi.

Le procès d'effectuation comme phénoménalisation de l'Absolu

L'esprit est désormais à soi-même sujet et objet en tant qu'esprit, se manifestant par la dualité représentative, dans son intériorité constituée de l'essence absolue et du Soi. Il est comme tel le savoir de soi. Il est donc l'identité et l'unité spirituelle de la forme et du contenu que recèle le savoir de soi spirituel. Mais, il est encore dans la dimension de l'en-soi, donc du concept qui s'énonce dans son immédiateté. C'est pourquoi, la première effectivité expose la Religion dans l'en soi de l'autoconscience, c'est-à-dire dans l'intuition de l'immédiateté. Il ne s'agit pas d'un paradoxe, étant donné que « l'esprit dans la religion se *représente* à lui-même » et à ce titre, « il est certes conscience »[122].
Le premier surgissement du concept de Religion s'inscrit dans la dynamique de l'énoncé de l'Absolu dans la certitude de soi qui, tout en étant autoconscience sachante, est également conscience de l'être dans son objectivité. C'est le *moment conscientiel* de l'esprit religieux dans la mesure où « [il est le côté] de l'acte de se rapporter à soi comme *ob-jet*[123]. »
Bien qu'ayant atteint, dans son parcours conscientiel, le moment de l'effectivité spirituelle universelle, du fait qu'il se rapporte à soi-même comme objet, l'esprit religieux est encore dans l'élément de sa conscience. Il en ressort que sa structuration se présente ainsi : « Dans sa conscience est l'op-position, et par là la *déterminité* de la figure dans laquelle il s'apparaît et [se] sait. C'est à celle-ci seule que l'on a affaire dans cette considération de la religion, car son essence non-figurée, ou son concept pur, s'est déjà dégagée[124]. » De quoi s'agit-il ? La configuration de cette première effectivité a donné la mesure du sens que comporte la dimension phénoménale sous l'égide du procès d'effectuation comme procès de l'esprit dans son autoconscience. Hegel précise que cette figure, tout en présentant « le côté de l'*auto*conscience », est sous la détermination du « regard du côté de sa

[122] *Phénoménologie de l'esprit*, p. 586.
[123] *Phénoménologie de l'esprit*, p. 592.
[124] *Ibidem*.

conscience »[125]. L'esprit se saisit du Soi absolu, mais sous la déterminité conscientielle.
C'est pourquoi l'effectivité étant là de l'esprit, en tant qu'elle est sous le mode de la figure déterminée par la conscience, n'est pas encore religion effective. Cette ineffectivité de l'effectivité religieuse dans son concept s'inscrit dans la nécessité de son processus d'effectuation dans lequel s'accomplit concrètement la religion effective. L'horizon de l'effectivité religieuse présuppose l'unité de la conscience et de l'autoconscience dont la différence sursumée instaure une distinction entre la pensée libre et la représentation qui demeure dans l'abstraction de la pensée.
La différence devenue le fait de l'autoconscience est désormais « prédicat du sujet » en ce sens que sa signification ne relève plus de la différence comme « attribut de la substance », qui est sous le régime de la dualité et de la représentation. Toutefois l'être-là de l'effectivité de l'esprit dans sa liberté intérieure manifeste n'est pas encore advenu. Etant donné qu'il est sous la détermination de la représentation conscientielle, il est encore une modalité du penser dans son essence abstraite. Ce que le concept de Religion expose dans son effectuation, c'est la succession des expériences qui révèlent la concrétude qui est sienne dans sa substance unique et la diversité qui la constitue. A ce propos, Hegel écrit: « La série des religions diverses qui vont se dégager présente tout aussi bien à nouveau seulement les côtés divers d'une [religion] unique, et cela *de chaque singulière*, et les représentations qui paraissent distinguer une religion effective d'une autre se rencontrent dans chacune. Mais en même temps, il faut que la diversité se trouve aussi considérée comme une diversité de la religion[126]. »
Le procès d'effectuation de la Religion permet de saisir l'articulation de l'unité substantielle qui la constitue avec la multiplicité faite de la singularité de chaque effectivité religieuse. C'est cette *détermination une* qui est à l'œuvre dans la succession des figures singulières de la Religion dont chacune aussi s'effectue dans sa diversité. Mais une diversité qui, inhérente à son contenu, n'est pas de l'ordre du foisonnement extérieur.
C'est en ce sens qu'il convient de comprendre que la phénoménalité inhérente à la manifestation du divin présuppose l'intériorité de la

---

[125] *Ibidem.*
[126] *Phénoménologie de l'esprit*, p. 593.

substance spirituelle advenue comme monde dans l'achèvement de son processus à travers ses effectivités. Sous cet angle, la réassomption du parcours effectué des figures et des effectivités de l'esprit rend intelligible la réconciliation de la conscience et de l'autoconscience constituant l'identité substantielle de l'autoconscience religieuse effective. Partant les propriétés qui déterminent chaque religion particulière sont en un sens identiques aux autres religions particulières, dans la structuration de leur configuration et dans la signification qu'elle assume à travers leur *spécificité concrète*. A ce propos, Jean Hyppolite écrit : « La phénoménologie de la religion n'est plus la phénoménologie de la conscience s'élevant à la certitude que l'esprit est la seule vérité. C'est l'esprit lui-même qui, parvenu au savoir de soi, cherche une expression adéquate à son essence. [...]. La succession des religions, de l'esprit total, affecte une forme historique qui est l'expression de son développement interne[127]. »

La mise en évidence du processus de particularisation effective de l'esprit religieux présuppose le procès des déterminations temporelles qui conjuguent la totalité spirituelle effective et ses effectivités singulières. Aussi convient-il d'appréhender la dimension d'effectivité qui se déploie au sein des religions particulières sous le signe de la conjonction de la conscience et de l'autoconscience. La phénoménalisation de l'Absolu requiert ainsi la diction de son essence dans la contingence historique, condition de son effectivité. En un sens, l'Absolu se concrétise dans le procès de la substance en tant que totalité spirituelle s'effectuant au travers des effectivités, qui l'incarnent et l'accomplissent dans leur particularité spécifique. Il en découle que la diversité des effectivités religieuses est le fait de leur contenu déterminé en tant que détermination de l'agir du Soi spirituel. La logique de la sursomption est ainsi une forme de dynamique de la mise en scène du mode de succession des figures religieuses.

Il est à souligner que la dialectique du procès d'effectuation de la Religion s'inscrit dans ce mouvement de progression où le Soi spirituel s'autodétermine par la négativité sursumante jusqu'à l'advenir de la Religion manifeste. Il s'agit de déterminations caractéristiques des formes particulières de la Religion, qui en se concrétisant, sont du coup sursumées dans leur singularité et se maintiennent dans la sphère de la représentation. Au cours de ce

---

[127] Jean Hyppolite, *Genèse et Structure de la Phénoménologie, op.cit*, pp. 518-519.

processus de phénoménalisation de l'Absolu, l'esprit religieux s'effectue, à travers une pluralité de figures, qui se succèdent et incarnent l'épaisseur historique concrète du Soi absolu. Certes, l'esprit religieux est dans la dimension de l'effectivité spirituelle concrète. Cependant, il se meut dans la sphère de la représentation ; la vérité de son contenu n'est pas encore dans sa forme conceptuelle effective. La trajectoire de l'esprit religieux reproduit, à son niveau, la logique de la *Phénoménologie de l'esprit*, dont le premier moment est l'en-soi comme Conscience, le pour-soi comme Autoconscience et l'en et pour soi, la Raison et l'Esprit. Ce qui se profile dans la révélation à soi de l'Absolu dans ses différentes phases, c'est la relation de l'esprit infini à sa propre finitude, de l'essence intérieure à la contingence historique, de la substance universelle à l'extériorité singulière.

Le procès d'effectuation de l'Absolu sous la figure de « l'*essence-de- lumière* ».

Il importe de montrer le sens de ce procès d'extériorisation de l'essence lumineuse qui, en se phénoménalisant, se traduit par un jeu complexe où s'articulent concept, essence, conscience, mystère, réalité et esprit, terminologie révélatrice de la dimension paradoxalement nocturne et « impalpable » de cette « essence-de-lumière ». En effet, la complexité de cette figure révèle l'indétermination qui la caractérise comme mystère de l'esprit se révélant dans les éléments de la nature. Cette détermination recouvre la nature de l'immédiateté de l'effectivité dont la substance spirituelle est enfouie dans la nature insaisissable d'une réalité intérieure qui se donne à travers son immédiatété posée comme l'être-là de sa réalité.
L'épaisseur de cette figure qui représente le moment spirituel dans son immédiateté conscientielle s'effectue sous le signe du mystère de l'intériorité de l'esprit tel qu'il s'incarne à travers des phénomènes. Cet esprit, dans la mesure où il s'affirme comme « essence autoconsciente », se manifeste dans son processus d'incarnation, à travers les phénomènes, comme totalité vraie et effectivité sachante. Il apparaît que la première figure de la manifestation de la Religion naturelle s'énonce dans l'élément de la conscience. Il convient de reconnaître alors qu'il s'agit toujours de l'esprit effectif, dans la mesure où il est question de « l'esprit se sachant ». Toutefois cet esprit

est concept, c'est-à-dire qu'il a « […] donc dans son essence le moment d'être conscience et de se représenter ob-jectivement[128]. » Pour Hegel, le procès de cette figure religieuse, bien qu'étant sous l'emprise de la « nuit de l'essence », n'en comporte pas moins l'unité réelle de la pensée et de l'effectivité dans la mesure où la subjectivité qui s'y effectue a pour contenu l'Absolu comme « ob-jet universel. » La phénoménalité à travers laquelle s'incarne la subjectivité dans sa pureté, dans la mesure où elle « est certitude de soi-même », ne peut se réduire à l'abstraction de l'intériorité. Car, c'est l'essence qui s'incarne dans l'élément de la phénoménalité extérieure. En ce sens « la compénétration de tout penser et de toute effectivité » se conçoit comme l'expression de l'Absolu dans la dimension de la pure détermination de l'intériorité dont la figuration se donne sous le mode de la « figure de l'absence de figure ». Etant donné que l'essence de l'esprit autoconscient se déploie dans son en-soi non figuré, elle se manifeste dans la dimension de l'extériorité qui ne se reconnaît pas comme telle. D'où son contenu comme « concept de l'esprit » dont la réalité ne peut être que « la *figure* du rapport *simple* de l'esprit à soi-même[129]. »

Le procès d'effectuation de cette figure consiste à montrer que l'*essence-de- lumière* comme détermination spirituelle est le mode d'être des phénomènes affectés de religiosité. Réalité spirituelle objectivée, l'essence confère une transparence divine à des êtres dont l'essence réside dans leur contingence phénoménale. Cette première phase exprime bien que l'esprit religieux, dans son immédiateté, est dans l'horizon de la conscience.

L'essence lumineuse se manifeste dans la forme du Soi en tant que substance considérée comme douée de puissance divine dans sa singularité. Ce qui est en jeu dans le moment religieux, c'est la présence à soi de l'Absolu quelle que soit la figure qui l'incarne. La détermination de l'époque de la religion consiste dans le procès de la représentation de l'essence absolue. Ce n'est pas encore l'apparition de l'Absolu dans sa « forme parfaite », mais son concept est entré dans la sphère de l'effectivité. A quel Dieu renvoie cette figuration dont la détermination est l'essence lumineuse ? A ce propos, Francis Guibal écrit: « Le Dieu auquel renvoie ce monde sans consistance propre, c'est en effet le Dieu- Soleil, la substance unique qui engendre

---

[128] *Phénoménologie de l'esprit*, p. 595.

[129] *Ibidem.*

et illumine tout par l'émanation et par le rayonnement de sa lumière[130].»
En s'autodéterminant comme autoconscience religieuse, la conscience s'est élevée à la substance absolue comme détermination du contenu. Il lui reste à parcourir le cheminement de cette prise de conscience jusqu'à l'esprit absolu tel qu'il se présente dans la Religion manifeste. L'expérience de la Religion naturelle convertit l'en-soi immédiat en pour-soi immédiat au niveau de l'autoconscience qui se représente le monde végétal et animal sous le mode de la divinité. Dans quelle mesure le monde végétal et animal peut-il incarner le moment du pour-soi de la Religion naturelle?

Le procès d'effectuation en tant que procès du pour-soi de la Religion naturelle

Sous le régime de la Religion naturelle, l'esprit est empreint d'indétermination. Il en découle que le mode de conversion qui anime le procès d'effectuation consiste alors à inscrire le mouvement de « l'essence dépourvue de figure » dans la diversité plurielle des formes qui ressortissent à la structure de la perception. Aussi faut-il remarquer la double réprésentation de cette figure qui, tantôt incarne la douceur et la fraîcheur de l'innocence, et tantôt symbolise l'hostilité guerrière. Deux expressions du symbolisme sont à l'œuvre, dans cette phase, pour représenter l'essence absolue dans des formes imparfaites. En effet, la structure représentative comme mode de manifestation de l'Absolu dans la figure du symbolisme totémique procède de l'exclusion par une puissante adhésion à la singularité divinisée. Le « panthéisme » en mouvement ne peut convenir aux exigences de la spiritualité intelligente, les pratiques animistes de certains peuples, dont le mode de vie est déterminé par des relations conflictuelles reposant sur la violence et la guerre. La différence entre la figuration du divin par le monde végétal et le divin incarné par le monde animal a une portée significative sur l'organisation sociale de l'humanité. « L'innocence de la *religion des fleurs*, qui n'est que représentation dépourvue de soi du Soi, [passe] dans le sérieux de la vie combattante, dans la faute de la *religion de l'animal*, le repos et [l']impuissance de

[130] Francis Guibal, *Dieu selon Hegel, Essai sur la problématique de la Phénoménologie de l'esprit*, Aubier Montaigne, Paris, 1975, p. 69.

l'individualité contemplative passe dans l'être-pour-soi destructeur[131].»

Sans entrer dans le détail de l'analyse de ces figures de la Religion de la nature, nous pouvons souligner que Hegel ne perd pas de vue que le procès de révélation de l'Absolu se déploie dans le cours de l'Histoire universelle, à travers la succession des modes de spiritualité qui déterminent l'esprit des peuples. Ainsi, si l'évocation de la « religion des fleurs » fait penser à l'Inde ; celle de « la religion de l'animal », caractérisée par l'attitude résignée des individus et déterminée sous le mode d'« être -pour-soi destructeur » pourrait faire penser à l'Afrique. Il ressort de ces deux figures du procès de la Religion que Hegel énonce plus la *structure représentative* que le mode spécifique de spiritualité historiquement et anthropologiquement déterminé.

Se donner comme mode de spiritualité la représentation de la nature à travers des formes singulières qui identifient l'Absolu à des êtres du monde végétal et animal exprime une forme d'adoration de Dieu qui se conçoit à travers des choses finies. Certes, il ne s'agit pas de mettre en cause le phénomène de la spiritualié tel qu'il se manifeste à travers des formes imparfaites, cependant le symbolisme sous la modalité du culte des animaux peut s'avérer destructeur pour l'homme. Dans cette forme de représentation, il s'est agi de la soumission de l'homme à la particularisation exclusive de l'autoconscience universelle. Cette figure de la Religion semble mettre en évidence la contradiction inhérente au symbolisme totémique, en ce sens que sa nature particulière n'assume pas la dimension universelle de l'Absolu.

Le processus de phénoménalisation de l'essence absolue dans l'univers du symbolisme de la nature animée, ayant comme ressort la haine et l'hostilité, conduit à la violence. Il en résulte que cette figure religieuse se déploie dans la sphère de la négation dont le processus n'élève pas l'autoconscience religieuse au Soi effectif, mais plutôt au Soi destructeur qui se manifeste sous la figure de la finitude chosifiée. Etant sous l'emprise de la représentation du divin sous le mode de la figuration objectivée, l'esprit religieux, dans la figure de la plante et de l'animal, ressortit au désordre propre au foisonnement de la nature végétale et animale. La diversité qui a structuré et mis en mouvement cette figure religieuse a montré les impasses de l'incarnation du Soi absolu à travers « la pluralité sans-nombre ». En se constituant dans l'élément de la négativité dont la déterminité est la confrontation

[131] *Phénoménologie de l'esprit*, p. 597.

violente, l'effectivité religieuse sous le mode « des esprits animaux » s'enfonce dans l'abîme de la violence.
Or, à la confrontation meurtrière déterminée par la violence, s'oppose la figure de l'artisan qui, par le travail va donner une forme plus humaine aux œuvres qu'il produit sous le signe de la représentation de l'absolu. « Sur les esprits animaux qui se déchirent, celui qui travaille garde par conséquent la suprématie, lui dont l'agir n'est pas seulement négatif, mais pacifié et positif[132].» La figuration du divin par l'agir de la négativité dans la dimension de la violence s'est exposée à travers le Soi spirituel en dehors de soi. Cette manifestation ne peut satisfaire l'exigence de détermination effective du Soi absolu. Il n'est pas de l'essence de l'Absolu de s'incarner dans des formes imparfaites, d'autant que leur Soi ne s'est pas effectué sous le procès de l'effectivité spirituelle autoconsciente.

Le procès d'effectuation de l'agir de l'artisan

La première figure de la Religion naturelle se manifestait dans l'écoulement de l'*essence –de- lumière* qui incarnait l'Absolu dans son en-soi ; la deuxième figure, en tant que pour-soi, s'est située sur la sphère de la négation abstraite qui produit la violence. Qu'en est-il de la troisième figure qui représente le moment de l'agir créateur pour incarner l'Absolu ? Il est significatif de voir que la figure de l'effectivité religieuse qui se conçoit à travers l'oeuvre de l'artisan est en lien avec le travail, médiation par laquelle l'autoconscience servile transformait la nature. Mais c'est sous le régime de l'entendement que l'artisan transforme l'objet sans la médiation de la négativité, dans la mesure où il opère de façon immédiate. Comment se déploie l'effectivité qui correspond à l'esprit sous la figure de l'artisan ? « L'esprit apparaît donc ici comme le *maître d'œuvre*, et son agir, par quoi il se produit au jour lui-même comme ob-jet mais n'a pas encore saisi la pensée de soi, est un travailler instinctif, à la façon dont les abeilles construisent leurs alvéoles[133].»
Comparé à la construction instinctive sans représentation de la ruche des abeilles, le travail de l'artisan est réduit à sa dimension immédiate révélatrice de son agir non articulé à la réflexivité. L'extériorité du « Soi spirituel » par rapport à l'œuvre exprime le dualisme de la forme

---

[132] *Ibidem*.
[133] *Phénoménologie de l'esprit*, p. 598.

et du contenu qui montre que c'est sous la détermination de l'entendement qu'il façonne l'objet. Il en résulte que son activité traduit la division de la subjectivité représentante et de l'objet qui en constitue le contenu déterminé. « La séparation, dont part l'esprit au travail, de l'*être-en-soi* qui en vient à être le matériau qu'il façonne- et de l'*être-pour-soi*, [séparation qui est] le *côté* de l'autoconscience au travail, lui est devenue ob-jective dans son œuvre[134].»
Il convient de saisir que la dimension spirituelle résulte du fait qu'elle révèle l'essence absolue qui ne se dévoile comme telle que par la médiation de l'ouvrage. La séparation de l'être en-soi et de l'être pour-soi montre le sens de la conversion qui est en jeu pour que la réalité de l'œuvre soit issue d'une synthèse de l'esprit et de la matière. Le procès de transformation de la matière par l'artisan sursume ainsi la dimension sacrée des êtres du monde végétal pour leur donner une forme spirituelle autre. « Il use pour cela de la vie des plantes qui n'est plus sacrée comme pour le panthéisme impuissant de naguère, mais, par lui[= le maître d'œuvre] qui se saisit comme l'essence étant-pour-soi se trouve prise comme quelque-chose d'utilisable et restituée pour le dehors et l'ornementation[135].»
En effet, qu'il s'agisse de la sculpture ou de l'architecture, la forme n'accomplit pas la fusion avec l'essence spirituelle pour sursumer la séparation qui caractérise leur mode d'articulation dans la sphère de l'agir de l'artisan. L'activité transformatrice du maître d'œuvre consiste bien à dépouiller les matériaux qu'il utilise de leur extériorité contingente pour leur donner une forme universelle effective. La conversion de « l'effectivité extérieure » se manifeste ainsi en tant que négation de la nature immédiate des matériaux sensibles pour que son procès de sursomption lui confère une dimension universelle. C'est en ce sens que « […] le travailleur de la forme autoconsciente abolit en même temps la précarité qu'a en elle l'existence immédiate de cette vie, et rapproche ses formes organiques de celles plus strictes et plus universelles de la pensée[136].» La forme extérieure déterminée acquiert une configuration précise en se libérant de la particularité par la médiation de la pensée qui interrompt sa libre prolifération en lui donnant une forme esthétique. Aussi, se manifeste-elle sous le mode

[134] *Phénoménologie de l'esprit*, p. 599.
[135] *Phénoménologie de l'esprit*, p. 600.
[136] *Ibidem*.

de la belle harmonie de l'œuvre d'art construite avec les procédés du géométrisme de l'architecture qui évoque l'antiquité égyptienne.

La description des matériaux qui composent l'architecture réalisée comme œuvre du maître est une expression de la belle harmonie qui peut résulter de cette figuration minutieuse. Certes cette figure n'est pas encore habitée par l'esprit absolu, mais dans son immédiateté même, elle s'en inspire selon la représentation qui l'anime. « Les cristaux des pyramides et obélisques, conjonctions simples de lignes droites avec des surfaces planes et des relations égales de parties, en qui est abolie l'incommensurabilité de la courbe, sont les travaux de ce maître d'œuvre de la forme stricte[137].»

La manifestation de la Religion naturelle dans la figure de l'artisan expose ainsi le procès de l'Absolu dans l'activité où l'esprit se faisant matière revient vers soi-même. Pourtant, l'esprit va resurgir dans son redoublement dans la mesure où le maître d'œuvre considère son ouvrage comme œuvre spirituelle. C'est en ce sens qu'« il [=le maître d'œuvre] s'est en cela élevé par son travail jusqu'au dédoublement de sa conscience où l'esprit rencontre l'esprit[138].» De l'accomplissement de l'expérience de la manifestation du Soi spirituel dans une forme imparfaite s'énonce le redoublement autoconscientiel qui détermine l'esprit dans son cheminement à travers le parcours de la représentation du Soi sous la modalité de l'Absolu. La complexité de la fusion de l'Absolu avec la singularité contingente se traduit par une relation juxtapositive de l'intérieur et de l'extérieur. Il ne suffit pas de concevoir la représentation de l'Absolu sous le mode de l'extériorisation de l'intériorité pour que l'être-là l'incarne de façon effective. La différence demeure constitutive du procès de la représentation sous la modalité de l'opposition de l'intériorité et de l'extériorité. «Les deux présentations contiennent l'*intériorité* et l'*être-là*, - les deux moments de l'esprit ; et les deux présentations [contiennent] les deux [moments] en même temps dans une relation op-posée [qui consiste] à réunir le Soi aussi bien comme intérieur que comme extérieur[139].»

La manifestation de l'Absolu dans sa diversité phénoménale expose la double dimension de l'intériorité et de l'extériorité dans leur opposition structurelle, révélatrice de l'essence duale de la

137 *Phénoménologie de l'esprit*, p. 599.
138 *Phénoménologie de l'esprit*, p. 602.
139 *Phénoménologie de l'esprit*, p. 601.

représentation. A travers l'œuvre produite par l'artisan, la dualité constitutive de la représentation montre bien que le devenir de la Religion met en exergue le mouvement d'« un extérieur qui est allé dans soi » qui est aussi celui d'« un intérieur qui en soi et hors de soi-même s'extériore.[140] » La vérité du procès de sublimation du sensible qui caractérise l'œuvre trouvera ainsi sa pleine réalisation au niveau de la Religion dont le dynamisme ressortit à l'art. L'esprit qui devient artiste résulte de la sursomption du « travailler instinctif » qui détermine l'agir de l'artisan, lequel demeurerait sous l'emprise de la phénoménalité.

Une œuvre qui ne parvient pas à se dire manifestement dans le langage se trouve enclose dans « le mode dépourvu de conscience de la figure-naturelle immédiate. » De ce mélange mystérieux advient une autre figure dont l'effectivité est l'esprit artiste. « Ces monstres en figure, parole et acte se résolvent en figuration spirituelle, - un extérieur qui est allé dans soi, - un intérieur qui en soi et hors de soi-même s'extériore ; en pensée qui est être-là clair s'enfantant et maintenant sa figure conforme à elle. L'esprit est *artiste*[141].»

Le procès d'effectuationn de la religion- d'art

Les pages introductives à cette effectivité religieuse déterminée par l'art sont remarquables par la densité conceptuelle qui constitue l'épaisseur caractéristique de la manifestation de l'Absolu sous la modalité de sa figuration esthétique. Comment s'effectue la Religion à travers le symbolisme de la représentation spirituelle façonnée par l'activité artistique ? A quelle effectivité spirituelle correspond cette configuration religieuse ? Le passage de la Religion naturelle à la Religion esthétique permet de souligner comment s'effectue le mode de représentation du Soi spirituel dont la substance n'est plus la nature, mais le concept même comme pensée. Le sujet qui entre en jeu n'est plus le maître d'œuvre, mais « le travailleur spirituel ». Le procès de révélation de l'Absolu dans la représentation artistique articule ainsi la subjectivité à la substance spirituelle par la médiation de la pensée. Tel est le processus qui va s'autodéterminer ainsi comme le mode de manifestation de l'effectivité religieuse dans la dimension de l'art.

---

[140] *Phénoménologie de l'esprit*, p. 602.
[141] *Ibidem.*

En devenant artiste, quelle est la forme dans laquelle l'esprit se présente ? « L'esprit a élevé sa figure, dans laquelle il est pour sa conscience, dans la forme de la conscience elle-même, et produit au jour pour soi une telle [forme]. Le maître d'œuvre a abandonné le travailler *synthétique*, (…) est devenu travailleur spirituel[142].» L'esprit n'est plus seulement dans la forme de la certitude immédiate, mais se produit en tant que certitude de soi-même et se déploie comme subjectivité productrice de ses œuvres. Son activité ne consiste plus à produire des œuvres dont la configuration résultait de la juxtaposition de la nature et de la représentation.

L'esprit se manifeste désormais, en tant que *subjectivité libre créatrice* d'œuvres, qui traduisent la concrétude effective de la substance advenue comme esprit absolu. Ce niveau d'effectivité voit resurgir le monde éthique, tel qu'il s'est déjà manifesté au niveau de l'esprit vrai dans sa dimension éthique. Aussi est-il légitime de mettre en articulation la conscience de l'Absolu avec l'esprit effectif qui est en adéquation avec la religion esthétique : « Demandons-nous quel est l'esprit *effectif* qui, dans la religion d'art, a la conscience de son essence absolue, il s'avère que c'est l'esprit *éthique* ou [esprit] *vrai*[143].»

Cette effectivité est celle de la belle cité antique où le sublime et le beau sont les caractéristiques de la substance éthique ressaisie dans la figuration esthétique. Contrairement à la Religion naturelle qui est représentée par les peuplades indomptées et livrées à leur instinct barbare, il s'agit là d'une vitalité qui se meut dans la belle harmonie qui est le propre d'un peuple libre, cette « belle individualité ». « Cet esprit réel n'est plus l'esprit du despotisme oriental ou des peuplades insociables, encore égarées dans la vie de la nature, mais il est l'esprit substantiel d'une cité humaine qui a dépassé la sauvagerie de la nature et qui n'a pas encore atteint l'abstraction et la douleur de la subjectivité[144].» L'homme qui se représente ses dieux n'est plus dans une forme d'oppression de la nature ; c'est un sujet libre qui s'épanouit dans la créativité sprituelle qui se conçoit dans un « équilibre » tout aussi « heureux » qu'« instable ».

L'enjeu de l'effectuation de la religion d'art est de se manifester dans son autodétermination par l'articulation de la substance éthique avec

---

[142] *Phénoménologie de l'esprit*, p. 602.

[143] *Phénoménologie de l'esprit*, pp. 602-603.

[144] Jean Hyppolite, *Genèse et Structure de la Phénoménologie, op.cit*, p. 528.

son effectivité concrète comme savoir de soi. Il en résulte que « la religion de l'esprit éthique est son élévation au-dessus de son effectivité, l'acte de revenir *à partir de sa vérité* dans le pur *savoir de soi-même*[145].» La dimension sachante est à l'ordre du jour sous sa forme conceptuelle ; son effectuation concrète va se manifester au niveau des effectivités concrètes que sont les œuvres d'art. Ce qui entre en scène dans cette nouvelle configuration, c'est la production du Soi par l'agir de la substance éthique dont le déclin ouvre une perspective nouvelle. C'est pourquoi la conjonction du déclin du monde éthique et le surgissement de la religion esthétique provient de la prise de conscience de la singularité qui lui est propre en tant qu'individualité. Le sujet qui se représente le Soi absolu est un individu libre qui s'est arraché à la certitude de soi dans la sphère du monde éthique. C'est la venue à l'effectivité de l'individualité, qui s'affirme en tant que subjectivité libre, se reconnaissant à travers ses œuvres. Il apparaît que le mouvement de la substance éthique dans son accomplissement se traduit par le surgissement de l'individualité libre qui s'engage dans le procès de la créativité comme mode d'expression de sa joie et de son bonheur.

Le procès d'effectuation se manifeste, dès lors, à travers le mouvement de l'essence dont la certitude a disparu pour se convertir en « inquiétude absolue » devant « le disparaître de l'éthicité ». En fait l'apparition de la religion d'art est le signe de la disparition de la substance éthique en tant que substance d'un peuple. « En tant donc que la confiance est rompue, la substance du peuple brisée dans soi, l'esprit, qui était le moyen terme d'extrêmes dépourvus de consistance, est désormais sorti dans l'extrême de l'autoconscience se saisissant comme essence[146]. » L'effondrement de l'harmonie de la belle cité antique voit surgir l'autoconscience singulière se posant comme essence dans la mesure où elle s'est autodéterminée en tant qu'effectvité autonome.

Le mouvement de la représentation esthétique de l'Absolu se déploie ainsi sous le signe de l'affirmation du « principe de la singularité pure de l'autoconscience ». L'objet de la représentation se manifeste dans la dimension d'esprit comme étant à la fois le contenu de son agir et la forme singulière de sa diction à travers l'individualité libre. Le redoublement autoconscientiel qui s'énonce dans cette phase comme

[145] *Phénoménologie de l'esprit*, p. 603.

[146] *Phénoménologie de l'esprit*, pp. 604- 605.

le mouvement de l'esprit se produisant comme esprit, opère une mutation qui revêt une signification conceptuelle organisant les figures, lesquelles vont déterminer cette étape du procès d'effectuation à travers l'esprit dans son autoconscience. C'est à ce niveau que la détermination de l'Absolu comme l'esprit dans son concept va apparaître dans son énonciation. En montrant que la figuration de l'Absolu procède de l'activité de l'esprit en tant que sujet qui s'objective ainsi à travers le procès de la figuration esthétique, Hegel inscrit le procès de la Religion d'art dans l'horizon du concept. « En tant donc que la substance éthique s'est reprise, à partir de son être-là, dans son autoconscience pure, celle-ci est le côté du concept ou de l'*activité* par laquelle l'esprit se produit au jour comme ob-jet[147].»
Le mouvement de la substance s'effectue, dans le sens de se convertir en sujet dans la mesure où l'objet engendré par l'esprit dans son activité créatrice et représentative se produit dans sa dimension conceptuelle. La figure qui incarne le contenu représenté est dans sa forme pure en ce sens qu'elle résulte du procès de la singularisation de l'autoconscience universelle. Le sujet s'est manifesté comme vérité de la dissolution de la substance éthique sous sa forme universelle. Désormais, « la substance elle-même est devenue cette essence fluide »[148].
En effet, la concrétude de la substance consiste à se manifester dans la subjectivité dont la fluidité sursume les déterminations fixes. Pour advenir à soi comme subjectivité, la substance s'est sursumée dans la figure de l'individualité dont l'agir se reconnaît à travers les œuvres produites par son activité artistique. La production des œuvres consiste à donner une forme déterminée à cette substance dont le déclin pose l'exigence de sa sursomption pour que le sujet devienne une effectivité concrète. Que recouvre la forme qui incarne l'effondrement de la substance éthique ? « Cette forme est la nuit dans laquelle la substance fut trahie et se fit sujet ; à partir de cette nuit de la certitude pure de soi-même, il advient que l'esprit éthique ressuscite comme la figure libérée de la nature et de son être-là immédiat[149].»
L'articulation de la substance avec le sujet est au centre du procès de manifestation de la Religion d'art. Il est important de s'interroger sur le sens de cette articulation d'autant que le procès de la représentation

[147] *Ibidem.*
[148] *Ibidem.*
[149] *Phénoménologie de l'esprit*, p. 605.

esthétique se déploie dans la sphère de la substance éthique remise à l'ordre du jour à travers son déclin, c'est-à-dire son devenir-sujet. Hegel avait dit que la « substance doit devenir sujet » et que « l'Absolu est sujet » ; il apparaît à ce niveau que la substance est advenue, par la médiation de la négativité sursumante, comme sujet. Les termes qui sont utilisés évoquent, de manière significative, la symbolique de la trahison dont fut victime le Christ : nuit, trahison et résurrection. Le procès de la négativité se traduit par la déchirure et la douleur de l'esprit, qui, de substance, se convertit en sujet. Quand cette conversion s'accomplit à travers l'individu, elle ne se réalise pas sans la souffrance et la douleur. « L'*existence* du concept pur dans lequel l'esprit s'[est] échappé hors de son corps est un individu qu'il se choisit comme coupe de sa douleur.[150]» Le sens de la dialectique de la Religion d'art est de montrer comment la substance éthique s'est convertie en subjectivité. C'est dans ce sens que son expérience s'inscrit dans l'activité subjective de représentation de l'Absolu par la création d'œuvres d'art.

Cette subjectivité est abstraite dans la mesure où, elle ne réalise pas l'identité de la substance et du sujet ; elle ne fait que se déployer en tant que mouvement de la forme. A ce propos, Jean Hyppolite souligne : « L'évolution de la religion de l'art est son passage à la subjectivité abstraite, au pur concept, qui n'est encore dans cette création artistique que la *forme* de l'activité qui crée[151].» En s'accomplissant comme effectivité résultant de la dissolution de la substance éthique, la Religion esthétique sursume la négativité essentielle au devenir autoconscientiel de la substance dont les figures caractérisées par son essence absolue sont également déterminées par leur autonomie.

Ce processus d'autonomisation consiste à s'autodéterminer dans la forme de sujet dont l'essence va se manifester dans l'agir producteur d'œuvres. Il s'agit de sa manifestation dans l'extériorité par la médiation de l'être-là des œuvres d'art. Le procès de la Religion d'art voit advenir la subjectivité comme vérité de la substance en ce sens que la sursomption de celle-ci se traduit par l'émergence du Soi comme figure en laquelle l'esprit peut se contempler. « Dans sa dialectique la religion de l'art nous achemine elle-même vers cette révélation de la subjectivité à laquelle elle s'élève déjà en soi dans ce

[150] *Phénoménologie de l'esprit*, pp. 605-606.
[151] Jean Hyppolite, *Genèse et Structure de la Phénoménologe, op.cit*, p. 529.

savoir de sa substance ; cette certitude absolue du Soi dans laquelle la substance s'est résolue doit à la fin devenir la figure dans laquelle l'esprit se contemple[152].»

En disparaissant dialectiquement, la substance s'objective dans le sujet dont l'intériorité substantielle s'extériorise par la *création esthétique*. Il apparaît que c'est à travers l'affirmation du Soi du sujet comme « puissance négative » que se concrétise le procès de la figuration telle qu'elle constitue le cheminement de la Religion d'art à travers ses trois moments : l'œuvre d'art abstraite, l'œuvre d'art vivante et l'œuvre d'art spirituelle. La configuration du procès d'effectuation à travers ce processus en trois moments souligne le dynamisme de la représentation qui est ici en jeu. Il importe de caractériser les trois déterminations des trois figures contitutives de la religion esthétique : l'*abstraction*, la *vie* et la *spiritualité*. La première de ces figures représente la sphère de l'immédiateté, dont l'effectuation consiste en la *figuration* des formes divines pures. La deuxième figure consiste à se représenter le divin à travers les fêtes et les jeux. La troisième se consacre à la représentation spirituelle dont les formes expressives sont le langage de l'épos, de la tragédie et de la comédie.

En effet, avec la Religion d'art l'esprit entre dans la sphère significative de la représentation comme lieu de figuration et de diction de Dieu. Cette configuration revêt une signification spéculative qui mérite d'être soulignée dans la mesure où elle montre la structure essentielle du procès de la figuration symbolique. Le dynamisme qui est ici à l'œuvre traduit le procès d'effectuation dans la sphère de la représentation figurative. La conversion de la substance éthique comme essence universelle en subjectivité autoconscientielle est le moteur de ce processus de représentation et de figuration du divin. Ce processus définit l'activité de l'autoconscience qui, sous le mode de l'unité, se conçoit à travers l'œuvre qu'elle produit sous la figure de « l'esprit universel individualisé et représenté[153]. »

La trajectoire qui résulte du procès de conjonction de l'univerel et du singulier, de la substance et du sujet, de l'homme et de l'Absolu, de l'être-là naturel et de l'esprit autoconscient apparaît comme le procès de la figuration de l'Absolu où s'accomplit l'identité du concept et de l'œuvre d'art.

---

[152] *Ibidem*.

[153] *Phénoménologie de l'esprit*, p. 606.

A quel moment de ce parcours se réalise le savoir en tant qu'unité du concept et de l'œuvre d'art comme « une seule et même chose » ? En fait, c'est au sein du procès de la Religion d'art comme expérience du procès de la figuration dont la finalité est de se donner son concept comme figure que réside la venue à jour de sa sursomption en tant que figuration. C'est pourquoi la figure vraie de l'esprit sursume l'art comme diction figurative de l'esprit. Mais, pour son advenir à soi comme effectivité conceptuelle, l'esprit va d'abord se mouvoir dans la représentation figurative qui définit l'activité spirituelle dont l'esprit est à la fois sujet et objet. Le procès de cette représentation figurative va se révéler dans la concrétude de l'agir de l'individualité à travers les formes déterminées symbolisées par les trois formes d'œuvres d'art qui ponctuent le procès d'effectuation dans la configuration de la Religion d'art.

Le procès d'effectuation de l'œuvre d'art abstraite

Comme mode de figuration esthétique du divin, l'œuvre d'art abstraite se présente dans son immédiateté objective comme l'être-là de la création sous la figure de la statue. C'est sous le signe de l'extériorité objective conçue dans son immédiateté que va s'effectuer cette première figuration, dont les déterminations sont l'*abstraction* et la *singularité*. Il s'agit de l'œuvre dans son en-soi, c'est-à-dire dans l'immédiateté de sa manifestation. L'œuvre d'art qui se donne à être par son animation propre est en procès de différenciation de son être-là objectif, et la conscience qui la façonne se présente en tant que sujet.

En quoi consiste cet écart entre la figure et sa conscience dans le procès de figuration que représente l'œuvre d'art abstraite ? Son abstraction proviendrait-elle de cette différenciation qui traduit l'opposition de la forme et du contenu ? Le sujet étant entendu comme ce qui donne la forme aux matériaux sensibles et, le contenu ce qui relève de l'être-là objectif et naturel. Cette conjonction définit la figure de l'œuvre qui est ainsi façonnée comme « chose en général ». Mais pour être chose, elle n'en relève pas moins de l'esprit. « Cette [figure], par l'élévation du tout dans le concept pur, gagne sa forme pure relevant de l'esprit[154]. »

[154] *Phénoménologie de l'esprit*, p. 607.

L'œuvre d'art se conçoit alors dans l'espace qui lui permet de se configurer sous la figure de la statue, représentation du divin sous la forme du Soi extérieur. La détermination du procès de figuration dans sa profondeur met en scène la phénoménalisation de l'essence sous la figure de l'objectivité que symbolise la statue. C'est en ce sens qu'il convient de saisir la signification réelle de la qualification d'immédiateté de l'œuvre d'art en sa dimension abstraite et singulière. Le procès de son effectuation consiste dans le mouvement de la subjectivité s'objectivant dans sa forme autoconscientielle par la médiation du culte. Ce mouvement d'objectivation résultant du procès de sursomption de la dualité produit cette figure, expression de l'autoconscience spirituelle et de son œuvre. Mais, cette figure revêt la dualité structurelle qui oppose l'autoconscience et son œuvre dans l'élément de la représentation. L'œuvre d'art est le produit de l'activité authentique d'une conscience singulière qui agit dans l'autonomie qui sied à la figuration telle qu'elle s'inscrit dans la dynamique de la représentation esthétique du divin.

Partant, l'œuvre d'art, dans sa singularité abstraite, se dépouille des matériaux empiriques comme formes inférieures de la représentation de dieu. Elle exprime la figuration de l'essence absolue à travers une effectivité autonome. La forme inférieure ne convient pas à la représentation de l'essence absolue dans la mesure où elle demeure sous l'emprise des formes naturelles. « La forme supérieure, reléguée sous une inférieure, manque de sa signification pour l'esprit autoconscient, n'appartient que superficiellement à lui et à sa représentation[155]. » La subjectivité quant à elle, se représentant le divin conçoit son œuvre dans la perspective de l'agir de l'esprit autoconscient dont la figure est l'effectivité autonome. Celle-ci ne peut être que l'émanation de l'activité spirituelle, fût-elle singulière et abstraite.

L'émergence de ce moment en tant que mode d'expression sous la forme abstraite résulte de la nécessaire purification du divin qui ne peut être représenté dans sa figure vraie que par la médiation de l'esprit. Ainsi la sursomption de l'élément naturel est-elle la condition de la manifestation d'une effectivité appropriée à la représentation de dieu comme esprit absolu. La dimension sacrée de l'œuvre d'art dans son processus de figuration du divin résulte de l'unité advenue de l'être-là de la nature et de l'effectivité de l'autoconscience spirituelle.

---

[155] *Phénoménologie de l'esprit*, p. 594.

C'est dans cette perspective qu'elle exprime le procès de la subjectivité représentative dans son contenu objectivé. Le procès de la figuration esthétique s'efforce de s'élever de la *sphère abstraite de la nature*, à la dimension de la *conception*, c'est-à-dire de l'essence pensée. La nécessité pour la représentation de s'affranchir de l'extériorité phénoménale se manifeste dans l'effort de l'artiste pour façonner son œuvre à partir de la substance éthique comme essence pure sursumant la particularité.

L'artiste conçoit ainsi son œuvre dans l'élément de l'universalité qui advient de la sursomption de la singularité et de la contingence. Ces deux modes de manifestation de l'inquiétude de la subjectivité montrent qu'elle ne s'est pas encore dépouillée de sa forme simple et particulière. « Ce qui relève de la substance, l'artiste le communiqua totalement à son œuvre, cependant qu'à soi-même [entendu] comme individualité déterminée [il ne communiqua] dans son œuvre aucune effectivité ; il ne pouvait lui conférer [= à l'œuvre] l'achèvement qu'en s'extériorisant de sa particularité, et en se désincarnant et [se] haussant jusqu'à l'abstraction de l'agir pur[156].»

Dans le procès de la fabrication de l'œuvre d'art, ce n'est pas la subjectivité de l'artiste qui prime, mais c'est la diction en lui de la substance éthique qui importe. Il s'agit donc de l'œuvre conçue comme représentation pure du divin dans son essence absolue. L'œuvre d'art réalisée est la forme figurée de la substance sans l'empreinte de la subjectivité qui l'a façonnée. Subjectivité qui se dissout dans le procès de son activité créatrice, le sacrifice de l'artiste prend son sens dans la sursomption de son empreinte particulière. La vérité de l'œuvre est dans sa signification substantielle telle qu'elle incarne la figure du divin. « Ce qu'il y a de commun en l'œuvre d'art, le fait qu'elle soit produite dans la conscience et faite de main d'homme, est le moment du concept existant comme concept qui lui fait face[157].»

Certes, l'ancrage de l'œuvre d'art dans le concept est clairement énoncé, cependant il demeure que sa composition ou son procès de création n'a pas sursumé sa dimension composite que Hegel évoquait à propos du travail du maître d'œuvre. La trajectoire de l'œuvre d'art convoque ainsi l'esprit éthique du peuple, les matériaux empiriques et l'inquiétude du sujet créateur. Le point de convergence qui en

---

[156] *Phénoménologie de l'esprit*, p. 608.
[157] *Ibidem*.

constitue l'unité est la représentation du divin. La présence spirituelle ne peut se contenter des matériaux ; le sujet artiste n'est plus dans la sphère de l'imitation et, le concept advient dans le devenir pour-soi de la représentation. « Et si celui-ci est assez désintéressé pour, en tant qu'artiste ou spectateur, énoncer l'œuvre d'art comme absolument animée en elle-même et pour s'oublier, lui qui agit ou contemple, il faut par contre que se trouve tenu fermement le concept de l'esprit, à qui ne peut faire défaut le moment d'être conscient de soi-même[158].»
Il y a une distance intérieure entre l'œuvre et l'esprit qu'elle incarne dans la mesure où l'artiste fait fonction de médiateur qui se différencie de l'effectivité de l'œuvre. Il en résulte que la statue ou le temple ne montre pas l'identité entre l'en-soi et le pour-soi créateur, mais l'essence absolue dans sa figuration. Cette disjonction entre l'œuvre et son créateur constitue la réalité de la nature du dédoublement en jeu signifiant que l'unité entre les « deux déterminations abstraites de l'*agir* et de l'être-*chose* » n'est pas encore advenue. Il en ressort que : « L'artiste fait donc en son œuvre l'expérience de ce qu'il *ne* produisait *pas* au jour *une* essence *égale à lui*[159].»
Ce qui se fait voir à travers la statue figurative, c'est le divin qui n'est pas encore représenté dans son essence en-soi et pour-soi en tant qu'esprit absolu. L'œuvre d'art est dans l'élément de l'extériorité étant donné que la subjectivité qui la porte est perçue par les autres sous le mode de l'admiration. Une telle perception traduit l'insuffisance de la fusion de l'œuvre et de l'artiste. Il manque à cette œuvre, dans son devenir, la négativité inhérente au procès de sursomption, pour que surgisse l'authentique effectivité, vérité de la créativité. « En tant que cela lui revient comme sentiment de joie tout simplement, il ne trouve pas là la douleur de sa facture et de [son] engendrement, pas l'astreinte de son travail[160].»
En se manifestant dans son devenir comme *fille de l'inquiétude* et de la *souffrance du sujet créateur*, l'œuvre se conçoit comme la réalité vivante et manifeste de la présence de l'essence dans son extériorité. Ce qui signifie que la joie qui découle de la création n'est pas le signe de son effectivité. Une œuvre qui s'engendre dans la douleur représente l'enjeu de la création esthétique d'autant qu'elle se déploie sous le signe du sacrifice du sujet pour laisser transparaître

[158] *Phénoménologie de l'esprit,* pp. 608-609.
[159] *Phénoménologie de l'esprit*, p. 609.
[160] *Ibidem.*

l'objectivité de l'œuvre. La subjectivité de l'artiste en tant que procès d'objectivation de la substance, par la médiation de l'œuvre, se manifeste alors sous le mode de la négativité. Il s'agit donc de la négation sursumante de la particularité de l'indvidualité créatrice pour l'advenir de l'universalité de l'œuvre. Cette universalité est empreinte de l'intériorité abstraite dans la mesure où la subjectivité de l'artiste se maintient dans la différence par rapport à la représentation du divin. C'est dans la nécessité de la diction de la représentation par l'expression signifiante que, le deuxième moment de l'œuvre d'art abstraite se conçoit par la médiation du langage.

Se représenter l'absolu divin dans une forme d'extériorité autoconsciente exige une forme de figuration qui implique pleinement la médiation d'un symbolisme expressif dont l'effectivité est le langage. C'est en lui que l'artiste trouve la possibilité de la diction de soi dans la représentation du Soi absolu.

On peut dire que la première figure de l'œuvre d'art abstraite est dans l'élément de la conscience ; alors que cette deuxième figure de la figuration abstraite est dans l'élément de l'autoconscience. C'est le langage comme instance expressive qui a fait défaut à la représentation du divin dans la figuration esthétique en tant que statue. Convertir l'abstraction de l'œuvre de son immédiateté en une forme médiatisée implique le langage. Pour le sujet se représentant comme pour le contenu de sa représentation, la médiation du langage est le procès de la négation sursumante de l'intution immédiate et de l'extériorité dépourvue du Soi. La représentation s'effectue ainsi, à travers le langage, en tant que procès d'extériorisation de la subjectivité.

En quoi consiste la signification concrète du langage dans le procès d'effectuation de la représentation artistique ? Le langage libère la figuration esthétique de sa dimension muette, caractéristique de la première figure de l'œuvre d'art abstraite. Il en découle que : « Le dieu donc qui a le langage pour élément de sa figure est l'œuvre d'art en elle-même animée qui a immédiatement dans son être-là l'activité pure qui lui faisait face [= au dieu] lorsqu'il existait comme chose[161].» En effet le langage est la médiation par laquelle la subjectivité s'effectue vers l'extériorité dans sa dimension d'autoconscience ; c'est en ce sens que le dieu figuré trouve en l'œuvre d'art l'effectivité de sa représentation. Mais le langage va se mouvoir, à travers des formes

[161] *Phénoménologie de l'esprit*, p. 610.

qui vont se succéder, pour la diction de cette intériorité dans l'extériorité effective de l'œuvre d'art. Dans la mesure où l'intériorité se déploie dans la ferveur comme le mode d'être auprès de soi de l'Absolu représenté par la subjectivité, elle se dit dans la figure du langage qui semble convenir à cettte forme d'expression de l'essence que représente l'hymne. Cette diction est la forme que se donne l'autoconscience « dans le devenir-objectif de son essence » qui « demeure immédiatement près de soi. Etant près de soi-même dans son essence, elle est *penser pur*, ou la ferveur dont l'*intériorité* a en même temps *être-là* dans l'hymne[162].» Cette forme d'expression du procès de la représentation du divin se manifeste dans sa détermination intérieure non médiatisée dans la mesure où la ferveur n'est pas porteuse de la médiation effective du langage.

Quand la représentation se trouve dans la dimension de la *ferveur*, elle demeure dans le bouillonnement de la pure intériorité qui montre qu'en elle convergent la singularité et l'universalité de l'autoconscience. C'est en ce sens que « la ferveur allumée dans tous est le torrent spirituel qui, dans la multiplicité de l'autoconscience, est conscient de soi comme d'un *agir* égal de tous et comme *être simple* »[163]. La ferveur dont il est question, n'est pas seulement l'enthousiasme délirant de l'individu troublé par les *émotions confuses*, mais cette forme de *communion* des individus dans leur agir croyant en vue de matérialiser leur foi dans une *figuration sublime.*

C'est l'esprit éthique d'un peuple qui se représente dans l'agir de la singularité universelle consciente de son appartenance à l'esprit de son peuple. Donc, on peut dire que l'abstraction de l'œuvre d'art n'est abstraite que dans son processus, mais que dans son essence, elle est concrète parce qu'elle est animée par l'effectivité éthique vivante que représente l'esprit du peuple. Il y a conjonction de l'individualité comme autoconscience singulière et le peuple comme autoconscience universelle. C'est la concrétude de la substance éthique qui est la condition de l'agir de l'autoconscience singulière dans son processus de figuration. C'est ainsi que « la parfaite particularisation de l'être-pour-soi est en même temps la fluidité et l'unité universellement communiquée des Soi multiples ; elle est l'âme existant comme âme[164].»

---

[162] *Ibidem.*
[163] *Ibidem.*
[164] *Ibidem.*

L'âme se manifestant dans la réalité de la figuration s'incarne à travers des œuvres dont la matérialisation ne consiste pas seulement à se donner comme figure l'extériorité, mais aussi à se traduire dans un type de langage. « L'*oracle* aussi bien du dieu des religions artistiques que des précédentes est le premier langage nécessaire de ce même [dieu], car dans son *concept* réside tout aussi bien qu'il [= le dieu] est l'essence de la nature que de l'esprit, et par conséquent n'a pas seulement l'être-là naturel, mais aussi spirituel[165].»
A travers le langage oraculaire, dont la fonction est de signifier que la voix du divin est l'unité de la nature et de l'esprit telle qu'elle s'exprime à travers l'esprit éthique d'un peuple, se dégage la complexité de l'articulation du signifié et du signifiant dans le procès de la représentation figurative. Deux dimensions opposées caractérisent en effet le langage de la représentation à ce niveau. Le langage de l'universalité effective qui est le mode d'expression approprié à la diction de l'Absolu dans sa vérité spirituelle, et le langage oraculaire, dont la particularité est constituée par sa diction de la contingence. Cette évocation de l'oracle est significative de la référence non seulement à l'Antiquité grecque, mais également au mode de penser socratique.[166]
L'oracle semble exprimer les préoccupations et les soucis des individus dans leur vie la plus ordinaire. La contingence ainsi désignée comme centre d'intérêt du divin compromet sa dimension absolue. Le dieu des Grecs est constamment invité à résoudre les problèmes humains de la vie ordinaire. Il en ressort que le langage oraculaire est « lagange d'une autoconscience *étrangère*[167].» Tout en se situant dans la phère de l'intériorité, l'oracle est le discours que produit une autoconscience caractérisée par son extériorité par rapport

[165] *Phénoménologie de l'esprit*, pp. 610-611.
[166] *Phénoménologie de l'esprit*, p. 611-612. Voici le passage où Hegel décrit en quoi consistait l'oracle : « Tout comme ce sage de l'Antiquité cherchait dans son penser propre ce qui est bon et beau, [et] abandonnait au démon, en revanche, de savoir le contenu contingent mauvais du savoir, s'il lui était bon de fréquenter celui-ci ou celui-là, ou s'il était bon à une [de ses] connaissances de faire ce voyage, et choses semblables dépourvues d'mportance, la conscience universelle va quérir pareillement le savoir de ce qui est contingent auprès des oiseaux ou auprès des arbres ou de la terre fumante, dont la vapeur ravit à l'autoconscience sa capacité de réfléchir ; car ce qui est contingent est l'irréfléchi et [l'] étranger, et la conscience éthique se laisse donc aussi déterminer là, comme par un jeu de dés, selon un mode irréfléchi et étranger.»
[167] *Phénoménologie de l'esprit*, p. 611.

au contenu de son discours. Une divinité s'exprime à travers une voix audible mais invisible. Elle est au courant des problèmes de la cité, mais sans la médiation de l'agir identifié dans sa singularité particulière et pour autant elle agit dans le sens de l'intérêt de chacun et de tous.

Le paradoxe de la voix oraculaire se manifeste dans cette extériorisation qui est encore sous une détermination d'étrangèreté, dans la mesure où elle se meut dans la sphère de l'agir croyant de l'autoconsciene singulière. Cette extériorisation est médiatisée par le langage, qui est la diction par laquelle l'intériorité advient à l'effectivité. En fait l'oracle se présente comme le mode d'expression du divin dans sa révélation au sein de l'esprit d'un peuple comme langage de l'esprit absolu. C'est en ce sens que « le langage propre du dieu, qui est l'esprit du peuple éthique, est l'oracle qui sait les affaires de ce même [peuple éthique] et donne à connaître ce qui est utile à ce sujet[168].»

Le langage intervient dans le processus de la figuration comme mise en forme de la complexité de la représentation du divin à travers des formes qui conjuguent le mystère de l'intériorité et la nécessité de l'extériorisation, condition de l'effectivité. Le langage comme mode d'extériorisation et d'effectuation de l'intériorité, pour son advenir à la concrétude, scande le procès d'effectuation au niveau du redoublement autoconscientiel de la substance spirituelle. Il en a été ainsi au niveau du procès de la culture et de l'extranéation de l'esprit. Dans la mesure où l'autoconscience religieuse devient érangère à elle-même, le langage surgit dans son procès de relation à soi par la médiation de l'autre.

A travers le processus de représentation de l'Absolu en sa dimension artistique, se déploie le procès de l'altérité sous le mode de l'articulation de la communauté des autoconsciences singulières à l'autoconscience universelle. L'intersubjectivité comme modalité de convergence des Soi multiples est une forme de convergence qu'assume le langage dans la sphère de la représentation. La diction de l'Absolu à travers le langage oraculaire traduit ainsi la complexité de l'appréhension du divin par la subjectivité finie. A cet effet, l'oracle apparaît comme le signe de l'ambiguïté de la nature de la révélation de l'essence absolue sous le régime de la représentation. Qu'il s'agisse alors de la statue, de l'hymne ou du langage, la

[168] *Ibidem.*

figuration comme mode de révélation de l'Absolu est l'expression vivante du procès de la représentation dans l'agir de la subjectivité créatrice.

En effet, l'œuvre d'art, qu'elle soit produite sous la forme de l'hymne ou de la statue, donc dans la sphère de l'intériorité ou de l'extériorité, elle est une forme de langage en tant que diction du divin dans le procès de la représentation. Il en ressort que l'œuvre d'art abstraite est ainsi configurée : « Elle se tient face à la dimension-chose de la statue. Tout comme celle-ci [= la statue] est l'[être-là] en-repos, celle-là [= l'œuvre d'art / le langage] est l'être-là disparaissant ; [...][169].»

Extériorité et intériorité caractérisent l'œuvre d'art sous les deux figures que sont d'une part, la statue en tant que figuration du divin dans l'être-là figé, et, d'autre part le langage exprimant son être-là disparaissant. De ce point de vue, le procès de la figuration par la fixité inhérente à la médiation de la chose est sous la détermination de l'aliénation du Soi comme autoconscience étrangère. Celle-ci, en s'effectuant vers l'intériorité, n'a pas sursumé la contingence qui la constitue. Il en résulte que l'extériorité phénoménale de la statue et l'intériorité abstraite du langage n'ont pas sursumé la dimension contingente du procès de la figuration. Ces deux figures de la production de l'œuvre d'art abstraite sont structurées par l'unilatéralisme de leur perspective. D'où la nécessité de leur sursomption par la troisième figure de la figuration abstraite : le culte.

Le culte comme procès d'unification de l'intériorité et de l'extériorité de l'essence absolue

Bien que le culte soit à l'œuvre dès que l'hymne s'est manifesté à travers la ferveur pour le divin par la médiation du langage, il va apparaître en tant que sursomption des deux moments précédents de l'œuvre d'art abstraite. En fait l'oracle relevait plus du « ressentir » de l'intuition que de l'énonciation. Le mouvement de l'autoconscience ne procédait pas de la représentation conceptuelle, mais de l'interprétation des signes sans essentialité concrète ni épaisseur logique. Il s'est agi du registre de l'intuition dans l'élément de l'intériorité pure s'objectivant dans l'immédiateté du Soi spirituel sans médiation. Or, le discours oraculaire enveloppe les capacités de

[169] *Phénoménologie de l'esprit*, pp. 612-613.

réflexion de l'autoconscience aux prises avec la contingence dont la nature est de l'ordre de « l'irréfléchi » et de « l'étranger ».

La logique de la figuration, dans son parcours, implique le regard universel de l'autoconscience telle qu'elle entend assumer la représentation de l'essence absolue à travers la diversité des figures. C'est dans cette mesure que la conscience se veut universelle et ausculte le mystère inaudible du règne vivant et naturel pour transmettre des signes du message exprimant la substance divine. L'enjeu de ce processus, à ce niveau, est de montrer que le culte entend opérer la conjonction de la statue et du langage. La forme extérieure et la dimension d'intériorité du langage vont advenir à l'effectivité du culte. Il en résulte que le culte représente la figure de l'intériorité se manifestant comme *intériorité extériorisée*.

Il s'agit de voir comment le culte se constitue comme la figure qui élève le Soi à la sphère divine. « Le *culte abstrait* élève par conséquent le Soi au fait d'être ce pur *élément divin*[170].» Dans la mesure où le culte apparaît comme le symbole de la purification de l'âme, son procès de manifestation s'opère comme un processus empreint de rites et de pratiques qui traduisent la sursomption de l'extériorité par une configuration qui fait transparaître l'essence divine dans sa pureté. « [...], une âme qui purifie son extériorité par des ablutions, la revêt de vêtements blancs, et son intériorité parcourt tout simplement le chemin représenté des travaux, punitions et récompenses, le chemin de la culture extériorisant la particularité, [chemin] par lequel elle parvient aux demeures et à la communauté de la béatitude de l'âme[171]. »

En inscrivant le procès de purification de l'âme dans la sphère des rites, la figuration montre que le régime de l'abstraction est encore à l'œuvre, en ce sens que l'esprit est sous la figure de l'âme telle qu'elle observe des pratiques déterminées par une certaine forme d'extériorité. Le culte, tout en convertissant l'essence intérieure en agir du Soi à travers des opérations effectives qui purifient l'âme, n'a pas sursumé l'abstraction qui la caractérise. « En raison de son abstraction, elle n'est pas la conscience différenciant de soi son ob-jet, et donc [est] seulement la nuit de son être-là et le *lieu préparé* pour sa figure[172].»

---

[170] *Phénoménologie de l'esprit*, p. 613.
[171] *Ibidem*.
[172] *Phénoménologie de l'esprit*, p. 613.

Hegel montre ainsi, à travers le processus de représentation du divin par la figuration symbolique du culte, aussi bien sur le plan spirituel que sur le plan des rites, la distinction entre la conscience phénoménale active et l'âme comme conscience spirituelle passive. Même si l'âme, dans son procès de purification, est conscience, elle demeure sous la détermination de l'intériorité transfigurée dans l'extériorité par la médiation d'opérations qui ne sont pas en-soi spirituelles. Le rite comme pratique n'a de signification spirituelle que par rapport à l'agir croyant dans sa relation au divin.

C'est en se manifestant en tant que forme advenue de l'intérieur à travers l'extérieur que le culte exprime l'unité de l'essence absolue et de la chose comme figure divine. Dans son abstraction, le culte est de l'ordre de la représentation, mais il doit s'effectuer et se concrétiser à travers des formes concrètes par l'opération. Il y a une nécessité pour le culte d'aller au-delà de la représentation. Il y va de l'advenir de la conscience comme autoconscience incarnée de façon effective. « Ce culte est seulement d'abord *quelque chose de secret*, i.e. un accomplir seulement représenté, ineffectif ; il lui faut être une opération *effective*, une opération ineffective se contredit soi-même. *La conscience proprement dite* s'élève par là à son autoconscience *pure*[173].»

Dans le procès d'effectuation du culte, l'autoconscience religieuse ne se contente pas seulement de la représentation, étant donné que le culte s'effectue par le sacrifice, la renonciation et le dépouillement. Donc, il s'agit bien du mouvement du Soi dans son effort d'arrachement à la concrétude mondaine et sociale avec ses plaisirs, ses possessions et ses joies. L'autoconscience croyante agit comme puissance de négativité pour faire advenir une positivité qui se rend libre de la contingence des biens, des richesses et des plaisirs du monde terrestre. En quoi consiste l'opération de cette autoconscience dans son procès de renonciation par la médiation du culte ?

« L'opération du culte lui-même commence par conséquent avec le pur *abandon* d'une possession que le propriétaire, apparemment sans aucun profit pour lui, répand ou laisse s'élever en fumée[174].» Le procès par lequel le sujet croyant s'élève à la dimension divine par le culte est ainsi un mouvement de sursomption qui convertit l'essence effective en symbole de l'esprit absolu. La constitution du culte se déploie ainsi comme une logique de *transfiguration* dont le ressort est

---

[173] *Ibidem.*

[174] *Phénoménologie de l'esprit*, p. 614.

la sursomption de l'effectivité étant là. C'est dans cette perspective que s'effectue une sorte d'inversion qui consiste à faire advenir autre chose par la médiation de la négation sursumante de ce qui est objectivement. « Mais, à l'inverse, l'*essence étante* va là tout aussi bien au gouffre[175].»

La logique de mort est inscrite dans le procès de représentation dans la mesure où les rites impliquent des sacrifices qui arrachent à la vie des êtres vivants pour les élever ainsi au niveau de la sphère divine. Pour que le culte incarne le divin, il faut que le sujet croyant aille au-delà de l'abandon, de la renonciation, en procédant par l'agir sacrificateur. A travers l'objet sacrifié, c'est « le signe d'un dieu » qui se manifeste : « Le sacrifice de la substance divine, dans la mesure où il est *agir*, relève de l'aspect autoconscient ; pour que cet agir effectif soit possible, il faut que l'essence se soit déjà elle-même sacrifiée *en soi*. Cela, elle l'a fait en ce qu'elle s'est donné *être-là*, et s'est faite *animal singulier* et *fruit*[176].» Le processus sacrificiel se déploie comme l'unité des deux dimensions dans la mesure où la substance divine n'est figurée que parce qu'elle est sacrifiée dans son essentialité pure et la conscience pure sursumée dans sa particularité.

Le culte résulte ainsi de l'unité advenue de l'universalité de l'essence et de la singularité. La structure syllogistique montre bien que le procès dont il est question est un mouvement opérant la médiation des deux côtés, dont la relation se concrétise par la sursomption de leur opposition et de leur être-en-soi comme « conscience effective » et comme « nature effective. La détermination syllogistique exprime que l'unité représentée par le culte est l'apparaître de la signification positive du sacrifice comme diction de la négativité. « Car l'unité ayant surgi, qui est le résultat de la singularité sursumée et de [la] séparation des deux côtés, n'est pas le destin seulement négatif, mais a sa signification positive[177].»

Il est clair que le procès d'effectuation de la figuration comme diction de la représentation esthétique montre que son essence est concrète. Certes la dimension abstraite est constitutive de l'essence de la représentation. Mais son processus révèle que son contenu est déterminé par les matériaux que le peuple offre à l'esprit dans son agir. Cette loi est constamment à l'œuvre, depuis que la conscience,

---

[175] *Phénoménologie de l'esprit*, pp. 614-615.
[176] *Ibidem.*
[177] *Ibidem.*

dans son procès d'effectuation, est advenue comme esprit. C'est la substance éthique qui constitue l'épaisseur de l'agir de la représentation et se manifeste comme le Soi qui structure la signification spirituelle telle qu'elle s'incarne à travers les effectivités religieuses. En se convertissant en Religion d'art, l'esprit a ainsi atteint le moment qui, dans son parcours phénoménologique, voit la singularité et l'universalité s'autodéterminer à travers la représentation de dieu par le culte comme sursomption de la statue et de l'hymne. Que l'autoconscience spirituelle et croyante ait atteint la liberté de transfiguration à travers des œuvres, le culte qui l'unit au divin l'exprime dans la mesure où elle agit au sein d'un peuple éthique.

Le procès d'effectuation de l'œuvre d'art vivante

C'est à travers cette figure que la relation s'est nouée entre le Soi singulier et la substance au sein du « peuple éthique », dans sa manifestation en tant qu'esprit effectif correspondant à cette étape de l'effectuation de la Religion d'art. C'est ainsi que Hegel se livre à une récapitulation qui se résume à la mise en scène de deux figures du culte que sont le délire bachique et la belle corporéité. La religion esthétique se nourrit bien de l'Antiquité grecque dans sa conception esthétique de l'organisation de la cité, de la beauté corporelle, de la splendeur des cérémonies festives et de l'harmonie qui y règne. La communion des dieux et des hommes se présente sous la forme d'une unité vivante. A travers l'agir du Soi singulier, c'est un peuple qui se manifeste dans toutes les opérations qui s'y accomplissent. « Le peuple qui dans le culte de la religion d'art s'approche de son dieu est le peuple éthique, qui sait son Etat et les opérations de ce même [Etat] comme la volonté et l'accomplir de soi-même[178].» C'est au sein d'un peuple qui a son autoconscience effective dans ses institutions et ses opérations effectives que s'effectue la représentation esthétique d'un dieu proche de son peuple.

L'enjeu du procès de l'œuvre d'art vivante se manifeste dans le dynamisme de l'agir du Soi singulier conscient de sa relation à la substance éthique sous le mode du pour-soi. Il importe de cerner le sens de l'advenir de la figure de l'artiste conscient de l'esprit éthique de son peuple à partir de son autre qu'est l'autoconscience dont le Soi sans figure est articulée à la « substance simple en général ». S'agit-il

[178] *Phénoménologie de l'esprit*, pp. 616-617.

d'une mise en perspective de l'intériorité sans figure au sein de l'agir du Soi effectif se réfléchissant dans la substance éthique de son peuple ?

C'est ainsi que l'esprit religieux du peuple éthique va entrer dans la sphère du procès sacrificiel des mystères tels qu'ils s'incarnent à travers le festin sacré. Ce mouvement de l'autoconscience spirituelle apparaît comme la manifestation immédiate de l'esprit absolu en tant qu'essence simple. Sous la détermination d'essence simple, l'esprit absolu se manifeste à la conscience comme esprit naturel dans la mesure où le Soi agit en tant qu'autoconscience supprimant l'être-là immédiat de la nature à travers la nourriture et la consommation. Le pain et le vin sont certes des éléments dont le destin est d'être supprimés par « la jouissance effective » mais ils relèvent du sacré par le symbolisme religieux. C'est pourquoi l'esprit ne s'est pas encore sacrifié dans la mesure où il n'est pas mortifié dans sa chair et son sang, comme il en sera question au niveau de la Religion manifeste. Il en résulte que le culte est désormais représenté par la dynamique sacrificielle festive. Et la belle individualité en tant que « Soi vivant » va surgir comme le « porte-flambeau » de la venue au jour d'une subjectivité vivante animée.

L'essence spirituelle animée par la médiation de la belle individualité est la diction de ce culte produit par le délire de l'enthousiasme et de la frénésie, expression de la fête que le peuple s'offre pour célébrer sa gloire. « Un tel culte est la fête que l'homme se donne à sa propre gloire, sans pour autant déposer encore dans un tel [culte] la signification de l'essence absolue ; car c'est l'*essence* qui seulement d'abord lui est manifeste ; pas encore l'esprit ; pas comme une [essence] telle qu'[elle] prenne figure *essentiellement* humaine[179].»

Ce qui s'est manifesté au niveau de la figuration de l'Absolu, c'est l'abstraction de l'essence absolue dans sa dimension imparfaite que représente la figure humaine telle qu'elle incarne l'esprit absolu. En un sens, la belle individualité advient comme l'unité de l'essence et de l'autoconscience singulière sous la figure de l'être-là fini dans son engagement à se manifester comme être essentiel sous sa forme finie et abstraite. C'est l'abstraction de la finitude qui se révèle dans sa représentation de l'essence absolue qu'elle ne peut saisir que sous la figure d'« une œuvre d'art vivante animée, qui associe la vigueur à sa beauté, et à qui échoit en partage, comme prix de sa force, l'ornement

[179] *Phénoménologie de l'esprit,* p, 620.

dont se trouva honorée la statue, et l'honneur d'être, au sein de son peuple, au lieu du dieu de pierre, la présentation corporelle suprême de son essence[= l'essence de la statue][180].»

Que le dieu soit représenté par la belle œuvre corporelle montre que le symbole du sacré est bien l'expression de l'esprit d'un peuple dont le mode de présentation de son Soi est la belle forme. Les Grecs considèrent la beauté du corps comme la révélation d'une beauté intérieure et spirituelle. Cette célébration de la belle forme physique est une caractéristique de l'importance que revêt la beauté de la forme dans l'esthétique propre à l'Antiquité grecque. C'est pourquoi les exercices physiques sont conçus comme des rites essentiels à la bonne santé non seulement du corps mais aussi de l'âme. D'où l'association de la vigueur et de la beauté comme signes de la manifestation corporelle du divin. C'est ainsi que « l'homme se met donc soi-même à la place de la statue comme figure éduquée et élaborée en vue du *mouvement* parfaitement libre, tout comme celle-là [la statue] est le *repos* parfaitement libre[181].»

S'agissant de la belle corporéité, elle advient comme la reprise du Soi dans son essence même sous la figure, certes de la finitude et de l'imperfection corporelle. En fait, l'effectuation de la figuration esthétique conjugue le procès de l'intériorité émotionnelle dans sa puissance d'animation vivante, et l'extériorité qui fait transparaître le Soi dans la belle corporéité. Comme les deux présentations du Soi sont expressives de l'unité de l'intériorité et de l'extériorité sans parvenir à la traduire de façon effective, c'est le langage qui, en assumera la médiation effective. « L'élément parfait où l'intériorité est tout aussi extérieure que l'extériorité est intérieure est à nouveau le langage, mais ni le [langage] totalement contingent et singulier dans son contenu de l'oracle, ni l'hymne relevant de la sensation à la louange seulement du dieu singulier, ni le balbutiement dépourvu de contenu de la frénésie bachique[182].»

Le langage intervient constamment dans le procès phénoménologique de la conscience comme le moment de la médiation constitutif de chaque figure dans l'effectuation de ses déterminations unilatérales. La médiation est inscrite dans le procès de chaque figure comme l'advenir de l'effectivité telle que le langage l'exprime, sous le mode

---

[180] *Ibidem.*

[181] *Ibidem.*

[182] *Phénoménologie de l'esprit*, p. 621.

de l'unité advenue de l'en-soi et du pour-soi, de l'intérieur et de l'extérieur. Les occurrences du langage sont significatives de l'effectivité qu'assume la médiation comme procès d'effectuation. La médiation, dans sa concrétude, est langage, mode de diction de l'en et pour-soi en tant qu'intériorité advenue dans son extériorité et celle-ci parvenue à son intériorité. Le langage est la conjonction advenue du procès de l'essence telle qu'elle se manifeste dans son extériorité en sursumant et son intériorité abstraite et sa phénoménalité extérieure.
En s'énonçant dans la figure de l'autoconscience singulière corporelle, le processus de la figuration esthétique a parcouru le mouvement de son effectuation dans la production des œuvres d'art. La logique qui anime le procès de la représentation esthétique de l'Absolu implique la prise en compte de la singularité comme vecteur de la concrétude de l'essence absolue. L'agir de la subjectivité, dans la sphère de la figuration esthétique, inscrit ainsi le procès d'effectuation dans la dimension de la singularité, comme diction de l'essence absolue, sous la détermination de l'effectivité éthique. Dans la mesure où c'est au sein d'un peuple libre que s'offre la possibilité de produire l'esthétique de l'individualité, il advient que c'est dans l'effectuation de l'esprit éthique que l'autoconscience singulière trouve les sources de son inspiration. C'est à ce titre que les figures de l'individualité animée par la ferveur, l'enthousiasme bachique et la belle forme prennent leur sens, quand bien même elles ne parviennent pas à incarner l'essence absolue dans toute sa dimension d'esprit.
L'autoconscience singulière, quelle que soit sa relation à l'Absolu, demeure sous l'emprise de la particularité qui est sienne. Mais son devenir résulte de l'advenir à l'effectivité du Soi qui ne peut s'accomplir que par la médiation du langage. Quand le Soi s'incarne à travers la singularité corporelle, il en résulte que le peuple qui s'est incarné en lui, a pris conscience que son destin est exposé au risque de déclin. C'est cette dimension d'imperfection de la belle corporéité que Hegel exprime dans ce passage : « Le beau gladiateur est certes l'honneur de son peuple particulier, mais il est une singularité corporelle dans laquelle l'étendue et le sérieux de la signification et le caractère intérieur de l'esprit qui porte la vie particulière, [les] attentes, besoins et coutumes de son peuple, ont péri[183].»

---

[183] *Ibidem.*

Le procès d'effectuation de l'œuvre d'art spirituelle

La caractéristique de la Religion d'art est de se manifester comme le procès de la religion esthétique grecque dont l'épaisseur spirituelle est le monde éthique qui la constitue. En ce sens l'œuvre d'art spirituelle se conçoit par le langage comme diction de l'agir de la subjectivité dont le destin est celui de son peuple. Dans cette figure, le procès d'effectuation se meut dans l'élément de la représentation. Toutefois, cette représentation est inscrite dans la dynamique d'une singularité effective qui s'exprime à travers l'œuvre commune.

Il ne s'agit plus de la représentation singulière de l'Absolu dans la forme du culte, mais de l'entrée sur la scène de l'histoire de divinités particulières qui inspirent l'agir de l'individualité héroïque intervenant en tant qu'acteur de cette histoire. « Ce n'est plus l'agir effectif du culte, mais un agir qui certes n'est pas encore élevé au concept, mais seulement d'abord dans la *représentation*, dans le rattachement synthétique de l'être-là autoconscient et de l'[être-là] extérieur[184].»

Par une communauté de destin, des divinités et des humains échangent et communient dans une aventure sublime dont la mise en forme procède du langage épique, de la mise en scène tragique et de l'ironie propre à la comédie. Les divinités singulières, les individualités et les singularités universelles constituent les acteurs de cette scène de la vie de la cité grecque qui se présente comme une totalité éthique en mouvement. « Ainsi chez les Grecs, par exemple, l'art fut la forme la plus élevée sous laquelle le peuple se représenta les dieux et se donna une conscience de la vérité. C'est la raison pour laquelle les poètes et les artistes ont été pour les Grecs les créateurs de leurs dieux, [...][185].»

Autant les dieux que les humains, chacun se sent investi d'une mission à la fois grandiose et éphémère. Parce que la substance est devenue sujet, l'œuvre d'art ne s'inspire plus seulement du culte qui s'exprime à travers un temple ou une statue, mais c'est la subjectivité dans son union vivante avec la substance universelle qui est porteuse de l'œuvre d'art.

---

[184] *Phénoménologie de l'esprit*, p. 623.

[185] Hegel, *Esthétique*, tome I, traduction de Charles Bénard, revue et complétée par Benoît Timmermans et Paolo Zaccaria, livre de poche, Librairie Générale Française « livre de poche », Paris, 1997, p. 167.

L'effectuation épique de la figuration esthétique

L'enjeu de l'effectuation de cette figure est de traduire dans la création artistique ce qui est advenu comme l'accomplissement de la substance au niveau de l'unification de la diversité des manifestations spirituelles du peuple. Cette unification consiste à mettre en articulation la dimension naturelle et la dimension éthique. L'élaboration d'œuvres esthétiques empreintes d'éthicité traduit la concrétude constitutive de l'esprit d'un peuple comme essence effective universelle en mouvement. L'unité à laquelle accède la diversité constitutive du monde éthique est ce que Hegel nomme « Un panthéon » conçu comme l'unité « des beaux esprits-d'un-peuple[186].»

La subjectivité, dans sa mise en scène des puissances divines qui interviennent dans son agir en le conditionnant, a pour médiation, les substances universelles constitutives de l'esprit d'un peuple. La configuration de la première figure de l'œuvre d'art spirituelle sous la forme de l'épopée est constituée des puissances divines, des substances spirituelles et de l'autoconscience singulière dans son agir. Cette configuration s'apparente à la structure syllogistique du procès de cette figure. « Ce qui pourtant en fait est présent-là est le syllogisme où l'extrême de l'universalité, le monde des dieux, par le moyen terme de la particularité, est rattaché à la singularité, l'aède[187].»

Hegel explique en effet cette structure syllogistique en montrant le rôle assigné à chacun des acteurs de cette mise en scène. L'aède est le poète qui compose les chants pour rendre hommage aux dieux à travers les louanges dédiées aux héros qui ont remporté des victoires lors des guerres. C'est ainsi que l'événement contingent est hissé au rang de geste sacrificiel, divinisé par le langage composé à ce propos. « Le moyen terme est le peuple dans ses héros, qui sont des hommes singuliers, tout comme l'aède, mais [des hommes] seulement *représentés*, et par là d'abord *universels*, tout comme l'extrême libre de l'universalité, les dieux[188].»

La singularisation comme la particularisation sont de l'ordre de la dimension humaine dans la mesure où il s'agit du peuple ou des héros ou de l'aède ; en revanche l'universalité est le propre des divinités. La

[186] *Phénoménologie de l'esprit*, p. 621.
[187] *Phénoménologie de l'esprit*, p. 623.
[188] *Ibidem.*

particularité essentielle incarnée par le peuple par rapport aux individualités est la médiation effective de la singularité que représente le héros comme autoconscience agissante dans sa relation avec la puissance divine. Le poète est le moyen par lequel le monde des dieux s'incarne à travers la vie du peuple et, à ce titre il se présente comme le messager des interventions des dieux incarnées par les actions grandioses des héros.

Le procès de mise en scène des puissances divines particularisées par leur implication dans la vie de la cité montre qu'aussi bien le peuple que le poète sont des moyens par lesquels se concrétise l'implication des dieux dans l'existence des humains. L'universalité du chant du poète traduit la relation épique entre le divin et l'humain. C'est dans la mesure où le langage épique articule la proximité de l'humain au divin qu'il se manifeste sous le mode de la diction du contenu effectif et universel. Le processus de la figuration esthétique, en sa dimension d'effectivité advenue sous la médiation du langage, symbolise ainsi la manifestation du divin à travers la concrétude effective de l'esprit d'un peuple comme instance de convergence de son Soi universel, du Soi singulier et du Soi absolu.

Il ne s'agit plus de l'abstraction divinisée sous forme d'essence intérieure ou extérieure, mais de la conjonction en mouvement des hommes et des dieux dans un agir qui met en perspective la communauté de destin qui définit leur alliance. Dans cette perspective, l'œuvre qui s'accomplit est l'unité de l'agir de l'universel et du singulier, sous la détermination de la figuration sacralisée. En quoi consiste ce rapport entre les deux qui se présentent sous le mode d'une « liaison synthétique »? Unification et différenciation caractérisent bien cette liaison dans son procès d'effectuation. L'humain et le divin dans leur rapport montrent ainsi que leur différence n'est pas sursumée par leur commune action. « Les puissances universelles ont en elles la figure de l'individualité, et par là le principe de l'opérer ; leur œuvrer apparaît par conséquent comme un agir procédant totalement d'elles, tout aussi libre que celui des hommes[189].» Les mortels suractifs que sont les individualités héroïques sont la subjectivité active de la substance éthique divine comme essence et fin de leur agir. C'est en ce sens que les héros sont les voix de la puissance divine qu'ils contrarient et qui, dans sa passivité, semble dépendre de leurs actions. C'est le pathos de l'essence divine qui

[189] *Phénoménologie de l'esprit*, p. 624.

définit l'agir du héros comme son mode d'effectuation en tant que substance éthique. Le dieu se révèle à travers les actions héroïques comme la venue à l'effectivité concrète et particulière de sa puissance dont l'essence est de se mouvoir dans la sphère des événements qui rythment la vie de la cité. L'« essence naturelle » et la « matière éthique » constituent l'épaisseur de l'agir par la médiation vivante des événements constitutifs de l'agir de la subjectivité, figure singularisée de la substance.

En se manifestant sous la double détermination de la particularité et de l'universalité, les dieux de la cité traduisent l'ambiguïté constitutive de leur essence ; entre finitude et éternité, ils sont emblématiques de la contradiction qui est au cœur de leur agir. Le procès de leur manifestation concrète se particularise dans l'expression épique par la conjonction de la nécessité et de la contingence. Comme puissances, ils se déploient sous le mode de la nécessité, mais dans leur relation à la finitude humaine, ils s'avèrent déterminés et limités. Par leur particularité, leur éternité est compromise, mais par leur essence universelle, les dieux de la cité se préservent contre les blessures humaines.

L'agir se définit comme l'opérer de la substance par la médiation d'un sujet qui, tout en relevant d'un ordre supérieur, est aussi présent dans la sphère de la particularité déterminée. Comme le héros ne peut se maintenir dans la pureté de l'agir et la divinité dans la concrétude de l'effectivité et de la contingence, l'agir se confronte aux limites de son essence contradictoire. Le régime de la nécessité et de la contingence, en déterminant l'individualité divine singulière, s'avère être, dans sa forme conceptuelle, « la substantialité contradictoire des moments singuliers où s'ordonnent l'inconséquence et [la] contingence de leur agir et [où] le jeu de leurs opérations reçoit en elles-mêmes son sérieux et [sa] valeur[190].»

L'essence contradictoire du procès de manifestation du Soi absolu sous la figure de divinités particularisées et de héros divinisés exprime la substance divine comme unité conceptuelle convertie en destin. L'individualité opérante, par son agir héroïque, va subir la puissance négative du destin. Les lois non écrites du destin vont se présenter à elles sous le mode de la puissance qui brise et qui conduit à la disparition. Le destin du héros est de mourir à la force de l'âge et de provoquer ainsi le désespoir et la tristesse de la famille, du peuple et

---

[190] *Phénoménologie de l'esprit*, p. 626.

de la cité. « Le contenu du monde de la représentation joue pour soi, délié de tout, son mouvement dans le *moyen terme*, rassemblé autour de l'individualité d'un héros, qui pourtant, dans sa force et [sa] beauté, sent sa vie brisée et se lamente à la vue d'une mort prématurée[191].»

Le destin du héros comme des dieux héroïques est de finir leur aventure de façon tragique. L'épopée met en exergue les victoires et les succès de l'agir héroïque et, la tragédie met en scène le déroulement des événements en montrant la dimension sublime et dramatique de l'expérience où est en jeu le risque de mort. Ainsi se réalise dans l'épopée la figure de l'héroïsme où le divin cohabite avec l'humain dans une structure syllogistique articulant l'universel avec le singulier par la médiation du particulier. L'esprit éthique du peuple se déploie ainsi de façon vivante, à travers des dieux particuliers, par la médiation agissante des individualités héroïques. Est revenu au poète le privilège d'être le messager inspiré de cette cohabitation insolite. La rencontre entre l'essence absolue et la finitude n'est pas parvenue à l'unité effective. « Car la *singularité ferme dans soi et effective* est exclue à l'extrémité, et dédoublée dans ses moments qui ne se [sont] pas encore trouvés et réunis[192].»

La singularité dont il est question est la caractéristique et des dieux particuliers comme essences universelles et des individualités opérantes, les héros. Cette singularité se dédouble à travers les moments de son effectuation. Le divin est traversé par l'opposition entre sa nature absolue et universelle et son individualité particulière. L'individualité héroïque côtoie ainsi le divin à même sa finitude. Cette contradiction essentielle apparaît sous la figure de la tragédie.

La tragédie comme processus de mise en scène du divin.

Il est important de saisir que la figure de la tragédie se meut dans l'élément du concept comme procès de la dramatisation. Après le procès de la narration épique surgit le moment de la mise en scène tragique où le héros est lui-même le sujet qui parle. Qu'est-ce qui advient sous le mode de l'effectivité avec la figure de la tragédie ? « Ce langage supérieur, la *tragédie*, rassemble donc plus étroitement la dispersion des moments du monde essentiel et du [monde] opérant ; la *substance* du divin se décompose, *selon la nature du concept*, dans

[191] *Ibidem.*
[192] *Ibidem.*

ses figures, et leur *mouvement* lui est également conforme [= conforme au concept][193].»
Le principe de l'agir au niveau de la tragédie est de mettre sur scène l'essence négative du concept sous la modalité de la scission de la substance divine et de ses figures. Le cheminement de la cohabitation du monde essentiel et du monde opérant a conduit la scission entre l'essence absolue et ses formes particulières à une forme d'impossible conciliation, dans la mesure où chaque singularité dans son élément s'est affirmée dans son extrémité exclusive. Le langage de la tragédie est l'instance de la médiation qui est dans la forme du concept étant donné qu'il assume l'intériorité et l'extériorité de l'agir héroïque. Il n'est plus sous le registre de la narration et de la représentation de ce contenu. La tragédie releverait-elle de la sphère conceptuelle par sa structure médiatisante ? « Au regard de la forme, le langage, du fait qu'il pénètre dans le contenu, cesse d'être narratif, tout comme le contenu [cesse d'être] un [contenu] représenté[194].»
En se présentant sur scène, le héros s'élève de son autoconscience singulière à la dimension d'individualité universelle. C'est pourquoi la parole du héros est un procès d'extériorisation de l'essence intérieure dont le souffle libre se dépouille de l'abstraction de la puissance universelle et de la contingence de la particularité singulière. C'est par sa parole que le héros rencontre le peuple, son public. « Le héros est lui-même celui qui parle, et la représentation montre à l'auditeur qui est en même temps spectateur, des hommes *autoconscients* qui *savent* et savent *dire* leur droit et leur fin, la puissance et la volonté de leur déterminité[195].» La parole du héros sur scène est empreinte de puissance, de décision et de savoir. Il en résulte que le héros, par la médiation du langage, incarne une forme de concrétude qui ne repose plus sur la narration du poète dont le Soi n'est pas engagé dans l'expérience de mort constitutive de l'agir héroïque.
En quoi le héros qui entre en scène est-il un artiste présentant des hommes autoconscients ? L'agir du héros sur scène consiste dans la mise en scène de l'intériorité telle qu'elle peut être transmise par la voix et audible aux spectateurs. Ce sont des personnages sur scène qui représentent les caractères des êtres déterminés pour la nécessité de la venue à l'extériorité de l'essence intérieure. Cette mise en scène se

[193] *Ibidem.*
[194] *Phénoménoléogie de l'esprit*, pp. 626-627.
[195] *Phénoménologie de l'esprit*, p. 627.

concrétise par la parole qui fait advenir à la dimension de la sphère publique ce qui est de l'ordre de l'intériorité. Le héros joue masqué et il parle. Il est de l'essence du masque de révéler tout en dissimulant. Le masque n'est pas une forme transparente.

C'est pourquoi, à travers le masque, ce sont des caractères qui sont mis en scène dans leur signification commune et universelle. Le masque est ce qui permet à l'acteur d'être un personnage, c'est-à-dire une subjectivité à même l'universalité de la substance éthique. Il est essentiel à l'acteur de disposer de son masque comme il est de l'essence de la statue d'être produite par le travail de l'artisan. « Aussi essentiel est-il à la statue d'être faite de main d'homme, tout aussi essentiel est l'acteur à son masque [...][196].» L'essence du masque comme de la statue est de parvenir à exprimer dans l'être-là l'essence absolue, dont le procès d'extériorisation est porté par l'agir du sujet qu'il soit artisan ou héros devenu acteur.

Dans sa structure conceptuelle, l'essence de la tragédie consiste dans le dédoublement fonctionnel de la substance divine telle qu'elle s'incarne à travers la finitude humaine qui ne cesse d'aspirer à la sursomption de sa finitude et de sa particularité contingente. Le procès de la tragédie montre la confrontation entre le concept et les dieux dans la mesure où le concept est la substance dans son devenir sujet. C'est en ce sens que le dédoublement qui structure le mode de manifestation de la substance divine a pour effectivité le monde éthique, dont la scission est le vecteur du procès de la tragédie. Le destin de l'individualité universelle est tragique dans la mesure où ne sont pas différenciés dans sa conscience le savoir et le non- savoir. « Car ce savoir, dans son concept, est immédiatement le non-savoir, parce que la *conscience* est en soi-même cette opposition dans l'opérer[197].» La mise en scène comme procès d'extériorisation de l'essence absolue, c'est-à-dire comme individualisation de la substance, est en soi processus de différenciation tel que l'expose le mouvement du concept.

En présentant le procès de l'opération éthique comme opposition du savoir humain et du savoir divin, Hegel écrit : « Surgit par là en la conscience l'opposition du *su* et du *non-su*, tout comme, dans la substance, du *conscient* et du *dépourvu de conscience* ; et le *droit*

[196] *Ibidem*.
[197] *Phénoménologie de l'esprit*, p. 630.

absolu de l'*autoconscience* éthique entre en conflit avec le *droit* divin de l'*essence*[198].»
Au travers de la tragédie opèrent sur scène des figures qui constituent la concrétude de la substance éthique dont le destin est de se disperser à travers l'agir de l'individualité opérante. Dans sa dispersion, la substance divine, par sa puissance négative, éclate en individualités essentielles. La représentation sur scène est assumée par des personnages avec des caractères qui expriment l'individualité déterminée par le caractère personnifiant la puissance en jeu. Car « le Soi n'entre en scène qu'attribué aux *caractères*, pas comme le moyen terme du mouvement[199].» Le Soi est déterminé par des caractères qui sont constitutifs de son mouvement sur scène, dans la mesure où il exprime le rapport de l'individualité essentielle et de la substance divine. Dans le procès de l'autoconscience sur scène, la tragédie ne parvient pas à l'unification du Soi et de l'essence absolue.
En se présentant sur scène avec son masque et comme acteur, le héros ne parvient pas à la profondeur souterraine de la substance divine qu'il représente. Il demeure ainsi dans la différence dans la mesure où la crainte et la compassion finissent par se substituer à la gravité qui sied au personnage sur scène. En ôtant le masque, le héros se découvre ainsi devant son public, sous son visage ordinaire. « Pour une part, dans la mesure où la conscience coopère et [où elle] relève des caractères, cette unification, parce que l'[unification] vraie, celle du Soi, du destin et de la substance n'est pas encore présente-là, est une [unification] extérieure, une *hypocrisie* ; le héros qui entre en scène devant le spectateur se décompose en son masque et en l'acteur, dans le personnage et le Soi effectif[200].»
La tragédie a mis en scène l'unification extérieure révélatrice de l'hypocrisie inhérente à l'essence de cette figure de la représentation dans la mesure où le héros incarne des caractères, des personnages. Le personnage sur scène s'avère être une caricature de l'individualité essentielle comme intermédiaire entre l'essence absolue et les humains. Le sujet acteur perd son sublime dans la mesure où il n'est plus le héros agissant, mais le héros parlant, c'est-à-dire acteur. En se convertissant en acteur, le héros s'est banalisé et a rejoint son public

[198] *Phénoménologie de l'esprit*, p. 423.
[199] *Phénoménologie de l'esprit*, pp. 633-634.
[200] *Phénoménologie de l'esprit*, p. 634.

en se séparant de son masque. A partir de ce moment, la troisième figure de l'œuvre d'art spirituelle entre en jeu.

Le procès d'effectuation de la mise en scène comique

Cette troisième figure de l'œuvre d'art spirituelle met en scène l'individualité dans sa dimension effective de sujet. Il ne s'agit plus du héros, acteur de son destin ou personnage sur scène faisant usage du langage et du masque. L'autoconscience singulière s'effectue, dans cette étape, avec comme mode d'expression l'ironie. Avec l'ironie, le sujet prend de la distance par rapport aux puissances divines et se démarque de la représentation épique et tragique que les hommes produisaient des dieux. Dans la comédie, l'acteur affirme une certaine liberté qui énonce que le Soi comme sujet se délivre de l'angoisse de la puissance des dieux. La mise en scène comique est l'agir d'une subjectivité autoconsciente et qui s'est libérée de la subordination aux essences absolues.

L'acteur comique joue dans la perspective d'assumer sa dimension d'acteur et celle du spectateur en sursumant la dualité constitutive des rapports entre les humains et les divinités. Le sujet comique ne semble point s'inscrire dans la nécessité d'un destin qui le subjugue. L'essence de l'ironie, qui est son langage, c'est cette liberté qui confère au sujet une forme de souveraineté. « Le Soi, entrant ici en scène dans sa signification comme [quelque chose d']effectif, joue avec le masque qu'il lui arrive de revêtir pour être son personnage, - mais, de cette apparence, il se produit bientôt à nouveau dans sa nudité propre et [son] caractère commun, qui le montrent n'être pas différent du Soi proprement dit, l'acteur, aussi bien que du spectateur.[201] »

L'effectivité de l'autoconscience comique consiste à jouer le personnage à même soi comme pour se mettre en scène dans sa singularité propre qui est aussi, dans la différence commune, celle du spectateur. La distance entre l'acteur et le spectateur se trouve supprimée. Il s'agit de l'affirmation du Soi commun des individus dans leur existence à dimension humaine. Ce qui constitue la mise en scène comique, c'est son inscription dans la vie ordinaire de la cité. Le sujet comique fait advenir ainsi à la commune effectivité le naturel et l'éthicité en sursumant leur opposition structurelle. La signification du procès de la scène comique résulte de la combinaison de tous les

[201] *Phénoménologie de l'esprit*, p. 635.

paramètres de la condition multiforme dans laquelle l'autoconscience comique est engagée. Celle-ci est parvenue à une vision d'ensemble de la nature et de l'essence. Le sujet comique ne procède pas à une prise en compte unilatérale d'un aspect contre un autre, comme c'est le cas du sujet éthique qu'il soit poète ou héros. En ce sens, le sujet comique sursume toute manifestation unilatérale de la puissance aussi bien singulière qu'universelle, extérieure qu'intérieure. L'acteur comique ne met pas en scène l'essence absolue dans sa puissance, mais plutôt l'essence commune telle qu'elle unifie le naturel et l'éthique dans leur advenir par la médiation de l'effectivité singulière. La figuration concrète qui est en jeu dans ce processus implique l'entrée en scène du peuple qui se manifeste à travers l'effectivité éthique commune que représentent la famille, et l'effectivité éthique universelle que symbolise l'Etat. L'effectivité privée et l'effectivité publique convergent dans le procès de l'effectivité singulière médiatrice du singulier et de l'universel, des puissances manifestes et des essences souterraines. « Dans la mesure maintenant où cette signification contient l'essentialité éthique, elle est en partie le peuple dans ses deux aspects, l'Etat ou Demos proprement dit, et la singularité-de-la famille ; - mais en partie le savoir pur autoconscient, ou le penser rationnel de l'universel[202].» La mise en scène comique s'opère en tant que processus de médiation ou d'unification de l'essence intérieure extraposée dans l'essentialité effective. Il ne s'agit plus de l'incarnation de l'effectivité à travers le divin, mais de la reconnaissance de la vérité du Soi singulier dans l'élément du Soi effectif universel. De ce point de vue, l'autoconscience comique se manifeste comme conscience sachante ou comme subjectivité qui s'élève à l'universalité effective de la pensée rationnelle. Le procès de la venue à l'effectivité rationnelle de l'acteur comique résulte de son énonciation de valeurs et de concepts qui affirment leur effectivité sans souscrire à l'universel théorique. « Le *penser* rationnel délivre l'essence divine de sa figure contingente, et, op-posé à la sagesse dépourvue de concept du chœur qui produit quelques sentences et fait valoir une multitude de lois et de concepts déterminés relevant du devoir et du droit, il les emporte dans les idées simples du Beau et [du] Bien[203].»

---

[202] *Ibidem.*
[203] *Ibidem.*

La présentation de la figure de la subjectivité dans le procès de la comédie fait ressortir l'essence conceptuelle de cette figure où la substance parvient à son Soi effectif par la médiation de la singularité. Cette singularité est unificatrice de l'essence et de son-être là effectif qui ne relève plus de la représentation superficielle et contingente de l'essence absolue. Ce procès du sujet dans l'expérience de l'ironie comique se manifeste dans son effectuation comme une dialectique qui met à nu la vanité prétentieuse des déclamations de l'héroïsme sur scène qui, tout en prétendant inacarner la substance divine, demeure dans la sphère superficielle et contingente.

En un sens, le poète comme le héros sont des figures de l'autoconscience représentante et, l'acteur de la comédie apparaît comme l'autoconscience qui se saisit du Soi dans sa forme conceptuelle. Celle-ci, par son procès, dévoile le mystère de la fragilité des puissances dont la réalité relevait de la représentation et non de leur essentialité effective. « En tant que disparaissent la détermination contingente et [l'] individualité superficielle que la représentation prêta aux essences divines, elles n'ont plus, selon leur côté *naturel*, que la nudité de leur être-là immédiat, elles sont des nuées, une vapeur évanescente, tout comme ces représentations[204]. » La figure de la comédie, en sa dimension dialectique, sursume l'illusion de la représentaion de l'Absolu en pénétrant son essence, qui n'est autre que le mouvement de l'agir humain dans sa vanité. L'agir du sujet comique appréhende la contingence qui recouvre le procès du représenter des essences divines en montrant la dimension d'immédiateté de leur être sans effectivité comme les représentations qui leur conféraient une puissance qui se révèle être nue. Cette nudité fait le jeu de l'individu, qui peut se libérer de la subordination à des divinités dont l'être ne tient que par et dans le procès de la représentation.

La venue à l'effectivité de l'essence absolue s'est manifestée comme le moment de la dissolution de l'autre du Soi accomplissant le parcours du procès d'effectuation du sujet. C'est en ce sens que l'universalité de la certitude sous la détermination de l'essence absolue s'est dégagée en tant qu'être-là et agir. Advenue comme agir de la subjectivité, la substance est désormais sous le signe de l'esprit absolu. Le procès de la forme advenant comme effectuation du sujet est la présentation du mouvement de l'apparaître de l'essence absolue

[204] *Ibidem.*

dans l'autoconscience absolue. C'est ce mouvement qui définit le procès du procès d'effectuation de l'Absolu dont l'effectivité déterminée est Religion manifeste.

VII-Le procès d'effectuation de la religion manifeste

L'esprit absolu comme procès d'unification de la substance et du sujet

Avec la Religion manifeste, s'achève le processus par lequel la substance s'affirme comme sujet et opère comme esprit absolu. Il s'agit de montrer en quoi le Soi de l'essence absolue s'effectue comme figure de l'esprit absolu. Comment la forme et le contenu se sursument dans leur dualité dans le sens de l'advenir de l'esprit absolu ? Le concept de la Religion s'est déjà effectué avec la Religion naturelle, de même que la Religion d'art s'est présentée en tant que processus de subjectivation de l'essence absolue. La sursomption de l'essence intérieure par la médiation de l'agir de l'autoconscience résulte du procès d'effectuation de la Religion dans l'élément de la substance. En ce sens, la Religion naturelle est le moment de l'objectivité extérieure, la Religion d'art, le moment du devenir subjectif de la substance. L'avènement de la Religion manifeste opère ainsi la synthèse de la substance et du sujet, de la forme et du contenu. Le concept de la Religion manifeste agit dans la perspective de la résolution de la différence constitutive de l'autoconcience représentative. Il ne s'agit plus seulement de la dimension objectivante ou subjectiviste de l'Absolu, mais de la réalité de sa dimension autoconscientielle en tant que singularité universelle. C'est avec la religion esthétique que le sujet s'est manifesté à travers les moments constitutifs du procès du Soi dans sa représentation de l'Absolu sous le mode de la production d'œuvres d'art.

L'effectuation de la Religion manifeste présuppose donc le processus d'unification de l'essence absolue et du Soi comme autoconscience singulière. Cette double dimension de l'extériorité et de l'intériorité de la substance s'est manifestée comme le mouvement du Soi sous la forme de la substance dans sa détermination de sujet. Tel est le sens des étapes du parcours du concept de la Religion dans l'agir du représenter de l'autoconscience. C'est dans le devenir religieux de l'esprit que se conçoit le procès d'effectuation de la conjonction de la substance et du sujet. D'abord, l'esprit s'est énoncé dans l'élément de la substance au sein de la Religion naturelle ; ensuite dans l'élément du sujet, dans la Religion d'art. C'est de l'accomplissement de ces deux aspects de l'esprit absolu, dans sa détermination d'essence absolue, que se manifeste le Soi divin, sous le mode de l'affirmation de l'autoconscience subjective.

En s'élevant à sa forme subjective, la substance traduit le mode de conversion qui anime le procès d'effectuation sous le régime de la représentation dans la sphère de la subjectivité. Le procès de la substance dans son devenir-sujet est celui de la manifestation de l'essence divine sous sa figure humaine. Le sujet qui incarne l'essence absolue est le Soi en tant qu'autoconscience singulière. L'absolu se conçoit désormais comme sujet. Tel est le sens du processus de manifestation de l'esprit absolu. Le divin et l'humain sont inscrits dans une perspective de réconciliation. En effet, la détermination de l'esprit absolu sous la forme du contenu résulte de l'agir autoconscientiel en tant que procès de conversion de la substance en sujet. Le mode de conversion de la substance en sujet définit ainsi déjà le mouvement de la représentation de l'Absolu au sein de la Religion d'art. Il s'agit de l'effectuation du Soi à travers la double dimension de l'extériorité et de l'intériorité, de l'objectivité et de la subjectivité. Dans cette perspective l'agir du Soi subjectif dans la sphère de la Religion manifeste consiste à sursumer l'unilatératité autoconscientielle de la Religion naturelle et de la Religion d'art.

Le contenu en advenir de l'esprit absolu, en tant que figure de la Religion dans son moment manifeste a pour enjeu le devenir prédicat du Soi et la conversion de la substance en sujet. Ce mouvement et son inversion constituent le procès d'effectuation au niveau de la Religion manifeste. C'est en ce sens que « cette inversion se trouve amenée à effet *pour* et *par l'autoconscience elle-même*[205].» La conscience advenue comme autoconscience dans l'élément religieux se conçoit comme le lieu de manifestation de la substance en tant que sujet.

Il en résulte que l'autoconscience est à la fois sursomption de la conscience dans la sphère de la représentation de l'essence objective et affirmation de soi comme conscience de la substance comme sujet. L'autoconscience est la conscience telle qu'elle est parvenue au Soi déterminé en tant que substance dans son devenir-sujet. L'enjeu de la dialectique autoconscientielle dans la sphère de la Religion manifeste est d'atteindre le moment de l'unification de l'essence absolue et du Soi. Pour que cette unification devienne effective, il convient pour elle de sursumer, et la dimension d'objectivation de l'essence absolue telle qu'elle s'est concrétisée dans le procès de la Religion naturelle, et la

[205] *Ibidem.*

dimension subjective telle qu'elle s'est effectuée dans le procès de la Religion d'art. Aussi, par son extériorisation, l'autoconscience se résout-elle dans la figure du Soi telle qu'elle apparaît en tant que substance devenue sujet.

Le procès de l'autoconscience dans la sphère de la Religion manifeste récapitule ainsi les formes substantielles dans la dimension de l'extériorité de l'essence et leur advenir dans l'élément de la subjectivité. Aussi l'esprit qui se manifeste comme unité advenue de la substance et du sujet est-il désormais conscience de l'essence objective et de la subjectivité autoconscientielle. C'est l'identité de la substance et du sujet comme autoconscience absolue qui se manifeste en tant qu'esprit absolu. Le procès de la Religion manifeste entre ainsi en scène en tant qu'effectuation de l'esprit absolu. Comment est advenu ce sujet absolu ? L'Absolu dont il est question est déterminé comme substance dans son devenir-sujet par la médiation de l'autoconscience qui est la figure de la médiation de l'essence absolue et du Soi. Le mode de représentation qui est ici en jeu est, de ce point de vue, sous la forme de la pensée dans la mesure où il articule l'autoconscience au concept. C'est en se concrétisant par la médiation du Soi que l'esprit qui se manifeste à même l'essence divine s'incarne à travers l'être-là de la singularité humaine. C'est ce Soi tel qu'il a émergé du monde éthique en se convertissant en personne abstraite qui s'est autodéterminé dans l'élément du sujet comme essence absolue subjective.

Le règne du Soi figuré qui incarne, dans sa dimension singulière, l'Absolu, trouve son concept dans l'effectivité de la personne juridique. La signification de la dimension abstraite de l'universalité et de la pensée sous le symbolisme du Panthéon fait ressortir la sursomption de la substance éthique dans la sphère du monde juridique. La conscience comique et la conscience malheureuse émergent comme des figures de la négation de soi de l'essence comme pour faire advenir le sujet universel sous la figure de l'essentialité parvenue au Soi absolu. Le mouvement de la substance, dans son devenir-sujet est, en un sens, procès de l'essence objective représentée dans l'élément de l'abstraction de la pensée pure. Le Soi parvient ainsi à la dimension de l'universalité qui se déploie dans le sens de la représentation de l'Absolu incarné par la singularité. Dans cette perspective, Francis Guibal met en relief l'effectivité de cette incarnation de Dieu, tout en soulignant la relation de la substance et du sujet : « La substance est sujet, mais le sujet a consistance et sens universel : à travers la différence reconnue et maintenue, Dieu peut apparaître comme Celui qui se fait homme afin que l'homme devienne dieu[206].»

Le parcours concret qui définit le tracé de l'essence absolue constitue l'épaisseur de l'agir de l'autoconscience comme vecteur de la venue à soi de l'esprit absolu. C'est parce que le sujet a atteint l'effectivité concrète de la représentation de l'Absolu que le mouvement de manifestation de l'autoconscience absolue épouse la trajectoire de la Religon manifeste. « Toutes les conditions de sa venue au jour sont présentes-là, et cette totalité de ses conditions constitue le *devenir*, le *concept*, ou le venir au jour *étant-en-soi* de ce même [esprit][207].» Le procès des figures de l'esprit dans sa conscience comme celui des effectivités spirituelles de la Religion naturelle et de la Religion d'art a conduit à l'achèvement de la substance dans son objectivation. C'est en se concrétisant dans sa forme subjective que le processus de manifestation de l'esprit absolu s'effectue dans son élément propre, dans son concept. Le concept de l'esprit absolu s'est effectué dans le procès d'extériorisation de la substance sous la détermination du devenir-monde de la conscience.

Dans la mesure où le procès de la subjectivité s'est accompli dans la Religion d'art, les formes de concrétude qui sont constitutives du Soi dans l'élément de la substance se sont manifestées comme figures de la subjectivité. Cette subjectivité est le Soi qui incarne le divin dans l'effectivité de l'être-là immédiat. Le Soi comme figure subjective se représentant le divin n'est plus le Soi abstrait de l'essence objective ou de la forme de la substance tel qu'il est représenté dans la Religion naturelle et dans la Religion d'art. Il est le Soi qui, résultant du parcours de ces effectivités religieuses, s'est manifesté comme l'esprit effectif sous la figure de l'autoconscience singulière absolue. Le Soi effectif comme être-là singulier est l'effectivité de l'esprit se manifestant dans la particularité de l'être divin singularisé, c'est-à-dire « comme un homme effectif ».

Il en résulte que la manifestation de l'Absolu sous la figure de l'homme divin, le christ, incarne le processus d'humanisation de dieu. Ce dieu devenu homme est au centre de la conversion de la substance en sujet. « Cette humanisation de l'essence divine, ou le fait qu'elle a essentiellement et immédiatement la figure de l'autoconscience, est le

[206] Francis Guibal, *Dieu selon Hegel, op.cit*, p. 111.
[207] *Phénoménologie de l'esprit*, p. 642.

contenu simple de la religion absolue[208].» Le moment de l'apparition de l'essence divine dans son effectivité symbolique vivante est sa détermination humaine. La manifestation du Soi comme essence divine résulte de la sursomption de la représentation abstraite de l'essence objective telle qu'elle s'est présentée dans la Religion naturelle. C'est l'accomplissement de cette expérience de la substance, dont l'effectivité découle de la sursomption de l'essence intérieure, qui détermine la figure du sujet qui s'est effectué comme autoconscience au sein de la Religion d'art. En parcourant les différentes figures de l'esprit dans son en-soi autoconscientiel, le Soi s'est donné comme contenu les moments constitutifs du parcours de l'esprit, de la certitude sensible jusqu'à la belle forme corporelle. En s'objectivant, l'essence absolue s'est ainsi effectuée, dans l'élément de la substance sous la détermination du sujet. Aussi les formes objectives ont-elles comme signfication ultime leur effectuation en tant que sujet.

Le procès d'effectuation de la Religion manifeste consiste à mettre en lumière le devenir de l'esprit absolu comme unité effective de la substance et du sujet par la médiation de l'autoconscience. Le surgissement de l'esprit absolu va ainsi, au-delà de la simple représentation qu'il épuise dans son essence, pour s'affirmer dans la dimension conceptuelle de la pensée pure. Il s'agit du procès de la substance dont le concept s'extériorise dans l'agir de l'autoconscience. La venue à l'effectivité manifeste de l'Absolu présuppose donc la double extériorisation de la substance et de l'autoconscience. Les déterminations de l'essence absolue montrent que sa configuration effective est constituée de l'identité de son essence pure et abstraite et du Soi singulier en tant qu'être immédiat. En parvenant à l'effectivité immédiate singulière comme autoconscience effective, l'essence éternelle pure s'est sursumée comme essence absolue. C'est en ce sens qu'elle a atteint la figure de l'essence suprême qui résulte de la réconciliation du Soi et de la substance. Aussi cette essence absolue se manifeste-t-elle comme l'identité du sensible, de l'immédiat et du penser. Partant, l'Absolu comme infini et la conscience singulière comme autoconscience finie se sont réconciliés sous le jour de l'unité qui caractérise la conscience religieuse. L'homme divin assume l'essence absolue qu'il incarne et la contingence concrète qui le constitue. Il est l'étant immédiat comme

---

[208] *Phénoménologie de l'esprit*, p. 646.

tel, être-là de l'effectivité absolue. En tant que Soi universel singulier, l'homme divin représente l'unité advenue de l'être et de l'essence. Il est le paraître de l'essence absolue dans le concept de l'esprit tel qu'il se manifeste dans l'immédiateté de l'essence étant là. « Qu'en est-il de l'être de Jésus ?[209]» s'interroge Pierre-Jean Labarrière. Il répond : « *Une seule personne en deux natures.* [...] Conscience divine, conscience humaine.[210]»

La réalité de la conscience religieuse n'est pas de se manifester uniquement comme conscience immédiate dans la mesure où l'immédiatété qui la caractérise est aussi bien conscience effective qu'incarnation de l'essence absolue. C'est en ce sens qu'elle se présente comme unité de l'être et de la pensée. L'être-là de cette unité qu'elle incarne est la représentation de l'essence absolue comme figure du savoir médiatisé par l'autoconscience. Le concept sachant déploie le représenter de l'autoconscience étant là. La conscience religieuse est autant déterminée par la forme de l'être là que par l'essence pensée. C'est le devenir de l'essence absolue qui s'opère à travers l'autoconscience advenue comme unité de l'être et du penser. L'Absolu ne se manifeste que dans le procès d'effectuation de l'autoconscience comme identité devenue de l'être et de la pensée.

Représenté dans sa dimension conceptuelle, le divin s'est énoncé d'abord sous le mode de l'immédiateté conscientielle dont le procès est de parvenir à soi par la médiation de l'autoconscience. C'est en ce sens que le devenir de l'essence divine s'approprie les moments constitutifs du concept dans sa forme conscientielle. La dimension conceptuelle de l'Absolu qui anime le procès phénoménologique épouse le procès des expériences aussi bien de la Conscience que de l'Autoconscience. C'est ainsi que la vacuité de la certitude sensible prend la forme subjective dont l'effectuation définit l'agir de l'autoconscience. L'extériorisation du concept comme être sursume la certitude sensible convertie en certitude du Soi de l'essence absolue. Ce Soi qui advient sous la forme de l'immédiateté de l'être résultant du devenir de la « nécessité intuitionnée » est la présentation du concept sous le mode de la représentation de l'esprit dans sa phénoménalité. Ce processus résume la figure de l'être-là de l'esprit dans son en-soi comme substance du monde parvenu à

---

[209] Pierre-Jean Labarrière, *le Christ Avenir*, collection « Jésus et Jésus-Christ » dirigé par J. DORE nunéro 19, DESCLEE, Paris, 1983. p.76.

[210] Pierre-Jean Labarrière, *le Christ Avenir*, *op.cit*, pp. 77-78.

l'autoconscience en tant que concept s'effectuant comme savoir de soi. « L'*en-soi immédiat* de l'esprit qui se donne la figure de l'autoconscience ne veut rien dire d'autre que le fait que l'esprit-du-monde effectif est parvenu à ce savoir de soi ; car c'est seulement alors qu'entre en scène ce savoir dans la conscience, et comme vérité[211]. »

En se manifestant comme Soi universel, l'esprit se présente commme la détermination effective de la substance sous le jour de l'autoconscience absolue. Dans cette perspective, le Soi est l'esprit comme concept immédiat et essence s'effectuant en tant que « médiation pure », dans la mesure où il a sursumé sa dimension objective et conscientielle. Le devenir de l'esprit comme concept immédiat est à l'œuvre comme procès de l'autoconscience singulière. « Ce concept de l'esprit -même se sachant soi-même comme esprit est lui-même le [concept] immédiat, et pas encore développé. L'essence est esprit, ou elle est apparue, elle est manifeste ; ce premier être-manifeste est lui-même *immédiat* ; mais l'immédiateté est tout autant médiation pure ou penser ; il lui faut par conséquent présenter cela en elle-même comme telle[212].»

Le procès d'effectuation de l'esprit religieux dans la Religion manifeste s'opère sous le signe du procès de l'agir du Soi universel dans son advenir comme esprit absolu. C'est pourquoi la forme conceptuelle de l'esprit dans son immédiateté est la présentation du Soi dans sa dimension singulière non encore parvenue à son effectivité universelle. Or, l'enjeu de son effectuation, est de faire parvenir le Soi singulier à sa dimension universelle. Aussi, son devenir se manifeste-t-il ainsi en tant que processus de conversion de l'autoconscience singulière en autoconscience universelle. L'effectivité et l'universalité constitutives du procès de l'esprit dans son autoconscience sont les déterminations de la médiation qui s'opère comme vérité de l'essence objective immédiate.

C'est en se manifestant comme totalité spirituelle que l'esprit absolu est à la fois autoconscience absolue singulière et universelle. D'où l'émergence du sujet singulier, qui, en tant qu'essence absolue, est le Dieu dans sa présence immédiate et manifeste. Le Soi singulier universel, image vivante du divin, est la figure de l'absolu divin dans son agir dans la sphère de la concrétude sensible et vivante. « Cet

[211] *Phénoménologie de l'esprit*, p. 645.
[212] *Phénoménologie de l'esprit*, p. 649.

homme singulier, donc, sous la forme duquel l'essence absolue est manifeste, accomplit en lui comme singulier le mouvement de l'*être sensible*. Il est le Dieu *immédiatement* présent ; par là, son *être* passe dans [l']*avoir-été*[213].»

Le Christ en tant qu'autoconscience singulière est la figure vivante de Dieu dont le sacrifice est l'épreuve qui l'a sanctifié sous la figure de l'éternité vivante. En sursumant sa finitude par la mort, le Christ parvient ainsi à la dimension de l'Homme-Dieu dans sa vérité universelle. La disparition du Christ comme singularité vivante est la condition de son avènement comme sujet universel et, en tant que tel, il est esprit universel. Cette dialectique de la sursomption de l'immédiateté sensible et corporelle révèle le sens du sacrifice de la chair pour que l'esprit parvienne à son effectivité universelle.

La singularité de cet homme divin consiste à incarner dans son mouvement l'essence absolue et à s'autodéterminer par la médiation de la mort comme esprit universel éternel. Le mode de négation de son immédiateté sensible et effective est la modalité par laquelle, cet homme singulier advient comme être-là divin. Dans sa présence agissante, l'homme singulier se pose comme figure de l'esprit absolu. C'est en tant que tel qu'il incarne de façon effective l'être-là universel de l'esprit absolu, en tant que communauté religieuse. Il en ressort que c'est la distanciation temporelle qui permet au sujet singulier de se poser comme esprit absolu dans la mesure où il s'est délivré des limitations du corps et de la chair. En ce sens, le sacrifice de soi par la mort est l'élévation au Soi absolu de l'autoconscience singulière. Cette dimension sacrificielle est constitutive du procès de manifestation du Soi spirituel. « L'Esprit ne saurait surgir ni être donné sans cette perte du sensible ; l'absence est la condition de la présence spirituelle, la mort fait naître à une vie nouvelle où se dévoile au souvenir intériorisant le sens de ce qui est arrivé dans le passé[214].»

C'est en s'accomplissant comme sujet dont le contenu est la substance advenant comme communauté que l'esprit absolu parvient à son effectivité qui est sa vérité. La conjonction de la dimension singulière et de la dimension universelle du Soi absolu sous la figure de l'esprit absolu implique la réflexivité de l'intériorité subjective dans la dimension de la manifestation extérieure de la représentation. Le Soi ne peut pas se maintenir dans sa configuration intérieure sans

---

213 *Phénoménologie de l'esprit*, p. 650.

214 Francis Guibal, *Dieu selon Hegel, op.cit*, p. 118.

sursumer son opposition à la déterminité extérieure de la substance. C'est dans le devenir du Soi au sein de la substance que celui-ci parvient à son effectivité par la médiation de la réflexivité en soi comme sujet. La constitution du sujet absolu comme contenu de la Religion manifeste résulte de la sursomption de l'esprit absolu dans sa figure conscientielle. Pour parvenir à la vérité de son contenu, l'esprit absolu ne peut s'identifier à l'une seulement des déterminations constitutives de sa configuration effective : substance ou sujet, Soi communautaire ou Soi singulier. Il doit se libérer des déterminités qui le constituent comme « conscience pure », « substance pure », « penser pur ».

La nécessité intérieure pour l'esprit religieux manifeste de paraître dans la figure de l'Absolu s'énonce dans la nature de l'effectivité propre au concept. D'où, en cette phase d'effectuation de la Religion manifeste, la distinction entre la finitude de la représentation comme diction de l'Absolu et l'infinité effective qu'assume le concept. Le représenter décompose ainsi les moments constitutifs de l'essence absolue. Il s'agit donc d'abord d'une effectuation de l'essence dans son intériorité représentée. En un sens, l'esprit manifeste est dans une relation d'étrangèreté avec le contenu de sa représentation, dans la mesure où celui-ci est déterminé par l'extériorité de sa forme. C'est à travers la manifestation de l'esprit absolu que le procès d'extériorisation de l'essence absolue va apparaître dans les trois figures suivantes : la création du monde, la lutte entre le bien et le mal et l'acte de rédemption. Il est significatif de remarquer comment le procès de l'Absolu dans la figure de la Religion manifeste est en relation essentielle avec le mouvement de la pensée pure. Dans sa détermination abstraite et substantielle, l'esprit absolu est « essence pure », à ce titre, il comporte le négatif qui traduit son inachèvement, en conséquence la néccessité d'advenir à soi comme « quelque chose d'autre ». C'est pourquoi « l'*esprit*, dans l'élément de l'essence, est la *forme* de l'*unité simple*, qui, pour cette raison, est tout aussi essentiellement un devenir-autre[215].»

La nature de l'esprit absolu dans sa structure et dans son fonctionnement se présente, en un sens, comme un procès de la pensée pure, dans la mesure où il est le mouvement même de la différence. Ce différencier est son agir qui est aussi bien sous la détermination de la pensée pure que de l'essence pure. Ce qui constitue l'être de l'esprit

[215] *Phénoménologie de l'esprit*, p. 656.

absolu, c'est cette présence concrète et active de la différenciation sous le mode de la relation de l'essence et de son autre. L'esprit absolu se déploie dans le sens de la sursomption de son essence abstraite qu'il convertit en être effectif par la médiation du concept. « L'esprit qui est énoncé dans l'élément du penser pur est essentiellement lui-même ceci : ne pas [être] dans lui seulement, mais être [un] *effectif*, car dans son concept réside l'*être-autre* lui-même, i.e. le sursumer du concept pur seulement pensé[216].»

Dans l'énonciation du passage que nous venons de souligner se manifeste la reconnaissance de la puissance d'effectivité inhérente au concept comme mode de concrétion du penser pur en tant qu'il contient l'être-autre dans son devenir. C'est à ce niveau que le mouvement de l'abstraction, se convertissant en représentation jusqu'à l'opposition des sujets, parvient à la dimension de la création. Il ressort de ce processus que le régime de la représentation n'accède à son effectivité que par l'émergence de l'être-là, en tant que figure de l'acte de créer. « L'esprit seulement éternel ou abstrait devient donc à soi *quelque chose d'autre*, ou accède à l'être-là, et immédiatement à l'*être-là immédiat*. Il *crée* donc un *monde*[217].»

Le procès d'effectuation du Soi absolu dans la création.

Le mouvement de la représentation aboutissant à la création exprime le moment où l'essence absolue se manifeste comme être, par la médiation de la négation de son abstraction pure. C'est en ce sens que le créer est le mode de concrétion de la représentation dans la sphère de la figure de l'objectivité extérieure. Quand la représentation s'effectue en tant que procès de la différenciation, elle produit un être-là effectif comme monde. En ce sens, on pourrait dire que, la création est dans la sphère de la représentation, ce que le mouvement du concept est dans la sphère de la pensée en tant que producteur des différences. Le régime de la représentation s'effectue sous le mode de la différenciation dans la mesure où la relation de l'être et de l'essence est déterminée sous le signe de l'opposition. La dimension d'extériorité de l'acte de créer ne signifie pas que le monde est l'extériorité unilatérale dépourvue du Soi conscient. « Pourtant, le monde n'est pas seulement cet esprit jeté à l'extérieur de lui-même

---

216 *Ibidem.*

217 *Phénoménologie de l'esprit*, p. 657.

dans le grand tout et [dans] l'ordre extérieur de celui-ci, mais, étant donné qu'il est essentiellement le Soi simple, celui-ci est pareillement présent-là en lui ; l'esprit *étant-là*, lequel est le Soi singulier qui a la conscience, et qui se différencie de soi comme autre ou comme monde[218].»

En fait l'extériorisation de l'esprit comme monde ne signifie pas une extériorité enclose en elle-même sans présence douée de conscience et, comme pouvant nommer l'objectivité mondaine comme telle. Si le monde requiert une signification d'extériorité de l'esprit, c'est parce qu'il est animé par la présence du Soi singulier qui est l'instance de médiation de l'intériorité essentielle et de l'extériorité objective. Le monde est l'être-là de l'esprit comme objectivation de celui-ci. Le procès d'effectuation de l'esprit consiste dans ce mouvement qui voit l'essence abstraite se convertir en monde. Dans cette perspective, l'altérité est le fait de l'être et du Soi tels qu'ils se manifestent et se posent dans leur immédiateté. « Tel que ce Soi singulier est ainsi posé d'abord de façon immédiate, il n'est pas encore *esprit pour soi* ; il n'est donc pas *comme* esprit, on peut le nommer *innocent*, mais non pas certes *bon.*[219]»

Le Soi singulier comme figure de l'esprit se manifeste dans le monde sous sa forme immédiate, c'est-à-dire en-soi, et à ce titre de façon innocente. Il ne peut être considéré comme bon dans la mesure où il est dépourvu d'intention. Ce Soi singulier se pose dans son immédiateté ; ce qui le détermine comme esprit en-soi et non pour-soi. Il en découle que, dans cette posture d'innocence, il ne peut s'affirmer que comme le Soi qui incarne l'autoconscience spirituelle du monde. De ce fait sa représentation n'assume l'essence éternelle que comme unité de soi et de son autre. C'est pourquoi : « Pour qu'en fait il soit Soi et esprit, il lui faut, tout ainsi que l'essence éternelle se présente comme le mouvement d'être égale à soi-même dans son être-autre, devenir d'abord à soi-même un *autre*[220].»

En effet, ce qui détermine le Soi singulier à se concrétiser comme Soi et esprit est le fait qu'il réassume en son sein l'égalité advenue au niveau de l'essence éternelle comme unité de soi et de son autre. Cette essence éternelle est l'essence parvenue à son effectivité comme le devenir dans l'égalité du Soi en tant que soi-même dans son autre. Il

---

[218] *Ibidem.*

[219] *Ibidem.*

[220] *Phénoménologie de l'esprit*, p. 657.

s'agit pour le Soi de se déployer comme cette unité de son Soi et de son autre. Le représenter du Soi doit sursumer l'opposition unilatérale des extrêmes et les inscrire dans un mouvement où l'essence et sa diversité ne sont pas dans une relation d'extériorité. La logique de la représentation se déploie à ce niveau dans une tension qui montre que l'être immédiat se convertit nécessairement en pensée. L'arrachement à l'état d'innocence procède de la rupture avec l'immédiateté pour entrer dans le monde de la pensée où le bien et le mal vont se manifester dans leur opposition structurelle.

Le procès d'effectuation comme opposition structurelle du bien et du mal

En effet, avoir en soi l'être-autre comme pensée signifie se représenter le bien et le mal dans leur opposition. « L'être-là immédiat se convertit dans la pensée, ou la conscience seulement sensible dans la conscience de la pensée, et, certes, parce qu'elle est la pensée provenant de l'immédiateté ou *conditionnée*, elle n'est pas le savoir pur, mais la pensée qui a en elle l'être-autre, et donc la pensée à soi-même op-posée du *bien* et [du] *mal*[221].» Comment le devenir autre que soi s'est-il déterminé comme bien et mal ? Ces deux déterminations constituent les deux formes que prennent l'égal à soi-même, le bien et, l'inégal à soi-même, le mal. Aussi, au niveau du Soi singulier, la conscience du bien et du mal exprime-t-elle la perte de l'innocence par l'accession à la connaissance. « L'homme se trouve ainsi représenté : il est *advenu* [-] comme quelque chose de non-nécessaire - qu'il perdit la forme de l'égalité-à-soi-même par l'acte de cueillir de l'arbre de la connaissance du *bien* et [du] *mal* et se trouva chassé de l'état de la conscience innocente, de la nature s'offrant sans-travail et du paradis, le jardin des animaux[222].» Avec la connaissance, l'homme perdit son état d'innocence, le paradis, l'existence sans peine et sans efforts et entra dans le royaume terrestre de la souffrance et de la culpabilité. La conscience du bien et du mal symbolise ainsi l'avènement de la chute de l'homme et son inscription dans l'histoire dont, l'instant inaugural fut cette expulsion, lourde de conséquence, du jardin des délices.

---

[221] *Phénoménologie de l'esprit*, pp. 657-658.
[222] *Phénoménologie de l'esprit*, p. 658.

En vérité, la configuration du bien et du mal, dans leur opposition fonctionnelle, obéit à une logique dont le soubassement est l'indétermination dans la posture qui leur revient comme étant leur mode de structuration. C'est ainsi que leur déterminité, tout en se manifestant dans sa dimension phénoménologique, n'en demeure pas moins empreinte d'abstraction. C'est dans cette perspective que leur constitution en tant que « différences déterminées de la pensée » les détermine aussi comme « puissances universelles ». C'est au sein de cette structure oppositive fonctionnelle que le bien et le mal vont se déployer dans un procès d'effectuation qui sursume leur oppostion pour les élever au Soi comme étant leur effectivité.

Le mouvement de la représentation produit la clarification de la nature de l'opposition du bien et du mal, dans la mesure où il montre qu'ils sont extérieurs l'un à l'autre et qu'ils expriment l'être devenu étranger à soi-même du divin. Il apparaît alors que l'essence divine est entrée dans le procès d'extériorisation qui est aussi d'aliénation en ce sens qu'elle devient étrangère à soi-même. Dès lors, comment se présente le procès de l'aliénation de l'essence divine ? « L'aliénation de l'essence divine est donc posée sous son double mode ; le Soi de l'esprit et sa pensée simple sont les deux moments dont l'esprit lui-même est l'unité absolue ; son aliénation consiste en ce qu'ils se décomposent, et [que] l'un a une valeur inégale en regard de l'autre.[223] »

C'est de la décomposition de l'unité absolue de l'esprit comme unité de son Soi et de la représentation de son essence que découle le procès du devenir-autre de l'essence divine. C'est pourquoi, celle-ci renonce à la fois à l'abstraction du Soi intérieur de l'esprit et à sa figuration ineffective. La tension effectuante du devenir-autre de l'essence divine apparaît, comme le procès d'autodétermination du rapport de l'égalité et de l'inégalité, sous la forme de la dialectique de l'essentiel et de l'inessentiel.

Il s'agit de saisir en quoi consiste le mouvement de ces essences qui se présentent à la fois comme « concepts déterminés » d'une part, et « autostantes » d'autre part. Cette unité dans la diversité expose l'effectuation libre de ces essences dans la mesure où elles s'appréhendent dans leur essentialité comme étant le Soi dans son devenir autre. C'est pourquoi, elles sont déterminées aussi comme se faisant face en tant que pensées, étant donné que leur mouvement

[223] *Ibidem.*

s'effectue en soi-même. La représentation de l'essence divine dans le devenir des essentialités qui l'incarnent se manifeste à travers le mouvement de l'étant-en-soi dans son devenir autre. « Tout comme donc le mouvement des deux est le mouvement *en soi* parce qu'il est à considérer en elles-mêmes, alors celui qui l'inaugure est aussi celui des deux qui est déterminé comme l'étant-en-soi en regard de l'autre[224].»

Communuté universelle et Soi singulier comme manifestation humaine de l'essence divine

A ce niveau du procès d'effectuation de la Religion manifeste apparaît la figure de la communauté comme réalité de l'unité advenue de l'essence absolue et du Soi. Il s'agit du passage de l'autoconscience représentative à l'autoconscience spirituelle, c'est-à-dire la communauté. C'est avec cette figure de l'homme divin que la représentation s'accomplit dans son effectivité, dans la mesure où elle constitue véritablement le moyen terme et l'instance de la liaison entre le penser pur et l'autoconscience. « La *représentation* constitue le moyen terme entre le penser pur et l'autoconscience comme telle, et est seulement *une* des déterminités ; mais en même temps, ainsi qu'il s'est montré, son caractère d'être la liaison synthétique est déployé au-dessus de tous ces éléments, et [est] leur déterminité commune[225].»

Dans sa forme intérieure, il s'est agi du penser pur comme détermination de l'essence absolue comme essence abstraite. Dans la dimension de l'extériorité objective, la représentation s'est effectuée comme la diction de l'essence divine. Et, c'est sous la figure de l'homme divin que l'autoconscience comme communauté a fait son apparition. Ces trois formes traduisent concrètement le procès par lequel l'essence absolue parvient à son effectivité incarnée. « L'esprit est donc posé dans le troisième élément, *dans l'autoconscience universelle* ; il est sa *communauté*. Le mouvement de la communauté, [entendue] comme l'autoconscience qui se différencie de sa représentation, est *de produire au jour* ce qui est advenu *en soi*. L'homme divin ou [le] Dieu humain, mort, est *en soi* l'autoconscience universelle[226].»

---

[224] *Ibidem.*

[225] *Phénoménologie de l'esprit*, p. 653.

[226] *Ibidem.*

Le procès de la Religion manifeste montre comment l'en-soi parvient au pour-soi, comment l'essence absolue advient à sa dimension d'effectivité incarnée par la figure de l'autoconscience universelle. L'autodétermination effective de l'essence divine procède ainsi de la négation sursumante que représente la mort dans ce processus de la venue à l'existence effective de l'homme divin. Celui-ci est la vérité du procès de ce qui s'est accompli en soi comme la production de l'autoconscience universelle par la médiation de la mort. L'incarnation de Dieu à travers l'homme divin est le moment où se réconcilient l'essence et le Soi sous la figure de la communauté. L'être-là universel effectif de l'essence absolue ne se réduit plus à la représentation ou à la sphère du penser pur. Il se pose et apparaît « dans l'extériorisation de l'essence divine qui devient chair[227].» La présentation de ce parcours de l'essence divine est l'effectuation de la substance comme sujet. L'essence dans son processus de parvenir à soi comme esprit, procède de la médiation de la réflexivité qui permet à la forme particulière de se sursumer dans son immédiateté et de s'élever à sa forme spirituelle. C'est en ce sens que la sursomption de la forme immédiate de la représentation par sa forme médiatisée exprime le devenir spirituel de l'essence. En se manifestant sous cette forme, elle s'incarne dans sa vérité, sous la figure de l'homme divin.
Le parcours de la Religion manifeste à travers des déterminations abstraites, mais significatives d'une certaine forme de processualité, met en scène l'effectuation de l'essence absolue dans une forme d'intériorité qui se révèle être une figuration extérieure. C'est en ce sens que l'essence divine s'incarne dans la figure de l'autoconscience parvenue à son effectivité spirituelle. Le mouvement de transfiguration qui élève cette autoconscience singulière à sa figure d'esprit, résulte de cette sursomption de sa particularité naturelle par la médiation de la mort. L'homme divin dont il s'agit provient de ce devenir conceptuel, qui sursume son en-soi en vue de réconcilier en lui l'essence divine et son effectivité étant-là. Ce processus se manifeste en tant qu'effectuation du concept sous la figure de la réconciliation du divin et de l'humain. « Le conceptualiser n'est donc pas pour elle un acte de saisir ce concept, [concept] qui sait la naturalité sursumée comme universelle, donc comme réconciliée avec soi-même, mais un acte de saisir cette *représentation* selon laquelle, par *l'advenir* de l'extériorisation propre de l'essence divine, par son

[227] *Phénoménologie de l'esprit*, p. 663.

humanisation advenue et sa mort, l'essence divine est réconciliée avec son être-là[228].»

En se donnant dans son agir comme le moment de la résurrection de l'essence absolue à travers sa figure humaine, la représentation se situe sur le registre de l'effectivité dans la mesure où elle fait parvenir l'autoconscience singulière à son universalité. C'est la conversion comme modalité de la transfiguration qui expose le mouvement de sursomption de la particularité naturelle dont la médiation est assumée par la mort, mais une mort abstraite. Pour que la résurrection parvienne à la réalité d'une communauté, c'est-à-dire une autoconscience universelle, il importe que la mort survienne comme « négativité *abstraite* ». C'est de cette mort comme résurrection de l'essence absolue sous la figure de l'esprit qu'il est question dans ce mouvement qui énonce le sens de la transfiguration. « La *mort* de l'homme divin [entendue] *comme mort* est la négativité *abstraite*, le résultat immédiat du mouvement qui ne se termine que dans l'universalité *naturelle*. [...] ; la mort, à partir de ce qu'elle signifie immédiatement, à partir du non-être *de ce singulier*, se trouve transfigurée jusqu'à l'*universalité* de l'esprit, qui vit dans sa communauté, dans elle chaque jour meurt et ressuscite[229].»

Ce qui advient sous la figure de l'esprit comme incarnation effective du divin résulte de la sursomption de la particularité naturelle qui définit l'homme dans sa réalité corporelle. Il parvient à la dimension universelle de l'être-là divin par la médiation de cette mort symbolique qui signifie la mort de la particularité dans l'universalité. C'est dans cette perspective que la dualité constitutive de la représentation est traversée par le mouvement de la réconcilation en soi des parties opposées qui la déterminent en tant que contenu spirituel. En un sens, le Christ incarne cette dualité dont la tension est porteuse de l'unité de l'Universel et du singulier par la détermination médiatisante. « Ce qui dé-finit l'être du Christ, c'est la tension qu'il vit entre l'universel de Dieu et le particulier de l'humanité[230].» Médiation ou réconciliation, la fonction du Christ est révélatrice de cette occurrence qui conjoint ainsi le divin et l'humain.

Le procès de la réconciliation de l'en-soi et du pour-soi de l'esprit dans la figure de la Religion manifeste s'inscrit dans le sens de

---

[228] *Phénoménologie de l'esprit*, p. 667.

[229] *Phénoménologie de lesprit*, pp. 667-668.

[230] Pierre-Jean Labarrière, *le Christ Avenir, op.cit*, p. 95.

l'accomplissement de l'unité contradictoire de l'essence et du Soi, par la médiation de la sursomption de la particularité. C'est de la détermination de l'essence divine incarnée par l'effectuation de l'agir de l'autoconscience qu'advient le savoir de l'essence. En se déterminant comme savoir, l'autoconscience se pose ainsi dans l'élément de la subjectivité qui résulte de la « perte de la substance ». Aussi le mouvement réconciliateur de l'essence et du Soi énonce-t-il l'avènement de la conversion de la représentation en concept. C'est ainsi que comme le souligne Hegel : « Ce qui précédemment est d'abord *élément du représenter* est donc ici posé comme [élément] sursumé, ou il est revenu dans le Soi, dans son concept ; ce qui dans celui-là est seulement étant en est venu à être sujet.[231]»
Le mouvement de l'essence divine dans l'élément de la représentation a révélé la contradiction essentielle que revêt l'unité de l'essence et du Soi. Cette contradiction est le mode d'effectuation de la substance dans son devenir-autre. Cette forme d'autodétermination du Soi comme figure de l'essence divine montre le passage de l'esprit absolu à l'esprit singulier qui, dans sa particularité, incarne l'esprit sous la figure de son être-là. En tant que l'esprit advient à son effectivbité singulière, son procès implique la mort de la représentation qui signifie « la mort de l'*abstraction de l'essence divine*, qui n'est pas posée comme Soi[232].» A ce niveau du procès d'effectuation de la Religion manifeste, la mort prend toute sa signification comme sursomption de la dimension naturelle particulière et abstraite, de l'esprit. L'essence divine est esprit en ce sens que celui-ci s'incarne dans sa *forme concrète* à travers le Soi singulier parvenu à sa dimension autoconscientielle universelle. C'est dans cette perspective que cette autoconscience universelle est communauté.
Toutefois, le procès de la manifestation de l'essence absolue tel qu'il s'effectue dans les différentes étapes de la révélation de l'Absolu n'a pas encore atteint sa forme effective. Car la réconciliation de l'essence et du Soi n'a pas sursumé sa forme objective telle qu'elle est présentée par la représentation. Celle-ci comme diction de l'esprit est dans la forme de l'autoconscience immédiate, c'est-à-dire du savoir immédiat de soi. Certes, l'esprit dans son autoconscience a sursumé la dualité propre à la conscience. Cependant, en tant qu'elle n'a pas sursumé la forme représentative, l'autoconscience se déploie dans l'horizon de la

[231] *Ibidem.*
[232] *Phénoménologie de l'esprit*, pp. 668-669.

différenciation de l'essence et du Soi. Cette différenciation montre que le mouvement du Soi absolu n'a pas sursumé l'extériorité dans laquelle se manifeste son essence. Dans la mesure où la Religion manifeste expose le contenu de la conscience religieuse comme esprit absolu dans sa particularisation, son effectivité concrète demeure sous le régime de la représentation.

Il importe de souligner que le tracé conceptuel qui se concrétise comme parcours phénoménologique de l'essence absolue, dans son advenir sous le mode de sa réconciliation avec le Soi, énonce cette humanisation du divin dont l'ultime figure est la résurrection de l'homme divin. La mort de cet homme comme médiateur du divin et de sa figure particulière signifie l'avènement de la figure effective du divin qui ne s'incarne plus à travers son essence abstraite. La vraie figure de cette essence absolue apparaît ainsi dans la dimension universelle de la singularité parvenue à sa dimension absolue. L'essence divine parvient ainsi à la vérité de la représentation à travers la figure de l'homme divin dont la résurrection sous la figure de la communauté est le sens de l'accomplissement de l'Absolu.

Le sens de la manifestation du divin, c'est l'extériorisation de l'essence absolue dans son effectuation à travers l'agir du Soi singulier dans son devenir homme divin. C'est en ce sens que la figure du Christ est révélatrice de cette conjonction de l'essence absolue et de l'autoconscience par la médiation de la mort. Ce qui advient, par la médiation de cette mort, c'est la venue à l'effectivité singulière de l'universalité dont la configuration essentielle est à la fois la communauté et la conscience religieuse dans sa forme particulière. C'est en ce sens que la médiation assumée par la mort traduit la transfiguration du Soi singulier dans sa particularité pour sa résurrection sous le jour de l'universalité advenue. Pour advenir comme esprit universel, le singulier doit mourir dans sa particularité. En devenant esprit, il se manifeste comme sujet. C'est en accédant à sa dimension de sujet que le singulier peut appréhender le Soi comme contenu de son savoir. « Ce savoir est donc la *spiritualisation* par quoi la substance [est devenue] sujet, [par quoi] son abstraction et absence-de-vitalité [sont] mortes, [par quoi] donc elle est devenue *effective*, et autoconscience simple et universelle[233].»

Dans cette perspective, le procès d'effectuation de la Religion manifeste opère en tant que procès de détermination de la

[233] *Phénoménologie de l'esprit*, p. 669.

manifestation de l'essence divine dans le mouvement du Soi dont la vérité est l'esprit effectif comme autoconscience singulière. C'est pourquoi l'agir de la représentation se présente sous le signe de l'impulsion de la négativité dont la forme concrète est le devenir de l'autoconscience absolue sous la figure de l'homme divin. La quête de sa forme effective montre le dynamisme multifome de l'esprit comme pour mettre en exergue la réalité de son mouvement, qui traverse tous les moments de sa configuration, dont la vérité est la réconciliation effective de la substance et du sujet, de la forme et du contenu, de la religion et de l'histoire.

C'est ainsi que, de son extérorisation concrète, l'esprit revient à son intériorité autoconscientielle dont la diction est le concept. De l'en-soi conscientiel, l'esprit retourne à son pour-soi autoconscientiel qui ne signifie pas un retour à l'intériorité abstraite. « Nous voyons l'autoconscience, à son tournant ultime, devenir *intérieure* à soi et parvenir au *savoir* de l'*être-dans-soi* ; nous la voyons extériorer son être-là naturel et gagner la négativité pure[234].» Mise en scène de la relation de l'essence et de son devenir-autre, de l'intérieur et de l'extérieur, de l'universel et du singulier, de l'essence divine et de l'homme divin, l'effectuation de la représentation se déploie dans la nécessité de sa sursomption. Car, de son accomplissement comme représentation résulte l'avènement du concept de son contenu dans son effectivité. Dans la mesure où la logique de la manifestation de l'essence absolue procède de la représentation, il convient de souligner qu'elle ressort donc du procès de la conscience. C'est pourquoi, l'enjeu de la réconciliation, est encore sous son emprise. Ce que l'agir de la représentation prouve, c'est que la dualité conscientielle est la modalité de la manifestation de l'essence absolue. *Le représenter constitue ainsi son procès d'effectuation.*

En s'autodéterminant comme effectivité spirituelle, l'essence absolue s'est concrètement incarnée à travers la figure de l'homme divin singulier qui, dans son intériorité, s'affirme comme être-là de l'essence divine. Comme être-là du divin, le Soi absolu dont l'agir confère à cette négativité une signification positive pose l'égalité de l'essence et du savoir sous le mode de l'identité de la substance et de l'autoconscience absolue. Celle-ci est, dans le mouvement de la quête de son effectivité, universelle en tant que communauté. Or, l'étape de la réconciliation se présente comme le moment où la scission qui

[234] *Phénoménologie de l'esprit*, p. 670.

anime la conscience religieuse se sursume dans la communion qu'assume « l'homme divin singulier » au sein de la communauté. C'est en ce moment que la double dimension de l'esprit absolu s'accomplit dans l'advenir de la réconciliation, sous l'égide de l'agir de la représentation.Toutefois, cette réconciliation demeure sous l'emprise de l'abstraction de la dualité conscientielle. Cette emprise montre l'impasse de cette perspective d'unification qui, dans la mesure où, elle s'inscrit dans la seule dynamique de la représentation, ne parvient pas à l'effectivité concrète. C'est en ce sens qu'elle s'énonce sous le mode de l'exigence du concept dans sa forme sans que le mouvement du représenter puisse l'assumer dans sa réalisation effective. Aussi, la communauté n'est-elle pas encore parvenue à son autoconscience parce qu'elle s'inscrit dans l'agir de la représentation. « Achevée, pourtant, cette commuanuté ne l'est pas encore dans cette autoconscience sienne ; son contenu pour elle est somme toute dans la forme du *représenter*, et c'est aussi ce dédoublement qu'a encore en elle la *spiritualité effective* de cette même [communauté], son retour à partir de son représenter, tel que l'élément du penser pur lui-même en était affecté[235].»

Concrètement, s'affirme en cet homme divin la figure de l'Unique qui fait de lui une manifestation effective de l'humanité universelle. « En tant qu'unique, le Christ s'affirme comme le symbole de toute l'humanité. En lui qui meurt *pour* elle - à sa place – c'est elle qui accomplit son destin de vérité. Mais elle l'y accomplit *dans son principe*. Ce qui veut dire qu'elle acquiert *par là* la force principielle et l'effectivité de ce que le Christ vécut pour elle[236].» Le Christ, de ce fait, est la figure déterminée, dans sa dimension humaine et historique de la manifestation de Dieu dans un corps d'homme élevé à sa dimension spirituelle : l'Esprit absolu s'est incarné à travers l'esprit qui, dans sa singularité, représente l'humanité universelle.

C'est pourquoi, le procès d'effectuation de la Religion manifeste conjugue l'essence absolue et l'effectivité sensible. La réconciliation poursuivie au terme du procès de la Religion manifeste s'est accomplie de façon partielle. « Sa réconciliation est par conséquent dans son cœur, mais encore dédoublée dans sa conscience, et son effectivité encore brisée[237].» Si la réconciliation s'est accomplie dans

[235] *Phénoménologie de l'esprit*, p. 670.
[236] Pierre-Jean Labarrière, *le Christ Avenir, op.cit*, pp. 123-124.
[237] *Phénoménologie de l'esprit*, p. 671.

le sentiment, la ferveur, il en ressort qu'elle n'est pas effective dans la mesure où elle n'est pas parvenue à son autoconscience effective. Elle apparaît réalisée dans la dimension d'intériorité de l'essence, c'est-à-dire en-soi.

Ce qui vient au jour dans cette scission caractéristique du rapport à l'Absolu à son incarnation concrète, c'est l'unité formelle que la réconciliation tente de faire advenir dans son effectivité. Or, l'agir de la représentation a montré, à travers son effectuation, l'extériorité de la forme par rapport à son contenu ; d'où la manifestation de l'en-soi comme mode d'unification de l'essence dans soi-même, c'est-à-dire, dans l'intériorité de sa relation au Soi. Mais, cette unité demeure abstraite dans la mesure où elle est le fait de la conscience qui appréhende le Soi absolu comme contenu de la représentation en tant que représentation. « En tant que c'est *en-soi* que cette unité de l'essence et du Soi est venue à effet, la conscience a encore aussi cette *représentation* de sa réconciliation, mais comme représentation[238].»

Dans le procès de la Religion, il s'est agi de l'effectuation concrète de la substance spirituelle dans son autoconscience, dans son advenir à la conscience absolue du Soi singulier. Le sens de la représentation, c'est son effectuation comme agir de l'esprit, dont l'essence universelle parvient à la singularité effective. Ce procès s'est effectué comme le mouvement de détermination de l'autoconscience de l'esprit à travers la représentation du Soi absolu. La sursomption de l'essence abstraite universelle advient ainsi comme mode de conversion de l'universalité spirituelle en singularité effective. « Car l'esprit descend de son *universalité*, par la *détermination*, jusqu'à la *singularité*[239].» La détermination apparaît donc comme l'instance par laquelle le singulier est l'être-là effectif de l'universel. Il en ressort que l'esprit religieux, même manifeste, n'a pas sursumé sa dimension conscientielle. Son contenu comme esprit absolu n'est pas parvenu à son effectivité en tant que pour-soi. Donc, la différenciation de sa conscience et du Soi absolu demeure structurelle et détermine sa configuration.

Le procès d'effectuation de la représentation au sein de la Religion manifeste a mis en évidence que la conscience religieuse ne parvient pas à unifier l'essence absolue divine et sa singularité. Or, c'est de cette unification du divin et de l'humain en tant que réconciliation qu'il s'agit. Pourtant, dans sa déchirure, en ce sens qu'elle est

[238] *Ibidem*.

[239] *Phénoménologie de l'esprit*, p. 587.

conscience de la scission qui l'habite, la conscience religieuse se comporte comme si cette réconciliation s'était effectuée. C'est en ce sens que c'est sous forme d'un au-delà, d'un « lointain » qu'elle éprouve cette réconciliation qui demeure une aspiration, une sorte de destination idéale dans la mesure où elle se manifeste au sein de la conscience religieuse comme sa dimension spirituelle. « Sa réconciliation propre entre par conséquent dans sa conscience comme quelque chose de *lointain*, comme un lointain du *futur*, tout comme la réconciliation qu'accomplissait l'autre Soi apparaît comme un lointain du *passé*[240].»

La sursomption du Soi singulier par le phénomène de la rédemption

L'éloignement dans la temporalité est évocateur de la dimension historique de cet événement dont le sens se manifeste dans le phénomène de la rédemption. Dans son apparition sous le signe de la résurrection, le Christ incarne l'éternité qui sursume le passé dans une accentuation sur le futur comme cela même qui est inscrit dans le mouvement de l'advenir en tant qu'à venir. Car, le messie est l'annonciateur de l'avenir, de même qu'il est aussi porteur de ce qui fut tout en se situant dans le moment présent. Le Dieu comme éternité n'est-il pas la conjonction absolue du passé, du présent et du futur ? L'homme divin singulier comme incarnation du divin doit assumer la triple dimension du temps. Mais, en tant qu'il est essentiellement constitué par la finitude, il ne peut assumer l'infinitude et l'éternité de l'absolu divin. Or, c'est de cette transfiguration qu'il s'est agi à travers le procès de l'incarnation de l'esprit absolu à même le Soi singulier. Mais du fait que cette réconciliation du fini et de l'infini n'est pas réalisée, la scission de l'en-soi et du pour-soi persiste.

C'est pourquoi « l'esprit de la communauté » ne s'accomplit pas comme unité du Soi et de sa conscience religieuse. Au terme du procès d'effectuation de la Religion manifeste, la scission de l'en-soi et du pour-soi apparaît comme la vérité du mouvement de l'agir de la représentation. « L'esprit de la communauté, dans sa conscience immédiate, est ainsi séparé de sa [conscience] religieuse, qui certes énonce qu'*en-soi* elles ne sont pas séparées, mais un *en-soi* qui ne s'est pas trouvé réalisé, ou n'est pas devenu pareillement être-pour-soi

[240] *Phénoménologie de l'esprit*, p. 671.

absolu[241].» Au terme du procès d'effectuation de la Religion manifeste, l'esprit de la communauté est présent sous la forme de son immédiateté conscientielle, c'est-à-dire en-soi et non sous le jour du pour-soi de l'autoconscience. Ce qui signifie que le parcours de la Religion manifeste s'est effectué à travers l'en-soi du pour-soi et non sous la détermination du pour-soi. D'où le fait que l'esprit soit séparé de sa conscience religieuse, dans la mesure où son en-soi et son pour-soi ne coïncident pas. Le procès d'effectuation de l'Absolu ne peut alors se réaliser en l'absence de la réconciliation de l'en-soi et du pour-soi, de la conscience et de l'autoconscience, de l'esprit communautaire et de son autoconscience.

En revanche, le concept d'esprit s'est manifesté comme identité de la substance et du sujet, par le procès de la représentation qui l'a présenté tout le long de l'effectuation des figures religieuses. Du fait que l'esprit s'est accompli dans sa forme au niveau de son parcours conscientiel, le contenu spirituel s'est dégagé dans sa dimension autoconscientielle au niveau du moment religieux. Ce processus s'est concrétisé comme le mouvement de l'esprit se sachant comme esprit, c'est-à-dire en tant que procès spirituel de la substance dans son devenir-sujet. Au cœur de ce processus, il est question du mouvement de la spiritualisation qui expose les moments de la venue à soi de l'autoconscience absolue dans son extériorisation objective. Ce processus d'objectivation de l'essence absolue s'est manifesté sous la diction du Soi singulier comme incarnation du Soi absolu.

Le mouvement de la Religion manifeste l'a montré de par sa problématique que résument ces interrogations: comment l'Absolu peut-il s'incarner de façon effective dans la figure de la finitude concrète ? Comment la singularité vivante peut-elle assumer dans son être l'essence divine ? Comment l'Absolu peut-il se dire dans la finitude ? Toutes ces questions posent la nécessité, pour l'essence absolue, d'apparaître, de se manifester par la sursomption de la représentation. Si la représentation de l'Absolu exprime, en effet, autre chose que lui-même, elle en constitue, dès lors, une forme inadéquate et imparfaite comme expression de cet Absolu. L'expérience de la Religion manifeste a mis en évidence que la manifestation effective de l'Absolu ne se réduit pas à sa représentation et à l'extériorisation phénoménale du Soi absolu. « Dieu est atteignable seulement dans le savoir spéculatif pur, et n'est que dans

[241] *Phénoménologie de l'esprit*, p. 672.

lui et est seulement lui-même [= est seulement ce savoir même], car il est l'esprit ; et ce savoir spéculatif est le savoir de la religion manifeste[242].» L'absolu divin qui ne peut être saisi dans son effectivité que par le savoir spéculatif identifie le contenu de la Religion manifeste au « *penser* ou essence pure » qui, dans son concept est « le Soi universel ».

[242] *Phénoménologie de l'esprit*, p. 649.

VIII-Le procès d'effectuation du savoir absolu

S'il est vrai qu'il s'agit là de la dernière figure de l'esprit dans son effectuation phénoménologique, il demeure vrai qu'elle est aussi le commencement du procès logique du concept. C'est en tant que cette figure a sursumé la dualité processuelle de la conscience et de l'autoconscience, de la substance et du sujet, de l'essence et de sa manifestation, de la représentation et du concept, du sujet et de l'objet ; qu'elle est figure d'accomplissement et d'ouverture à une autre processualité, qui n'est autre que celle de la Science qui se déploie dans sa logique en tant que *Science de la logique* ou Philosophie. A cet égard, le savoir absolu est dans l'élément de la Science parce qu'il résulte du processus au terme duquel la conscience est parvenue à son autoconscience effective.

Dès lors, il est essentiel de saisir comment de la totalisation effectuée advient la dernière figure du procès d'effectuation de la conscience. L'esprit qui s'est manifesté dans sa figure vraie est ainsi advenu dans « son concept dans cette réalisation ». C'est pourquoi, il est désormais le mouvement du concept s'effectuant dans sa phère propre comme réalité spirituelle dans la forme effective du Soi. Aussi convient-il de montrer comment se déploie le procès d'effectuation dans la figure du savoir absolu dans son élément propre ; ensuite saisir ce procès comme conjonction du concept et de l'histoire en tant qu'articulation du savoir effectif et de la contingence. Ainsi, dans cette troisième partie, notre réflexion va s'articuler autour des trois moments qui structurent le procès d'effectuation à l'œuvre dans l'exposition du savoir absolu.

Aussi, compte tenu de l'imbrication explicite du logique et du phénoménologique au niveau du savoir absolu, il importe de souligner l'épaisseur logique qui l'anime. C'est dans cette perspective que se manifeste l'originalité de cette figure qui met en scène le sens de ce parcours foisonnant des figures de la *Phénoménologie* telles qu'elles se sont effectuées comme moments déterminés de la venue au jour de la Science.

Il en ressort que le devenir savoir absolu de la conscience n'est intelligible que dans la mesure où la conjonction du commencement et de la fin par la médiation de l'effectuation est constamment à l'oeuvre. Cette conjonction est l'unification en advenir de la conscience jusqu'au moment où elle parvient à son effectivité sachante comme unité conceptuelle du sujet et de l'objet. Dès lors, le procès d'effectuation du savoir comme procès dialectique de la Science définit le procès du philosopher hegelien. Ce qui est ainsi énoncé dans la Préface de la *Phénoménologie* : « Car la Chose n'est pas épuisée dans sa *fin*, mais dans son *exécution*, pas plus que le *résultat* n'est le tout *effectif*, mais de concert avec son devenir ; [...] »[243]

A la lecture de ce passage il apparaît que l'enjeu de la Chose qui est contenu effectif ne peut faire l'objet d'une dissociation de sa fin et de son commencement. Elle exige, pour l'accès de la conscience à son intelligibilité concrète, l'attention requise à son procès d'effectuation, comme actualisation de son effectivité comme « *résultat* » et de son devenir, en tant que « *son exécution* ». La conjonction de l'effectuation et du résultat explique la nécessité récapitulative du savoir absolu pour mettre en lumière la concrétude qui le constitue en tant que « tout effectif ». L'accès au savoir absolu dans la plénitude de son épaisseur conceptuelle effective présuppose une constante actualisation du mouvement de la conscience dont il provient comme résultat. Car le savoir absolu est advenu comme tel dans et par le devenir de la conscience qui, dans chacune de ses figures, en tant que singularité totalisante est une forme particulière du savoir absolu s'effectuant. Le savoir absolu n'est-il pas la Chose-même de la *Phénoménologie*, s'identifiant à l'absolu ? Cet absolu qui est à l'œuvre comme le fait remarquer Heidegger dans son cours sur la *Phénoménologie* : « La « Phénoménologie commence absolument par l'absolu[244].»

Si la *Phénoménologie de l'esprit* commence par l'absolu, n'est-ce pas de nécessité logique que son accomplissement soit absolu par la figure du savoir absolu ? La conscience sensible commence par le savoir, mais un savoir en attente de son absoluité, d'où sa vacuité inaugurale, condition de son effectuation. L'absolu en mouvement anime le procès phénoménologique de la conscience, de sa figure la plus pauvre à sa figure la plus effective. Telle est la dynamique qui se rassemble pour se dire dans sa totalisation effective et concrète à travers la figure de l'effectivité absolue que représente le savoir absolu. C'est pourquoi, l'absoluité du savoir absolu est dans son actualisation processuelle comme diction de la Chose qui assume le « tout *effectif*, mais de concert avec son devenir ». C'est cette configuration processuelle et actualisante dans sa totalisation effective

243 *Phénoménologie de l'esprit*, p. 70.

244 - Martin Heidegger, « *La Phénoménologie de l'esprit de Hegel* », *op.cit*, p. 80.

qui constitue la complexité même du savoir absolu comme figure d'achèvement du parcours phénoménologique de la conscience.

Le procès de l'objet comme unification en effectuation de l'être et du Soi

Pour l'énonciation du savoir absolu, pourquoi Hegel revient-il à l'objet ? S'agit-il de mettre en mouvement cet objet qui est autre dans la mesure où il est devenu « contenu de l'esprit absolu » au terme du procès d'effectuation de la religion manifeste ? En fait, l'objet dont il est question est bien celui-là même qui résulte du mouvement de la conscience dans le procès de sursomption de l'extériorité de l'objet par rapport à la certitude de la conscience. C'est dans la mesure où le mouvement de sursomption de l'objet comme substance s'est accompli dans l'émergence du sujet que l'unification de la conscience et de l'autoconscience devient effective. C'est à ce titre que l'objet comme la conscience qui en est la forme sont énoncés à ce niveau où commence le procès d'effectuation du savoir absolu.

Mais cet absolu comme détermination du savoir absolu a animé la conscience dans son parcours phénoménologique. C'est dans cette perspective qu'il convient de saisir le sens de la réconciliation qui est au cœur de la configuration du savoir absolu comme moment décisif de ce processus de réconciliation qui est apparition de la Science. Car le savoir absolu est la vérité du Soi qui se sait comme identité conceptuelle de l'en-soi et du pour-soi. C'est pourquoi, Hegel dans la première phase du procès d'effectuation du savoir absolu se livre à une réflexion sur l'objet à travers les différentes péripéties de son parcours phénoménologique, depuis la certitude sensible jusqu'à son énonciation comme « essence spirituelle » c'est-à-dire comme contenu immédiat de l'esprit. C'est ce devenir du savoir absolu tel qu'il s'autodétermine dans la succession des expériences de la conscience qu'il s'agit de mettre en perspective pour saisir le sens de son procès d'effectuation. Comment se décline l'objet ? La *Phénoménologie de l'esprit* est le mouvement de conversion de la conscience en savoir absolu. L'objet n'est pas seulement cette phénoménalité contingente et éphémère de la certitude sensible qui s'offre dans l'immédiateté de son paraître et de son disparaître. Le parcours de l'objet dans sa relation structurelle avec la conscience est, en un sens le contenu qui s'est effectué à travers une progression dialectique qui le convertit dans la figure de l'autoconscience dont l'objet est identique à son contenu. C'est de ce point de vue que l'autoconscience apparaît comme un tournant décisif dans le processus d'intériorisation de l'objet. Il en découle que l'objet comme autoconscience comporte le négatif et de ce fait est en puissance de conversion sursumante produisant ainsi la dimension positive de sa disparition comme objet. En s'anéantissant de par son identification à la conscience, l'objet est donc essence spirituelle. A cette époque, le concept d'esprit émerge en soi et pas encore pour-soi.

Ce périple de l'objet présente un des aspects de l'esprit où le mouvement de la conscience ne s'achève pas avec l'égalisation de la conscience avec son objet comme autoconscience. Mais c'est le surgissement de son autre moment qui va achever le processus de sa configuration effective. Hegel considère cet autre aspect dans sa proximité de l'être de l'objet : « D'un autre côté, se trouve là en même temps cet autre moment selon lequel elle a tout autant sursumé aussi et repris dans soi cette extériorisation et objectivité, donc dans *son* être-autre comme tel est près de soi[245].»

C'est l'entrée en scène de l'autre moment constitutif de la dimension spirituelle de la conscience dans ses différentes figures qui inscrit le processus de concrétion de l'objet dans la dynamique de la totalisation conscientielle dans son objectivité. Partant, c'est le devenir de la conscience dans sa totalité qui s'est effectué. A ce propos Hegel précise : « C'est là le mouvement de la *conscience*, et celle-ci y est la totalité de ses moments[246].» L'enjeu de cette récapitulation sous le mode de la réconciliation de la conscience et de l'autoconscience est de montrer comment la substance s'est déployée à travers le devenir de l'objet. Le procès des figures qui scande le mouvement de la conscience parvient ainsi à sa dimension spirituelle dont la totalité concrète est l'esprit dans sa conscience. « Cette totalité de ses déterminations fait *de lui*, *en soi*, l'essence spirituelle, et, pour la conscience, il devient cela en vérité par l'acte de saisir chacune d'elles dans sa singularité comme le Soi, ou par le comportement spirituel à leur égard qui vient d'être dit[247].»

Pour que la conscience advienne comme essence spirituelle, il faut que l'objet qui est son contenu s'élève à sa dimension spirituelle. C'est donc par l'extériorisation de la conscience comme objet que

---

[245] *Phénoménologie de l'esprit*, p. 674.
[246] *Ibidem*.
[247] *Ibidem*.

surgit sa réalité intérieure qui s'autodétermine comme essence spirituelle. L'unité conceptuelle de cette articulation se déploie ainsi comme le mouvement de la détermination structurelle de la relation de l'universel et du singulier par la médiation du particulier. Il en résulte que l'objet est, dans sa configuration, une totalité qui se présente sous le mode d'un syllogisme. Après avoir rappelé les trois figures constitutives de la Conscience[248] en tant que configuration syllogistique de l'objet, Hegel énonce ainsi ce syllogisme : « Il est, en tant que tout, le syllogisme ou le mouvement de l'universel, par la détermination, jusqu'à la singularité, tout comme le [mouvement] inverse, de la singularité, par elle en tant que sursumée, ou [par] la détermination, jusqu'à l'universel[249].»

Au seuil de l'émergence du savoir absolu, si Hegel revient sur l'objet qui est de l'ordre de l'extériorité phénoménale, c'est que cet objet n'est pas que l'objet de la Conscience dans ses trois moments, mais un objet qui est parvenu à son essence spirituelle. Pourquoi cette résurgence de l'objet à ce niveau d'accomplissement et d'achèvement du parcours phénoménologique de la conscience ? Soulignant que l'objet n'est plus dans l'élément unilatéral de la phénoménalité pour montrer qu'il est aussi sujet, Pierre-Jean Labarrière écrit : « Ce qu'il importe de saisir, c'est la totale réciprocité des deux mouvements en cause : l'objet se prouve comme Esprit dans l'acte même par lequel il accueille en lui la conscience de soi, et celle-ci ne peut s'exprimer comme chose que dans la mesure où elle reconnaît que l'objet s'affirme en lui-même comme réalité spirituelle pleinement développée et libre[250].»

Il s'agit de l'unité principielle que constitue le mouvement phénoménologique dans son procès d'articulation des figures dans leur progression vers ce qui en constitue l'étape ultime, le savoir absolu. Or, ce mouvement se déploie avec les avancées et les

---

[248] Voici le passage de la *Phénoménologie de l'esprit* où Hegel récapitule l'être de l'objet identifié à la Conscience : « L'ob-jet est donc en partie être *immédiat* ou une chose en général- ce qui correspond à la conscience immédiate ; en partie un devenir-autre de soi, sa relation, ou *être pour autre chose* et *être-pour-soi*, la déterminité- ce qui [correspond] à la *perception*- en partie *essence* ou comme universel,- ce qui correspond à l'entendement .» pp. 674-675. C'est dans sa dimension processuelle que l'objet récapitule le moment phénoménologique de la Conscience.

[249] *Phénoménologie de l'esprit*, p. 675.

[250] Pierre-Jean Labarrière, *Structures et mouvement dialectique dans la Phénoménologie*, *op.cit*, p. 192.

régressions de la conscience, rythme qui peut s'apparenter à une forme d'inversion qui n'est pas étrangère au processus dialectique qui anime le philosopher hegelien. La *Phénoménologie de l'esprit* est le mouvement de la Science dans son apparaître au sein de l'élément de la conscience phénoménale. C'est pourquoi la réflexion que Hegel effectue au niveau des premiers moments du savoir absolu sur l'objet procède d'une forme de récapitulation du procès advenu des figures de la conscience. Cet objet est au cœur du parcours phénoménologique, il est le contenu tel qu'il s'est autodéterminé depuis la certitude sensible jusqu'au terme du procès d'effectuation de la religion en sa figure d'achèvement qu'est la religion manifeste.

L'identité processuelle de l'objet se révèle comme ce qui porte le degré d'effectivité du savoir dans son procès phénoménologique. La phénoménalisation du contenu de la conscience a comme vecteur l'objet ; car c'est de sa relation au sujet que dépend la forme déterminée de la conscience. La progression du chemin de la conscience vers le savoir absolu se mesure ainsi à l'aune de la manière dont le sujet et l'objet sont articulés. Si l'objet est considéré comme ce qui détermine la posture du sujet, c'est parce que la conscience est dans son parcours objectivation de l'essence spirituelle dans la phénoménalité. Chaque figure de la conscience comme forme particulière de la relation à l'objet est une détermination constitutive de la totalité spirituelle en mouvement. C'est en ce sens que Hegel préconise ainsi l'attitude de la conscience : « Il lui faut se comporter pareillement à l'égard de l'ob-jet selon la totalité des déterminations, et l'avoir saisi de la sorte selon chacune d'elles[251].»

L'objet qui nous est ainsi présenté, est le contenu advenu de l'esprit dans sa conscience et de l'esprit dans son autoconsciene, ressaisi dans l'élément du savoir absolu. La configurtaion de l'objet comme totalité syllogistique de l'universalité et de la singularité par la médiation de la détermination montre bien que le contenu de la conscience détermine sa forme. Nous savons que la forme et le contenu constituent dans le philosopher hegelien les deux termes qui structurent le mouvement de la relation du sujet et de l'objet. C'est de l'articulation de la forme et du contenu qu'il est question dans le procès de la conscience dans la mesure où il s'agit de leur unification effective procédant de la sursomption de la dualité constitutive de leur relation dans sa dimension conscientielle.

[251] *Phénoménologie de l'esprit*, p. 674.

Ce qui se révèle dans le procès d'effectuation dans l'élément de l'objet, c'est la manifestation du savoir dans son apparition phénoménale, c'est-à-dire dans sa dimension conscientielle. Pour que le savoir advienne comme activité pure d'intellection de l'objet, il importe qu'il s'exécute dans la sphère intégrale de la phénoménalité. La genèse phénoménologique du savoir absolu s'est révélée progressivement à travers le procès d'autodétermination de la conscience qui est aussi processus de détermination de l'objet en tant que Soi. L'objet est ainsi à la fois être et Soi, dans la mesure où il est le contenu s'effectuant, à travers le cheminement de la conscience, comme advenir à son effectivité absolue par la médiation des figures. « L'être se pense comme Soi et le Soi comme être, et cette pensée du Soi, cette onto-logique, qui est la pensée de la pensée en même temps qu'elle est la pensée de toutes choses, constitue le savoir absolu[252].»
Il apparaît que l'objet dont il est question depuis la certitude sensible, qui s'est autodéterminé comme « chose en général » ensuite, « un devenir-autre de soi » et comme « universel » est le concept tel qu'il se concrétise en tant que contenu effectif du savoir absolu. Nous savons que cet objet, à travers ses déterminités, est la forme que prend la substance dans le procès de la conscience. Dans son rapport à la certitude qui détermine les figures conscientielles de la certitude sensible, de la perception et de l'entendement, l'objet est le contenu de la Conscience parce qu'il est déterminé comme « une chose en général ». Ainsi, chaque déterminité de l'objet prend son sens comme détermination sachante et unificatrice avec le Soi du sujet dans la mesure où c'est de l'identité de l'être et du Soi dans leur unité conceptuelle effective que surgit le savoir absolu. Aussi, cette récapitulation de la configuration progressive de l'objet réassume ce qu'il en est advenu comme venir au jour de l'effectivité sachante de la conscience.

Le procès d'effectuation comme réconciliation de l'en-soi et du pour-soi

Le procès d'effectuation du savoir absolu exprime le mouvement de la réconciliation de l'en-soi et du pour-soi dans la mesure où ces déterminations se sont effectuées dans la conscience et dans l'autoconscience. L'égalité de l'essence et du phénomène conçue

[252] - Jean Hyppolite, *Genèse et Structure de la Phénoménologie, op.cit,* p. 554.

comme ultime moment du procès phénoménologique de la conscience advient à sa concrétude avec le savoir absolu. C'est cette effectivité que Hegel avait clairement énoncée à la fin de l'Introduction à la *Phénoménologie* : « En se propulsant vers son existence vraie, elle [= la conscience] atteindra un point où elle se dépouille de son apparence d'être affectée par [quelque chose d']étranger, [...], et finalement, en saisissant elle-même cette sienne essence, elle désignera la nature du savoir absolu lui-même[253].»

Ce savoir ne devient absolu qu'à la condition que l'objet de la conscience se développe et se métamorphose par la médiation sursumante à travers ses différents moments jusqu'à l'avènement de l'esprit qui est unité de la substance et du sujet. C'est parce que l'être immédiat est devenu esprit, que le savoir absolu peut procéder à l'activité de remémoration actualisante dont l'effectivité conceptuelle révèle le sens du procès de la conscience phénoménale comme diction de la Science. L'objet qui est en mouvement comme contenu de la conscience est autant substance que sujet, certitude et vérité, chose et jugement infini ; c'est pourquoi le mouvement qui l'articule à la conscience est le devenir même de la Science comme procès du concept dans sa phénoménalité. Le sens du procès phénoménologique de la conscience apparaît dans sa vérité au niveau de l'effectuation du savoir absolu.

Pour qu'il y ait réconciliation, il faut, d'une part, que le parcours des figures de l'en-soi s'effectue, d'autre part, que les figures du pour-soi se déploient nécessairemment. C'est dans la mesure où l'en-soi s'est accompli en s'extériorisant comme tel dans la phénoménalité où le pour-soi s'est intériorisé que la conscience et l'autoconscience apparaissent sous le mode de la réconciliation. C'est parce que le procès de l'unification consiste dans l'effectuation des moments qui constituent le procès d'extériorisation qui est aussi intériorisation que les déterminations des figures comme en-soi et comme pour-soi récapitulent le temps de l'esprit dans sa conscience et celui de l'esprit dans son autoconscience.

La configuration du savoir absolu a mis en scène la dimension spéculative de l'objet dans la mesure où il est aussi sujet. Mais, c'est son devenir sujet qui s'est manifesté par la médiation de la reprise intégrative et récapitulative sous le mode de la réconciliation. L'objectivation de tout le parcours antérieur du procès des figures de

---

[253] *Phénoménologie de l'esprit*, pp. 145-146.

l'esprit dans l'élément du savoir absolu consiste à faire ressortir la nécessité pour l'objet de se convertir en essence spirituelle dans son advenir en tant que substance-sujet, condition de sa détermination conceptuelle et enfin de son ultime concrétisation. En tant qu'identité effective du sujet et de l'objet, le savoir absolu réinscrit le procès de l'objet dans son élément afin de faire advenir le sujet qui est en lui dans sa dimension substantielle. L'objet n'est comme tel dans son objectivité qu'en tant qu'il est aussi sujet. Mais, pour qu'il apparaisse effectivement comme sujet, il faut qu'il y ait tout le procès d'effectuation de son objectivation en tant que substance-objet. C'est la substance-objet effectuée qui se convertit en substance- sujet, pour se réaliser comme concept effectif, enfin pour s'accomplir en tant que savoir absolu.

Le procès d'effectuation comme agir de la belle âme

En quoi consiste ce travail d'unification qu'accomplit la belle âme ? L'autoconscience qui se manifeste dans l'universalité de son agir dont l'affirmation consiste dans l'identification de sa certitude à l'être-là effectif caractérise bien la posture de la belle âme. Mais en tant qu'elle exprime l'effectivité du Soi dans sa subjectivité advenue, la belle âme est l'unité contradictoire de l'esprit en-soi et pour-soi dans son concept. Son devenir en tant que procès d'unification de la forme et du contenu de l'esprit n'a pas encore sursumé l'opposition qui structure le concept du savoir absolu dans l'étape de l'être dans son advenir comme Soi. En tant que concept de l'esprit dans sa subjectivité, la belle âme est « donc cette partie de la figure de l'esprit certain de soi-même qui en reste à son concept, et [que] l'on nomma la *belle âme*. Elle est en effet son savoir de soi-même dans sa pure unité transparente- l'autoconscience qui sait ce pur savoir de l'*être-dans-soi pur* comme l'esprit- pas seulement l'intuition du divin, mais l'auto-intuition de ce même [divin][254].» Sous sa forme conceptuelle, la belle âme est le mouvement de l'autoconscience qui s'est effectuée en tant que savoir pur, qui, en s'abîmant dans les profondeurs de l'intériorité resurgit à la surface de l'extériorité. C'est pourquoi en tant qu'autoconscience agissante, dans la dimension de la singularité, la belle âme est l'unité conceptuelle de l'esprit comme forme universelle et du contenu comme esprit absolu.

---

[254] *Phénoménologie de l'esprit*, p. 680.

A travers le procès réflexif du Soi qui opère au sein de l'agir de la belle âme, advient la sursomption de la dualité de la forme et du contenu. C'est pourquoi la détermination du contenu de la belle âme qui n'est que le procès de son agir propre est le contenu absolu de la religion qu'elle convertit en effectivité mondaine et historique. En son agir se conjugue l'absolu du représenter et la phénoménalité comme épaisseur de l'histoire. La belle âme résulte ainsi de la conjonction advenue de l'effectuation de l'esprit et de la manifestation de l'absolu dans la dimension de la représentation. « Son emplissage, ce concept se le donna, d'une part dans l'esprit *opérant* certain de soi-même, d'autre part dans la *religion* : dans cette dernière, il gagna l'absolu *contenu comme contenu*, ou dans la forme de la représentation, [...][255].»

C'est de ce procès du Soi revenant à soi par la médiation du parcours intégral de l'objectivité telle qu'elle s'est effectuée à travers la succession des déterminations de l'objet qu'émerge le savoir absolu dans sa phénoménalité. C'est pourquoi, la belle âme apparaît comme la forme déterminée du Soi dans son agir en tant qu'être disparaîssant. Ainsi est-elle l'unité du négatif et du positif, comme il ressort de ce passage: « En tant que ce concept se tient fermement op-posé à sa réalisation, il est la figure unilatérale dont nous vîmes le disparaître en exhalaison vide, mais aussi son extériorisation et [sa] progression positives[256].»

La positivité qui ressortit au disparaître de l'agir du Soi en tant qu'il incarne le concept de l'autoconscience qui se veut absolue, étant donné qu'elle unifie la forme et le contenu, l'en-soi et le pour-soi, est la vérité de la négativité en mouvement. Le parvenir à soi en tant que Soi est l'effectuation de l'objet tel qu'il est le contenu objectif de l'esprit dans sa dimension conscientielle. Ce premier moment de l'advenir du savoir absolu exprime le procès d'effectuation comme moteur de l'être dans sa manifestation du Soi. Il y est question du mouvement de la reprise de tout le parcours des figures antérieures sous le signe de l'absoluité du savoir dans la dimension du concept.

La plénitude de l'objectivité assumée dans sa forme conceptuelle advient ainsi sous la figure de « cette autoconscience dépourvue d'objet » et qui s'autodétermine dans sa « forme universelle ». L'objet du savoir absolu s'acomplit au terme de son procès de

[255] *Phénoménologie de l'esprit*, p. 681.
[256] *Phénoménologie de l'esprit*, p. 680.

phénoménalisation sous la figure du « concept véritable ». C'est en se réalisant sous la figure de l'autoconscience ayant sursumé son essence se posant dans la figure du Soi advenu comme unité de l'essence et de son extériorisation qu'elle parvient à sa vérité. Cette autoconscience comme Soi agissant se déploie dans la sphère de la représentation de l'absolu que le concept conquiert comme son contenu. L'intelligibilité processuelle des figures découle donc de ce parcours phénoménologique du savoir absolu tel qu'il s'est phénoménalisé dans la succession des figures. Le savoir absolu se conçoit ainsi comme le devenir phénoménal du concept dont le contenu s'autodétermine dans sa concrétude à travers la succession des figures de la conscience et de l'esprit. « Le savoir absolu, situé au-delà de l'opposition entre la teneur objective du savoir (sa vérité) et la signification que lui accorde le sujet (la certitude dont il croit disposer), est la règle du déchiffrement des expériences antécédentes et la démonstration de leur limitation[257].»

La sursomption de l'opposition de la certitude et de la vérité est à la fois l'expression de la venue à l'effectivité du savoir qui, en advenant comme savoir absolu, révèle le sens des expériences antérieures des figures tout en montrant leur accomplissement. Ce que le savoir absolu expose est de l'ordre de la conjonction effective de la subjectivité et de l'objectivité dans la mesure où elles constituent les dimensions concrètes du devenir phénoménologique du savoir dans l'élément de la conscience. Le savoir absolu se manifeste ainsi comme le moment où la forme et le contenu se réalisent comme réconciliation de l'en-soi et du pour-soi.

Partant, la vérité de cette ultime figure est de se sursumer comme figure en se posant comme le moment qui s'énonce comme l'être-là de la science dans son effectivité conceptuelle. C'est à cette étape dernière du parcours phénoménologique de la conscience qu'il apparaît de manière concrète qu'il s'est agi du procès du savoir en tant que chemin à parcourir. Comme nous pouvons le lire dans la Préface de la *Phénoménologie* : « Pour parvenir au savoir proprement dit, ou pour engendrer l'élément de la science, ce qui est son concept pur, il a à se frayer laborieusement un long chemin[258].»

---

[257] Jean-François Kervégan, *Hegel et l'hegelianisme*, PUF, (collection que sais-je ? Paris, 2005, p. 66.

[258] *Phénoménologie de l'esprit*, p. 89.

Il est important de remarquer que, le savoir s'inscrit dans un mouvement, un parcours, un cheminement, un processus, un procès d'effectuation. C'est dans ce sens que la conscience elle-même est inscrite dans ce mouvement constant de la venue à soi de l'effectivité sachante en se dépouillant de ses unilatéralismes par la médiation successive des figures qui ne sont autres que les moments de l'autodevenir de la science et de l'autodétermination du Soi effectif de l'esprit. La conscience s'inscrit alors dans un long cheminement où chaque moment en tant que figure s'éprouve dans son expérience propre en tant qu'étape du savoir dont il est la diction et la singularisation particulière à la fois comme figure totale et singulière à son niveau. Chaque moment de cette processualité dans son cheminement révèle l'enjeu de la totalité spirituelle qui s'effectue à même la partie, c'est-à-dire de l'universalité s'accomplissant dans la singularité.

En un sens, le procès d'effectuation est le procès de la figure dans son advenir comme savoir absolu par la médiation de la négativité. Ce dynamisme structurel dans sa forme syllogistique définit la relation de l'Esprit avec la figure, comme le souligne Pierre-Jean Labarrière : « [...] le syllogisme de cette relation se pose selon un double mouvement, puisque, ayant acquis une singularité immédiate dans la figure concrète, l'Esprit demeure présent en elle comme le dynamisme qui la conduit, de proche en proche, jusqu'à l'accomplissement plénier d'elle-même dans le système total qui constitue la vie de l'Esprit : du Tout à la figure singulière, et de celle-ci à l'Esprit déployé dans sa vérité, c'est une même vie qui circule et se donne à connaître[259].»

En fait, une nécessité logique processuelle structure le parcours phénoménologique des figures dans la perspective de la conjonction du singulier et de l'universel par la médiation de la détermination particulière. D'où la figure dans son épaisseur logique, est l'instance de jonction dans sa singularité de l'universel et du particulier. Tel est le sens du mouvement syllogistique qui s'effectue en tant que procès d'effectuation de l'Esprit.

C'est le concept en tant qu'il est « agir propre du Soi » qui va se déployer comme unité de l'essence extériorisée et de la substance parvenue au sujet qui va ainsi s'effectuer comme contenu effectif advenu du savoir absolu. Et, c'est « l'esprit se sachant en tant que figure d'esprit » qui se meut comme « savoir conceptualisant » par la

[259]Pierre-Jean Labarrière, *Structures et Mouvement dialectique*, *op.cit*, p. 215.

négativité sursumante dans la plénitude d'un savoir qui, en devenant absolu, est par là même l'esprit dans sa forme vraie et effective. Ce qui signifie que le savoir absolu est l'autoconscience actualisante du parcours total de la conscience, c'est-à-dire du procès intégral de la *Phénoménologie de l'esprit.* Ce qui se joue au niveau du savoir absolu, c'est la récapitulation de la configuration effective de l'esprit advenu à soi-même dans l'exécution concrète de tous ses moments. Et, c'est de cette totalisation effectuée que ressort le savoir absolu en tant que figure scientifique de l'esprit dans le sens logique de la science. Comment s'effectue dès lors le savoir absolu en tant que science ?

IX-Le procès d'effectuation du Soi dans l'élément de la science

Dans le premier moment de l'avènement du savoir absolu, il s'est agi d'une reprise de la totalité conscientielle dans le mouvement du Soi effectif se sachant et se concevant dans son absoluité concrète et totalisante. Dans ce deuxième moment du processus de réalisation de la conscience dans l'élément de la Science qui est à l'œuvre, il est question du procès d'effectuation du Soi dans son effectivité conceptuelle. Le savoir absolu est lui-même comme effectivité conceptuelle advenue, le mouvement du Soi dans sa forme vraie et absolue. C'est de l'effectivité absolue qu'il s'agit dans la mesure où la figure ne peut plus se maintenir comme telle. Le savoir absolu n'est pas, de ce point de vue, une figure particulière. En tant que figure du savoir qui s'est rassemblé comme savoir totalisant de façon absolue, il est clair qu'elle a sursumé la figure dans son sens phénoménologique. Il est la vérité de la figure, donc sa disparition. Dans cette perspective Jean-Louis Vieillard-Baron écrit : « Dans le savoir absolu, l'Esprit a terminé le mouvement de sa mise en figure ; le savoir absolu est au-delà de toute figure ; il n'est plus ni une figure de la conscience, ni un monde de l'Esprit, […] »[260].

Dès lors, le savoir absolu est l'esprit comme monde. Parce que la venue à l'effectvité du concept comme identité du sujet et de l'objet ressortit à une logique autre que celle de la figuration et de la représentation qui sont les modes de diction de la dualité structurelle au procès d'effectuation de la conscience. Il est de l'essence de la conscience de se manifester dans la dualité dans la mesure où elle se meut dans la phénoménalité. D'où le sens de la succession des figures et la nécessité logique de leur sursomption. Mais, comme cette sursomption se conçoit dans une perspective du Soi se sachant, dès lors qu'advient le savoir absolu, la figure n'est plus appropriée à manifester le Soi se concevant dans son effectivité conceptuelle.

En effet, la conscience parvenue à l'identité de la substance et du sujet, de l'objet et du sujet, de la conscience et de l'autoconscience, cesse de se manifester comme figure dans la mesure où elle est parvenue à son effectivité objective et subjective. Il convient de souligner que la conscience phénoménale n'est pas désavouée ni

[260]Jean-Louis Vieillard-Baron, *Hegel, Système et structures théologiques, op.cit*, p. 101.

rejetée par le savoir absolu, mais elle est parvenue à sa vérité dans sa forme vraie et effective. La visée de la conscience a toujours été la vérité, mais sous des modes imparfaits et inappropriés, d'où la nécessité logique de son cheminement où elle a expérimenté la déficience des figures en tant que formes particulières à parvenir à la vérité. C'est dans cette perspective qu'après avoir souligné l'originalité de ce « *concept de la visée* », André Stanguennec écrit : « La visée introduit donc un écart libre et réflexif entre la certitude immédiate et sa valeur de vérité absolue. Autrement dit, la conscience naïve n'est pas simplement privée du vrai, ni même seulement victime d'une apparence objective, mais elle prétend posséder la vérité dans son objet[261].»

Partant, le régime d'effectuation qui caractérise le procès du savoir absolu dans sa plénitude présente la vérité dans sa forme conceptuelle, c'est-à-dire telle qu'elle se sait dans sa certitude effective. Dès lors écrit Hegel : « La *vérité* n'est pas seulement *en-soi* parfaitement égale à la *certitude*, mais a aussi la *figure* de la certitude de soi-même, ou elle est, dans son être-là c'est-à-dire pour l'esprit sachant, dans la *forme* du savoir de soi-même[262].» Ce passage énonce la vérité telle qu'elle est advenue comme certitude de soi-même dans la forme de l'effectivité sachante. La terminologie qui se trouve ici condensée récapitule le devenir de la conscience dans son effort de sursomption de la dualité de la certitude et du vrai pour accéder à l'autoconscience sachante comme esprit qui est l'unité de l'en-soi et du pour-soi. Et, à ce titre, l'esprit est l'unité de la certitude et de la vérité advenue comme savoir effectif de soi-même.

C'est dans la mesure où l'esprit se sait savoir absolu qu'il est la vérité dans l'intériorité extériorisée de sa certitude élevée à sa dimension de concept comme contenu de la science. En parvenant à son égalité à soi, la certitude s'énonce ainsi dans sa forme conceptuelle comme le moment du Soi qui s'identifie au contenu en tant qu'être-là effectif de l'esprit. Hegel fait remarquer que : « Par là est advenu à l'élément de l'être-là ou à la *forme de l'ob-jectivité* pour la conscience ce qu'est l'essence elle-même ; à savoir le *concept*[263].»

Dans le savoir absolu, la forme objective et l'essence sont de l'ordre de l'effectivité conceptuelle. L'essence en tant que l'intériorité dans

---

261 André Stanguennec, *Hegel*, Vrin, Paris, 1997, p. 74.
262 *Phénoménologie de l'esprit*, p. 683.
263 *Ibidem*.

son en-soi s'est concrétisée dans sa forme objective ; de même que l'objectivité phénoménale s'est intériorisée. C'est ce mouvement dialectique de la forme objective essentialisée et de l'essence qui s'est extériorisée qui constitue le procès d'advenir à l'identité concrète du sujet et de l'objet en tant que contenu du savoir absolu.

C'est dans ce contexte que le Je qui s'assume dans son effectivité universelle est l'autoconscience qui se sait comme unité advenue du sujet et de l'objet. Le pour soi pur est le concept tel qu'il résulte du procès phénoménologique. De même que le Je n'est plus le Je formel ou transcendantal ou le Je extérieur, de même le pour-soi pur n'est pas celui de l'autoconscience dans son époque conscientielle. Le Je et l'autoconscience sont parvenus à l'universalité effective de leur dimension logique dans la mesure où ils sont énoncés dans l'élément de la science, libérés de la dualité phénoménologique. Le Je est parvenu à son être autoconscienciel tel que son sursumer exprime son accession à l'universalité du concept. Il est ainsi donc la forme qui s'est réconciliée avec son contenu. Dans la mesure où le Je se conçoit comme l'universalité du Soi dans l'élément de la science, il est à ce titre le sujet qui se conçoit dans l'absoluité du savoir. Le *Je ainsi énoncé est le concept de la subjectivité parvenue à sa forme objective.*

Il est remarquable de voir que ce qu'on peut nommer la genèse du savoir absolu est le mouvement de rétrospection récapitulative dans lequel, cette dernière figure de l'esprit se donne à voir dans l'élément du savoir. En clair les conditions d'effectivité du savoir comme savoir absolu n'existent que dans l'expérience de l'esprit dans son apparaître qui n'est autre que le procès de la conscience dont la conversion dialectique est la venue au jour de la science. C'est de l'intériorité s'extériorisant, se phénoménalisant à travers l'expérience qui est le mode de passage de la totalité conscientielle à son effectivité spirituelle concrète, que résulte le savoir de soi de l'esprit. C'est au point de culmination de ce moment où l'esprit se livre à la conscience dans sa vérité advenue, que l'expérience telle qu'elle est au cœur du procès phénoménologique confesse son sens dans sa plénitude. Ainsi écrit Hegel : « Et l'on appelle expérience justement ce mouvement où l'immédiat, le non-expérimenté, i.e. l'abstrait, que ce soit de l'être sensible ou du simple seulement pensé, s'aliène, et ensuite fait retour à soi à partir de cette aliénation, du coup se présente maintenant seulement dans son effectivité et vérité, tout comme il est propriété de la conscience[264].»

Dans son procès d'effectuation, ce qui meut le savoir dans l'élément de la conscience est cette modalité qui assume le passage, la transition, la conversion qu'est l'expérience. C'est en elle que se déploie la négativité qui fait que l'immédiateté se révèle au terme de son parcours comme immédiateté devenue. C'est l'effectivité dans la mesure où elle s'est sursumée comme telle pour advenir à la vérité qui la porte et qui se manifeste en elle. Le mouvement de la conscience est ainsi le procès du savoir dont la diction est l'expérience qui ne disparaît que parce que la totalité conscientielle s'est accomplie dans sa concrétude et dans sa vérité en tant que savoir absolu. La conscience a ainsi rejoint la science, qui est sa visée depuis la certitude sensible comme diction du savoir dans sa prime abstraction. Le savoir et le contenu de la conscience proviennent de l'expérience comme Hegel l'a clairement énoncé : « La conscience ne sait et ne conçoit rien que ce qui est dans son expérience [...] »[265].

L'esprit s'extériorisant est dans la temporalité dans la mesure où s'opère la différence entre le concept de son effectivité et son être conscientiel en devenir. D'où la nécessité de l'apparition de l'esprit dans le temps comme pour se délivrer de sa phénoménalité dont l'exécution est le procès même de la science. La temporalisation n'est elle pas alors la nécessité pour le Soi spirituel de se libérer de sa nécessaire extériorisation afin que l'esprit advienne à soi comme esprit dans la figure de la science ?

L'esprit devenu savoir absolu est la conscience parvenue à son essence dans la figure de son égalisation avec l'autoconscience qui est la diction de l'esprit qui se sait comme tel dans sa forme vraie et conceptuelle. Tel est le sens de ce passage : « [Entendu] comme l'esprit qui sait ce qu'il est, il n'existe pas plus tôt et nulle part ailleurs qu'après achèvement du travail [qui consiste] à contraindre sa figuration imparfaite à se procurer pour sa conscience la figure de son essence, et de cette manière à égaliser son *autoconscience* avec sa *conscience*[266].» En un sens, le procès d'effectuation de l'esprit dont le terme est le savoir absolu consiste à inscrire dans la dynamique de la figuration la diction nécessaire des figures pour la réalisation de cette

---

264 *Phénoménologie de l'esprit*, p. 97.

265 *Ibidem.*

266 *Phénoménologie de l'esprit*, p. 684.

égalisation de la conscience et de l'autoconscience. En fait, le travail qui s'achève avec l'avènement du savoir absolu est le procès phénoménologique de la conscience porteur de la figuration imparfaite dont la vérité est de disparaître par la venue à l'effectivité de l'esprit. Dès lors la figuration est sursumée, et le sens de cette sursomption effective est la conversion de l'esprit en tant que savoir absolu.

Il en résulte que le savoir absolu est la phénoménalité comprise dans son concept dans la mesure où elle s'est sursumée dans l'agir de la dualité conscientielle. Cette dualité conscientielle se présente en tant que mode processuel de la négativité telle qu'elle s'est effectuée, de l'en-soi abstrait au pour-soi effectif par la médiation des expériences de la conscience. C'est pourquoi le chemin de la conscience s'apparente, dans son parcours phénoménologique, au procès d'effectuation comme mouvement du savoir se phénoménalisant, dans la perspective de son accomplissement comme science de l'expérience de la conscience, dont la vérité est le savoir absolu. C'est sous cet angle que le savoir absolu peut être identifié comme procès d'effectuation dans la mesure où il est contemporain de chaque figure dans sa totalisation imparfaite. Si la certitude sensible s'est annoncée comme savoir de l'objet sous la visée de l'universel, c'est en un sens parce que le savoir absolu y est en effectuation. C'est ainsi que les figures de la *Phénoménologie de l'esprit* dans leur progression accèdent au savoir dont la constitution scande et confère son sens à la dynamique des expériences qui déterminent le tracé du vécu de la conscience. C'est ce vécu, empreint de négativité, qui se convertit en concept pour donner à voir, dans sa configuration achevée, le savoir absolu. La structure en mouvement de la conscience dans son devenir phénoménal se révèle, dans son accomplissement, effectivité sachante dans la mesure où la dimension figurative s'est sursumée. La logique phénoménologique consiste alors à faire accéder une figure à la vérité par la médiation de sa disparition qui est aussi l'apparition d'une autre figure. En fait, l'*Aufhebung* hegelienne est, comme conjonction du disparaître et de l'apparaître, ce qui permet la conservation de ce qui disparaît dans cela même qui apparaît. Une figure n'apparaît que parce qu'elle doit nécessairement disparaître. Elle disparaît parce que nécessairement elle se convertit en son contraire qu'est l'apparaître d'une nouvelle figure. Ce mouvement ne s'achève que par l'apparition de cette figure de la totalisation qui est également ultime diction de l'*Aufhebung* qu'est le savoir absolu.

En effet le savoir absolu est la résolution de la logique de l'*Aufhebung* en ce sens qu'il est la totalisation effective et conceptuelle du processus de la phénoménalisation de la conscience. Mais, pour autant que l'esprit est dans le procès de sa différenciation, le savoir absolu demeure en effectuation, c'est-à-dire que la substance n'est pas encore le contenu effectif de l'autoconscience spirituelle. Et, Hegel d'affirmer que : « L'esprit étant en et pour soi, différencié dans ses moments, est savoir étant-pour-soi, le comprendre en général qui, comme tel, n'a pas encore atteint la substance ou n'est pas en lui-même savoir absolu[267].»

L'esprit qui se manifeste dans son devenir sous la modalité de l'en et pour-soi, donc qui parvient à la différenciation de ses moments dans son élément, est dans son essence un savoir pour-soi. En se manifestant encore sous l'angle d'une totalisation différenciante, l'esprit n'a pas atteint le moment où en lui sont conjoints de façon effective l'objectivité (la substance) et le Soi (le sujet).

La condition pour que la substance parvienne à sa dimension de substance-sujet résulte de sa sursomption par le savoir absolu, dont le mouvement est de manifester le procès par lequel chaque figure du devenir phénoménologique est structurée par la contradiction qui l'anime. Soulignant la fluidité propre au savoir absolu, Bernard Bourgeois écrit : « Il en va tout autrement du savoir absolu : auto-négation de la conscience comme telle, il l'affirme dans sa structure duelle (le face-à-face du sujet et de l'objet) en tant même qu'il nie une telle structure[268].» Dans la mesure où le procès phénoménologique s'est accompli dans sa totalisation concrètement effective par le savoir absolu, le Soi est identique à son concept qui est le contenu absolu du savoir. Partant la conscience est à même dans l'élément de la science de s'assumer dans sa différence en sursumant de façon effective son autre. Dans le savoir absolu, le Soi s'est autodéterminé dans le procès de sa différence conscientielle en s'élevant progressivement à son identité conceptuelle.

La processualité du savoir absolu procède donc de cette posture médiatisante comme terme d'un processus et commencement d'un autre. Car, il est essentiel de saisir que le savoir absolu énonce l'avènement du procès logique. Il y a dans cette figure de l'esprit, qui s'est absolument concrétisé à travers ses déterminations

---

[267] *Phénoménologie de l'esprit*, p. 684.

[268] Bernard Bourgeois, *Etudes Hégeliennes, op.cit*, p. 105.

phénoménologiques, une identité de l'être et de la pensée en advenir sous le mode du devenir du concept. L'absoluité est la diction de l'effectivité concrète et intégralement advenue en régime hegelien. Il en est ainsi du terme de tout procès hegelien qu'il soit phénoménologique, logique et encyclopédique : savoir absolu, idée absolue, esprit absolu. En fait la détermination absolue du savoir est la vérité de tout le procès phénoménologique de la conscience dans la mesure où l'exposition des figures est le mouvement même du concept dans l'élément de la substance en son devenir sujet. S'il est vrai que la *Phénoménologie* est la présentation de la science comme apparaître de l'esprit dans la conscience engagée dans la dialectique de l'expérience, elle est aussi la manifestation de la science comme automouvement du concept dans sa négativité. Cette imbrication se concrétise à travers la conjonction dialectique de la science et de la conscience par la médiation de la négativité.

L'expérience, est dans le procès phénoménologique, le mouvement de la négation sursumante dans la sphère de la phénoménalité en ce sens que la dualité conscientielle implique la tension constante de l'intériorité et de l'extériorité, de la substance et du phénomène. C'est dans cette perspective que le mouvement de la substance est en devenir autant que la conscience poursuit le cours de sa venue à soi comme « connaître effectif ». Hegel précise ainsi la nature du connaître : « Le connaître, parce qu'il est la conscience spirituelle à qui ce qui *est en soi* n'est que dans la mesure où il est *être pour* le *Soi*, et être du *Soi* ou concept- n'a d'abord pour cette raison qu'un ob-jet pauvre, en regard duquel sont plus riches la substance et sa conscience[269].»

La manifestation du connaître dans la figure du Soi qui relève encore de la certitude immédiate inscrit le procès de la conscience dans un mouvement où l'enjeu est sa réconcilation effective avec la substance. Cette réconciliation est constitutive de la figure effective du savoir. C'est de cette identification de la conscience spirituelle avec le concept que résulte le savoir absolu. Mais ce connaître ressortit au procès de la conscience telle qu'elle se déploie à travers la succession des expériences qu'elle vit et dont le terme est son identification à la substance. Et c'est le terme du procès de la conscience qui fait advenir à l'être-là de l'esprit dans son effectivité sachante. La richesse du savoir que prétendait alors atteindre la conscience, dans son

[269] *Phénoménologie de l'esprit*, p. 685.

immédiateté, parvient à sa réalité effective par la médiation du procès de son effectuation concrète.

En fait, l'immédiat est toujours riche des médiations qui le constituent dans son concept, mais aussi pauvre en tant qu'il n'est pas encore immédiat devenu. Dans cette perspective, Pierre-Jean Labarrière apporte cette précision : « Mieux, il faut dire que l'immédiat véritable n'est pas celui, ambigu, qui se trouve à l'origine du processus, mais bien plutôt celui qui est au terme, et qui recueille en soi la richesse du contenu déterminée au cours du mouvement de l'extériorisation ; [...] »[270].

C'est dans la mesure où la substance s'effectue dans l'élément de la conscience jusqu'à l'avènement de sa figure conceptuelle que le procès d'effectuation est son devenir. Ce devenir est l'agir du Soi advenu dans sa forme conceptuelle dans la mesure où la substance s'est déployée comme sujet. Qu'advient-il à ce niveau pour la diction du concept et de la conscience dans leur relation avec les moments ? On peut répondre avec Hegel : « Dans le concept qui se sait comme concept, les moments, du coup, entrent en scène plus tôt que le tout empli dont le devenir est le mouvement de ces moments. Dans la conscience, en revanche, le tout, mais non compris, est plus tôt que les moments[271].»

Ce passage pose la nature de la relation d'une part de la science à la conscience et d'autre part de la conscience à la totalité qui advient dans sa progression phénoménologique. De façon explicite, c'est la question de la temporalité et de la science qui se pose. Quand la conscience est parvenue au savoir absolu, le concept est à même de rendre manifeste le sens de la processualité qui s'est concrétisée figure aprèsfigure dans la temporalité successive. Cette temporalité est le mouvement même d'extériorisation de la conscience en tant que procès de la science dans sa phénoménalité. Science et conscience cheminent ainsi selon un mode d'effectuation qui les inscrit dans l'élément de l'extériorité caractéristique de la sphère de la phénoménalité où se meut la dualité conscientielle.

En revanche, le concept comme opérateur et instance d'effectuation et de récapitulation est la conscience sursumée et comme telle autoconscience sachante. Le concept qui se sait est l'énonciation de la

---

[270] Pierre-Jean Labarrière, *Structures et Mouvement dialectique dans la Phénoménologie, op.cit*, p. 246.

[271] *Phénoménologie de l'esprit*, p. 685.

conscience phénoménale sursumée au terme de son parcours phénoménologique. Ce parcours est la diction de la conscience dans le temps dans la mesure où elle est engagée dans son procès d'extériorisation. Ce que le concept recouvre, dans l'élément de la science, c'est la conjonction concrète et effective de la conscience et de la phénoménalité. La processualité conscientielle se manifeste alors dans son extériorisation dans le temps. Mais qu'est-ce que le temps dans le procès phénoménologique de la conscience ? Quel est le rapport entre le temps et la mobilité du concept sous sa dimension phénoménale dans l'élément du savoir ?

X-Le procès d'effectuation du temps

Nous savons l'importance que le temps revêt pour le philosopher hegelien. Il est significatif de voir que l'esprit ne se manifeste que dans le temps. Etant donné que tout provient de l'expérience et s'inscrit dans celle-ci, rien n'échappe au procès du temps. Mais, il est essentiel de revenir au questionnement sur le temps pour saisir ce dont il est question dans le mouvement du Soi se concevant comme savoir absolu. Le temps serait-il l'advenir de l'intériorité dans son extériorité pour parvenir à son effectivité ? Nous savons aussi qu'en régime hegelien l'effectivité est le devenu, l'absolu est résultat, le vrai est le tout, la substance est sujet. Toutes ces propositions n'ont de vérité que sous le mode de l'effectivité advenue, c'est-à- dire résultant d'un devenir. Il en ressort que le devenir est au cœur de l'agir de l'esprit, il est le mouvement phénoménologique de la conscience. Toutefois, le temps de la conscience phénoménologique n'est pas seulement le temps de l'extériorisation, dans la mesure où la réalité de l'extériorisation c'est aussi sa réflexivité, c'est-à-dire le retour à soi de la conscience qui s'est extériorisée.

Il est important de souligner que le temps se manifeste au niveau du savoir absolu. Une forme de plénitude se dégage dans le moment qui consiste à unifier la substance déployée et les formes contingentes de sa figuration dans leur surgir-disparaître comme pour dire la nécessité à même la contingence. Qu'est-ce que le temps ? Quelle expérience manifeste-il pour la diction de la conscience parvenue à sa dimension de savoir absolu ? Les passages sur le temps que nous lisons dans le savoir absolu méritent une attention particulière, surtout une ausculation rigoureuse. Hegel énonce : « Le *temps* est le *concept* même qui *est là* et se représente à la conscience comme intuition vide ; pour cette raison, l'esprit apparaît nécessairement dans le temps, et il apparaît dans le temps aussi longtemps qu'il n'*appréhende* pas son concept pur, c'est-à-dire n'abolit pas le temps[272].»

Pour que le temps advienne comme concept étant-là, il y a eu effectuation du devenir dont le terme est la récapitulation des moments qui se succèdent dans l'advenir du Soi concevant. C'est en ce sens que le temps dans sa fluidité processuelle en tant qu'extériorisation se présente à la conscience comme vacuité. Le temps se donne alors à la conscience dans l'élément de la

---

[272] *Phénoménologie de l'esprit*, p. 686.

phénoménalité qu'anime la dualité comme « intuition vide ». Cette vacuité de l'intuition se présente donc comme condition du procès d'extériorisation de l'esprit en tant que temporalité. C'est l'effectuation temporelle de l'esprit qui s'exécute dans sa dimension phénoménologique pour faire advenir la conscience dans l'élément de la science, le savoir absolu qui est sa figure vraie.

Le procès phénoménologique se traduit en ce sens comme le mouvement d'extériorisation de l'intériorité. Celle-ci s'exprime par la médiation de la temporalité comme succession de moments à travers les figures phénoménologiques. Le temps est autant la temporalité en devenir que la nécessité pour l'esprit de se concrétiser à travers la figuration telle qu'elle se constitue à travers le procès des expériences de la conscience. Qu'est-ce qui traduit la dimension transitoire du temps sous le mode de l'effectuation de l'esprit sous la détermination du savoir absolu ?

On pourrait dire que c'est le concept dans la mesure où, à cette étape du procès phénoménologique, il incarne la mobilité inhérente à l'esprit se saisissant de soi dans sa figure effective qui ne peut se concevoir en dehors de la réconciliation du temps et de la science. Il y a en effet, une diction de la venue à soi de l'esprit comme temporalité, dans son procès d'effectuation phénoménologique à travers la succession des figures comme époques transitoires de sa venue à effectivité concrète. Le parcours conscientiel de l'esprit ne peut-il pas être défini comme temporalité tant que la dualité rythme ses étapes ?

Le temps, en effet, dans le processus phénoménologique de la conscience, inscrit la succession des figures sous le mode de la sursomption de la dualité conscientielle. Celle-ci assume la conjonction de l'intériorité et de l'extériorité telles qu'elles expriment la disjonction en mouvement du sujet et de l'objet dont la réconciliation signifie l'abolition du temps. Ce mouvement de conjonction de l'intériorité se manifestant dans son extériorité, trouve son effectuation dans la fluidité du concept dont l'enjeu s'énonce à travers l'expérience qui l'articule au temps. « Le *temps*, pour Hegel, est très précisément cette *forme transitoire d'extériorité du concept par rapport à lui-même*. […] puisque tel est le temps, n'est-il pas évident que la reconstitution du concept est, de soi, disparition de cette forme transitoire qui mena vers lui ? Quand survient le terme, s'abîme en lui ce qui fut ordonné à son affirmation de terme. Mais quel est le sens de cet abîmement ? »[273].

La dimension transitoire est au centre de la processualité des figures dans l'advenir de leur concept qui est en mouvement tant que leur concrétude effective n'a pas encore fait son apparition. Cette apparition qui se manifeste à travers la reconstitution des moments est la présence à soi du concept devenu manifeste en tant que savoir absolu. D'où l'abolition du temps comme ayant accompli son œuvre. Le procès d'abolition du temps traduit la logique de sursomption de la dualité conscientielle qui se déploie dans la succession des figures dans la perspective séquentielle propre au temps. En un sens, le procès phénoménologique de la conscience est une forme de temporalisation de l'essence de la substance spirituelle dans sa venue à son autoconscience par la médiation de la phénoménalisation. Le temps n'est-il pas ce mouvement de la conscience phénoménale selon la diversité phénoménologique de ses figures dans leur succession ? A cette interrogation, Christophe Bouton répond : « Dans la *Phénoménologie de l'esprit*, la manifestation de l'esprit comme conscience est liée au temps. L'esprit se manifeste sous diverses formes temporelles : langage, œuvres, actions ou événements[274]. »

La *Phénoménologie de l'esprit*, en effet, procède d'une expérience de la temporalité qui fait converger un temps de la négativité qui anime la progression de la conscience et le temps de la réconciliation de l'esprit et de ses œuvres dont l'unité conceptuelle récapitulatrice est le savoir absolu en tant qu'autoconscience absolument sachante et effective. Dans son mouvement de faire advenir à la concrétude, le Soi est le temps qui est d'abord « le pur Soi extérieur intuitionné non appréhendé par le Soi, le concept seulement intuitionné ; en tant que celui-ci s'appréhende lui-même, il sursume sa forme temporelle, comprend l'intuitionner, et est intuitionner compris et comprenant[275].»

Il est significatif de saisir le sens et la portée de l'émergence de la temporalité, du moins de façon explicite, au niveau de l'ultime figure de l'esprit, comme pour suggérer la dimension rétrospective, récapitulatrice qui revient au temps. En quoi le temps se présente-t-il comme le destin et la nécesisté de l'esprit de se manifester, comme

---

[273] Pierre-Jean Labarrière, « la sursomption du temps et le vrai sens de l'histoire conçue » dans *Hegeliana, op.cit*, p. 153.

[274] Christophe Bouton, *Temps et Histoire dans la Philosophie de Hegel, De francfort à Iéna*, Vrin, Paris, 2000, p. 275.

[275] *Phénoménologie de l'esprit*, p. 686.

conception effective de soi et de l'autre ? C'est dans son procès de temporalisation que l'esprit s'extériorise comme production de soi à travers des œuvres qui constituent la diction concrète de son effectivité sachante. Dans la conception hegelienne de l'esprit, il n'y a pas de dissociation de son agir et de son autoconception comme savoir de soi.

C'est pourquoi pénétrer le contenu absolvant du savoir comme terme du procès phénoménologique de la conscience exige l'élucidation de la nature du temps dans sa manifestation phénoménale. La résonance temporelle du savoir absolu pose dès lors la question de la nature temporelle de toute manifestation d'absolution de la conscience qui, au terme de son long parcours, s'absout dans la figure de l'absolu qui se sait dans son absoluité effective comme savoir absolu.

En effet, le procès d'effectuation au niveau du savoir absolu pose la question de la relation de l'esprit se sachant dans l'élément de la science avec le temps. L'émergence de la temporalité au sein du procès du savoir absolu montre que, c'est en parvenant à son effectivité absolue que l'esprit est à même de procéder à une récapitulation sachante. C'est le parcours conscientiel, dans la totalisation de ses expériences dans le savoir absolu, qui confère au devenir temporel de la conscience son effectuation concrète. C'est parce que l'esprit s'est déployé dans la succession de ses expériences et de ses figures qu'il s'est manifesté dans le temps. Celui-ci est le procès de son extériorisation dont les moments expriment ses étapes. Le temps est, ainsi, l'instance par laquelle le savoir se déploie à même l'expérience qui constitue la modalité de sa venue à l'effectivité. « Il faut que l'on dise, pour cette raison, que rien ne se trouve *su* qui ne soit dans l'*expérience* ou, selon que la même-chose se trouve exprimée, qui ne soit présent-là comme *vérité sentie*, *comme* éternel *intérieurement révélé*, comme sacré *objet-de-foi*, ou quelque expression que l'on utilise par ailleurs[276].»

L'expérience exprime la mobilité de la conscience comme procès phénoménologique, mouvement de médiation de l'en-soi dans son devenir à l'intérieur de soi qui veut dire son « *parvenir* de soi à ce qu'il est *en soi* ». Que l'expérience soit énoncée au cœur du savoir absolu montre que le concept hegelien ne procède pas de la diction du savoir dans son abstraction pure. Le savoir n'est effectivement conceptuel que parce qu'il s'assume dans et par l'expérience. « Rien

---

[276] *Phénoménologie de l'esprit*, p. 686.

ne se trouve *su* qui ne soit dans l'expérience » sonne comme un aphorisme peu hegelien, pourtant dans une conception philosophique où la science est d'abord science de l'expérience de la conscience, le savoir est en liaison intrinsèque avec l'expérience. Le concept et l'expérience se trouvent mis en rapport d'effectuation nécessaire par le mouvement de la conscience. L'expérience est la présentation du système en tant qu'il expose l'esprit comme vérité de l'identité du sujet et de la substance.

En fait, l'esprit parvenu à son effectivité se présente comme processus de conversion : « Il est en soi le mouvement qu'est le connaître,- la transformation de cet *en-soi* dans le *pour-soi*, de la *substance* dans *le sujet*, de l'ob-jet de la *conscience* dans [l']ob-jet de l'*autoconscience*, i.e. dans [un] ob-jet tout aussi bien sursumé, ou dans le *concept*[277].» C'est parce que l'esprit est advenu à soi dans sa souveraineté en tant qu'identité du sujet et de la substance qu'il s'assume comme connaître qu'il se révèle dans son expérience savoir absolu. La diction du savoir absolu dans sa plénitude est l'exposition du Soi qui se sait dans son effectuation comme concept. Dans l'effectivité de son accomplissement qui résulte de l'expérience intégrale de ses figures, l'esprit se manifeste dans sa circularité. « Il est le cercle faisant retour dans soi, qui présuppose son commencement et ne l'atteint qu'au terme[278].»

La dimension processuelle de l'esprit est mise en effectuation par l'expérience. Celle-ci est le procès de la mise en scène de la conscience dans son devenir esprit qui est aussi manifestation du connaître dans sa phénoménalité. La substance qui se convertit en sujet est le tracé du mouvement de l'esprit qui, en s'effectuant selon la négativité, se concrétise par la logique de l'expérience. En un sens, l'expérience est la diction phénoménologique de la négativité. Aussi, la configuration du savoir absolu s'assume-t-elle dans le procès de conjonction de la substance et du sujet, de l'en-soi et du pour-soi, du temps et de l'expérience, du concept et du savoir. Ce qui est su dans l'effectivité de l'identité de l'objet et du sujet est le conçu se concevant en tant que l'esprit est sujet qui se sait comme substance identifiée au connaître dans son absoluité.

---

[277] *Phénoménologie de l'esprit*, p. 687.

[278] *Ibidem*.

La nécessité logique de l'apparition conceptuelle du savoir qui s'est manifesté dans sa phénoménalité rend compte de l'esprit dans la nécessité intérieure de son extériorisation pour parvenir à son effectivité intérieure advenue. L'esprit qui s'est présenté dans l'élément de la science procède d'un mouvement de totalisation des expériences à travers lesquelles il s'est phénoménalisé pour être à même d'exprimer comme être pour-soi ce qu'il est en-soi. Configuration riche et complexe, résultat d'un long et laborieux processus, l'esprit condense le mouvement de la conscience tel qu'il culmine avec l'avènement du savoir absolu. Hegel en déduit la configuration suivante : « Dans la mesure où l'esprit, donc, est nécessairement ce différencier dans soi, son tout intuitionné, (...), il est différencié dans son concept pur intuitionné, dans *le temps*, et dans le contenu ou dans l'*en-soi* ; la substance a en elle, comme sujet, *la* nécessité *d'abord intérieure* de se présenter en elle-même comme ce qu'elle est *en soi, comme esprit*[279].»

L'esprit se manifeste comme totalité opérante en tant que procès d'unification de la conscience et de l'autoconscience. Il est l'identité de l'en-soi et du pour-soi résultant du procès de conversion de la substance en sujet. L'esprit qui s'est achevé dans son parcours conscientiel est savoir absolu. Il est l'effectivité conceptuelle qui condense comme savoir le concept parvenu à sa concrétude en tant que le Soi qui se sait comme tel. C'est en se réalisant comme « esprit du monde » que l'esprit parvient à son effectivité autoconsciente. D'où la nécessité récapitulatrice de son devenir dans cette phase ultime du savoir absolu qui montre la rétrospection de son parcours. Il s'est agi de la présentation de la configuration de l'esprit dans la sphère du savoir absolu. Voici comment Hegel exprime l'achèvement de cette présentation : « La présentation ob-jective achevée est seulement alors en même temps la réflexion de cette même [substance] ou le parvenir de cette même [substance] au Soi[280].»

Il s'agit, dans l'élément de la science, de montrer que l'effectivité spirituelle est la vérité du procès de la conscience dans l'accomplissement de l'expérience de la phénoménalité qui s'est objectivée comme ce parvenir de la substance au Soi. A travers l'objectivation de la substance se profilait la venue à l'effectivité du

[279] *Ibidem.*
[280] *Ibidem.*

Soi comme vérité de la réflexivité de la substance comme sujet se déployant dans la sphère de la conscience. La présentation de la substance dans son objectivité est le procès de l'objet dans son devenir sujet. Au centre du procès d'effectuation, l'agir de l'esprit exprime la fluidité de la substance dans son devenir sujet. Une des constantes de la logique propre au philosopher hegelien est la nécessaire fluidité de la substance dans son processus de conversion en sujet. L'objectivation de la substance est en ce sens, le mode de manifestation du sujet dans son intériorité advenue par la médiation de l'extériorisation.

L'esprit qui assume, à ce niveau, la totalité des expériences de la conscience ressaisie dans l'élément de la science est le concept parvenu à son effectivité concrète, tel qu'il résulte du procès de l'autoconscience qui n'est autre que l'identité advenue de la substance et du sujet. Le principe de cette identification est le procès d'effectuation de la subjectivité parvenue à son objectivité concrète dans la mesure où elle a sursumé la phénoménalité. Cette phénoménalité sursumée constitue l'épaisseur concrète et logique du savoir absolu, vérité totalisante des moments constitutifs du devenir de la conscience. Le mouvement spirituel qui se déploie au centre de l'effectuation du savoir absolu énonce clairement le procès de la science dans la mesure où le contenu du connaître effectif a pour figure l'identité de la substance et du sujet. Le concept de cette identité est l'esprit qui s'est appréhendé dans son autoconscience absolue. L'absoluité dont il est question résulte alors de la totalisation des figures qui, en leur ultime apparition, dans le parcours phénoménologique, est le concevoir propre au savoir qui est devenu absolu.

La structuration logique du savoir absolu implique donc l'automouvement du concept tel qu'il s'est dépouillé de la phénoménalité qui, sursumée, est la totalité spirituelle dans sa configuration. Cette totalité spirituelle configurée est l'élément de la science résultant du parcours phénoménologique de la conscience. L'enjeu du savoir culminant dans sa dimension conceptuelle est de faire ressortir le sens de l'expérience conscientielle ayant sursumé sa phénoménalité. A partir de ce moment, entre en scène la contingence que requiert l'essence ayant conquis son effectivité logique, vérité de son intériorité extériorisée. Le procès qui anime la conscience s'opère dialectiquement dans le sens de la venue à sa réalité effective de l'essence dont est porteuse cette conscience. Il devient significatif que la dialectique du concept s'enracine dans le mouvement phénoménologique de la conscience dont chaque étape revêt une résonance singulière dans le parcours des expériences constitutives du procès d'effectuation de l'esprit. L'économie de cette logique est dans son effectuation principielle, l'automouvement du concept tel qu'il résulte de la dialectique qui est à l'œuvre dans l'expérience qu'éprouve de façon progressive la conscience jusqu'à l'avènement du savoir absolu.

En vérité, le savoir absolu achève le procès phénoménologique de l'esprit pour s'ouvrir au régime de pensée logique qui se meut dans *la Science de la logique*. C'est à ce titre que le sens du savoir absolu a une portée qui excède la dimension phénoménologique. Pour saisir ce dont il est question dans le procès du savoir absolu, il importe de s'orienter vers les textes qui inaugurent ou énoncent le mouvement des « essentialités pures ». Le savoir absolu est l'entrée dans la sphère du logique et, c'est comme tel qu'il est la totalisation du savoir phénoménologique ressaisi dans sa concrétude conceptuelle. Il s'accomplit ainsi dans son extériorisation par la manifestation de son contenu, tel qu'il se révèle dans la religion comme absolu et apparaît dans sa vraie forme qu'est la science. L'absolu de la religion est son contenu effectif ; le concept de la science est sa forme concrète. Il en résulte que le savoir absolu est l'identité advenue du contenu de la religion et du concept comme forme vraie de la science.

En effet le chemin du Soi effectif qui est le Soi se concevant en tant qu'agir de la science ne peut se réduire aux unilatéralismes de la conscience comme de l'autoconscience. En ce sens, le savoir absolu est l'égalité absolue de la conscience et de l'autoconscience. Pour que l'esprit parvienne à son autoconscience absolue de soi-même, il a fallu son parcours intégral comme prise de conscience de soi en tant qu'esprit du monde. Ainsi, en l'esprit se sont réconciliés le monde de la conscience parvenu à l'autoconcience de soi comme esprit du monde et celui-ci élevé à son autoconscience. L'effectivité sachante qu'est devenu l'esprit est le Soi qui se sait absolument dans la mesure où il est l'achèvement du parcours des figures de la conscience telles qu'elles sont devenues effectivités spirituelles concrètes.

C'est l'agir de l'esprit dans sa concrétude qui constitue, l'effectivité rationnelle de son histoire. « Le mouvement de produire la forme de son savoir de soi est le travail qu'il accomplit comme *histoire effective*[281].» La production de la forme vraie qui apparaît comme la figure de la science est l'activité spirituelle du Soi qui se concrétise dans son effectivité comme l'histoire de l'esprit en tant qu'il se sait dans son effectivité conceptuelle. Il est clair que le savoir absolu ne procède pas de l'abstraction conceptuelle pour se définir comme un savoir de l'en-soi qui ne s'articulerait pas au procès de la conscience dans son expérience effectuante.

Le processus d'effectuation de l'esprit parvenu à la dimension du Soi se sachant absolument montre que l'expérience est le propre de l'esprit qui, dans son extériorisation, est le devenir pour-soi de son en-soi qui s'est énoncé comme autoconscience. Cette expérience est la diction de la substance pour autant qu'elle doit advenir comme sujet. C'est pourquoi, l'esprit dans son activité est d'abord substance avant de parvenir à soi-même comme sujet. La configuration du savoir absolu dans son achèvement est une actualisation totalisante des moments constitutifs de son effectuation. Chacun de ses moments s'est manifesté, dans son expérience singulière, comme une forme de concrétion de la totalité spirituelle en devenir, dont la vérité apparaît dans l'actualisation totalisante de ses figures. Le savoir absolu, est l'esprit advenu dans sa figure vraie, comme l'être du Soi effectif, dans la plénitude de son concept. Désormais, le procès de l'esprit est le mouvement du Soi tel qu'il est la réconciliation effective de la forme et du contenu, de la substance et du sujet, du concept et de l'histoire, de l'agir spirituel et de ses œuvres.

Il importe de souligner que, c'est dans le temps que l'esprit advient à sa dimension conceptuelle comme savoir absolu. Ce qui signifie que c'est par le procès du développement historique que l'esprit convertit son intériorité abstraite en intériorité effective. Comme le fait remarquer Bernard Rousset : « [...] il faut la progressivité du travail historique pour que l'esprit parvienne à saisir en lui-même une intériorité qui se donnait d'abord comme étrangère[282].» Le sens de l'effectuation de l'esprit dans le temps se manifeste par la nécessité pour l'intériorité de se révéler dans son extériorisation sous le mode de la succession des moments qui incarnent la substance dans la sursomption de son objectivité pour qu'advienne le sujet. L'esprit, dans sa temporalisation, est ainsi le sujet à l'œuvre pour parvenir à son effectivité autoconsciente. Il est alors l'autoconscience qui se sait

---

[281] *Phénoménologie de l'esprit*, p. 687.

[282] Brenard Rousset, *Hegel, le savoir absolu, op.cit*, p. 188.

intégralement comme savoir advenu par la médiation de la succession temporelle et phénoménologique de ses figures et de ses moments convertis en effectivités conceptuelles concrètes.

En effet, le temps est l'opérateur de l'esprit dans son procès d'accession à soi-même comme autoconscience absolue en tant qu'identité de la substance et du sujet. Aussi convient-il de saisir la relation entre le concept et le temps d'une part, et le rapport intrinsèque de l'esprit à l'expérience d'autre part. C'est de la mise en relation constituante de la substance, du sujet, de l'esprit et de l'expérience que procède le savoir absolu. La dynamique processuelle qui caractérise le savoir absolu dans son mouvement de rétrospection récapitulatrice exprime le procès d'accomplissement de sa dimension totalisante. Cette totalisation est constitutive du procès de différenciation qui anime le parcours de la conscience à travers ses figures successives. Dès lors la distinction dans la conscience de ce qu'elle est en-soi et de ce qu'elle est pour-soi est la marque que le temps est à l'œuvre dans la succession de ses expériences. A ce propos écrit Jean-Marie Vaysse : « Le temps en effet est l'écart de soi à soi qui fait qu'il y a forcément un décalage entre ce que la conscience est pour elle-même et ce qu'elle est en soi[283].»

C'est de la succession des figures que prend son sens le temps comme mode de différenciation du Soi dans son advenir à son effectivité qui n'est autre que la détermination de l'esprit. La conscience en mouvement est bien le mode d'apparition de l'esprit qui se signale dans son énonciation conceptuelle à partir de l'autoconscience. Il en ressort que la processualité du savoir absolu est présente au sein de chaque détermination phénoménologique de l'esprit. Telle est la nature et le sens de l'expérience comme mouvement de l'esprit dans sa conscience.

C'est à travers l'autodétermination de la conscience en tant qu'esprit dans sa phénoménalité que se profile progressivement et dialectiquement l'advenir de la conscience comme esprit dans sa plénitude effective, c'est-à-dire comme savoir absolu. Les données phénoménales qui expriment le procès de l'esprit en tant que substance et sujet constituent son monde. C'est dans la différenciation de ces données jusqu'au terme de leur expérience, qui les voit se convertir, par la sursomption de leur déterminité, que le devenir du Soi a mis en scène la puissance de négativité qui anime la conscience

[283] Jean –Marie Vaysse, *Hegel, Temps et histoire*, PUF, Paris, 1998, p. 101.

dans son procès d'effectuation. Cette puissance de négativité est à l'œuvre dans le processus de totalisation du savoir absolu dont le procès d'effectuation se déploie sous forme d' « épure logique », selon l'expression de Pierre-Jean Labarrière.

Le contenu sur lequel travaille le Soi effectif qui anime le procès du savoir absolu est bien « la substance de l'esprit absolu » qui est la première forme de réconciliation totalisante du devenir spirituel de l'autoconscience singulière universelle. Mais, sa détermination est empreinte de scission dualisante du fait de l'agir de la représentation. Ce qui fait de cette substance dans son extériorité « un être-là » « barbare et dur ». Une forme religieuse figurée qui se manifeste à travers ses figurations déterminées apparaît sous la forme d'êtres absolus dont le manque de fluidité est l'expression d'une objectivation rigide de son intériorité inaccessible. Or le concept ne reconnaît dans sa détermination effective que l'essence réconciliée avec le Soi par le procès de l'autoconscience. Il en résulte que la communauté religieuse doit être libérée de sa forme étrangère aussi bien intérieure qu'extérieure pour parvenir à l'effectivité sachante du Soi en tant que subjectivité universelle en procès dans l'effectuation du savoir absolu.

Dès lors, il ne s'agit plus de représentation du Soi absolu, mais du concept tel qu'il est à l'œuvre dans une dynamique de savoir advenant de façon absolue. Le procès du concept tel qu'il se déploie dans l'effectuation du savoir absolu est dans l'élément de la sursomption de la représentation et de la dualite processuelle qui anime le mouvement de la conscience et de l'autoconscience. C'est pourquoi le concept dont il est question à ce niveau est le concept tel qu'il assume la réconciliation de la substance et du sujet, de la pensée et de l'être, et incarne l'égalité du sujet et de l'objet, contenu effectif du savoir absolu. Le concept est la traduction effective de ce mouvement réflexif de la subjectivité devenue égale à elle-même dans la mesure où elle s'est pleinement extériorisée dans son objectivité intérieure et extérieure.

Ce qui se transpose objectivement de l'intériorité dans l'extériorité est le mouvement de la réconciliation effective du sujet et de la substance, de la pensée et de ses formes temporelles. L'être du sujet ne peut se donner sa forme concrète effective dans la sphère de l'essence, de l'intériorité pensée. Il convient de la saisir dans sa dimension temporelle, qui est l'extériorisation de l'essence dans le temps. Faire advenir l'unité de la pensée et du temps, c'est laisser apparaître le concept dans son effectuation, dont la concrétude est conférée par des figures temporelles. En ce sens, le savoir absolu est le procès en effectuation de la réconciliation effective de la pensée et de l'histoire. Le procès d'effectuation, à ce niveau du parcours phénoménologique, se déploie à travers l'articulation de l'esprit et du temps dans la forme conceptuelle de la temporalité sous la figure du Soi se concevant. Le savoir absolu est, sous cet angle, le moment où l'esprit est parvenu à la figure du Soi dans son autoconception absolue. C'est dans la mesure où l'esprit ne se représente plus son Soi sous le mode de l'extériorité à soi qu'il s'est manifesté dans la dimension de la figure de son Soi comme savoir absolu. C'est en ce sens que le mouvement de la réflexivité de la subjectivité comme procès de venue à l'identité effective de la pensée et de l'être procède de la réassomption de tous les moments de l'extériorisation de la substance. Cette réflexivité qui s'effectue sous le mode de l'extériorisation du Soi qui, dans son parvenir à son effectivité sachante, sursume son essence qui s'est manifestée dans la figure de la subjectivité égale à elle-même pour se concrétiser dans la forme du temps.

En vérité, la configuration conceptuelle de l'esprit résulte de ce procès de la substance qui ne peut se réduire à l'unilatéralité de l'égalité immédiate avec soi. Il convient d'appréhender le devenir intégral de la substance comme négation de l'unilatéralité de l'objectivisme de la phénoménalité et de l'intériorité abstraite du Soi. C'est en sursumant le dualisme de la substance « comme intuitionner vide » et le sujet tel qu'il se réfléchit dans soi, que l'esprit parvient à cette unité de la substance et du sujet sans laquelle la différence demeure maintenue comme extériorité du Soi par rapport à soi. « Mais l'esprit s'est montré à nous n'être ni seulement l'acte de se retirer de l'autoconscience dans son intériorité pure, ni la pure immersion de cette même [autoconscience] dans la substance et le non-être de sa différence, mais ce mouvement du Soi qui s'extériorise de soi-même et s'immerge dans sa substance […][284].»

La substance comme concept est en effet l'énoncé de l'en-soi en tant qu'il pose l'effectuation nécessaire de la Chose dont l'advenir est le procès du Soi de l'esprit qui résulte du parcours de la conscience, de la certitude sensible jusqu'à l'esprit absolu. La substance comme en-soi est l'esprit dans la dimension de la représentation qui doit se convertir en concept. C'est pourquoi, la substance, qui se convertit en concept procède de l'extériorisation de soi en tant que devenir pour-soi de

[284] *Phénoménologie de l'esprit*, p. 690.

l'en-soi. Dans la mesure où l'esprit est, dans son effectivié, identité de la substance et du sujet, il est aussi le concept parvenu au Soi effectif en tant que savoir absolu. Celui-ci, dans cette phase de son achèvement, est le contenu en effectuation de l'identité parfaite du sujet et de l'objet.

Le savoir absolu en mouvement fait apparaître qu'il est le concept effectif de l'identité du sujet et de l'objet. Il est ainsi l'exposé de la processualité montrant d'une part le sujet dans l'objet et d'autre part l'objet dans le sujet. C'est selon le mouvement de la négativité en acte, que le procès d'extériorisation de l'intériorité s'est déployée à même chaque figure jusqu'à l'avènement de l'ultime « figure » qu'est le savoir absolu. Cette logique d'expérience dans son parcours phénoménologique procède du procès d'effectuation en ce sens que les moments déterminés sont la traduction vivante de la mise en œuvre de la réalité logique, dont le sens est l'apparition constituante du savoir absolu. C'est pourquoi le savoir absolu est déjà présent dès la première expérience de la figure phénoménologique, la certitude sensible.

Dans l'élément de la substance, l'agir du Je est de s'extérioriser de son essence pour épouser la forme de l'être-là en délivrant la substance de son objectivité unilatérale. De même que l'objectivation de la substance dans sa concrétude permet à la subjectivité de se libérer de son intériorité abstraite. C'est dans cette confrontation processuelle que l'esprit vrai se manifeste comme identité de la substance et du sujet, de la conscience et de l'autoconsciene. D'où la nécessaire énonciation du Je comme être de l'autoconscience et du Soi comme être de la substance, et de leur conjonction advient l'être vrai de l'esprit. C'est ce procès d'unfication qui détermine le parcours du concept comme contenu du savoir absolu. C'est sous cet angle que Hegel écrit : « Ni Je n'a à se maintenir fermement dans la *forme* de l'*autoconscience* en regard de la forme de la substantialité et objectivité, comme s'il avait peur face à son extériorisation ; la force de l'esprit est plutôt de demeurer égal à soi-même dans son extériorisation, [...].[285]»

La pure intériorité du Je faisant face à la phénoménalité objective de la substance ne peut assumer concrètement l'unité effective du sujet et de la substance. Cette unité effective qui se présente comme contenu du savoir absolu est le concept même du savoir qui ne peut s'incarner

[285] *Phénoménologie de l'esprit*, p. 690.

ni dans l'intériorité autoconscientielle du Je, ni dans la forme de l'être-là de la substance. Le savoir est cette autoconception du Soi dans l'identité absolue du sujet et de la substance. Ce savoir n'est pas la dissolution abstraite et indéterminée des différences ou des déterminités dans l'absolu comme abîme. « [...], Mais le savoir consiste plutôt dans cette inactivité apparente qui considère seulement comment le différencié se meut en lui-même et fait retour dans son unité[286].» La patience du concept dans sa lente élaboration est le savoir dans son parvenir à la Chose-même, qui s'apparente ainsi au procès du différencié qui se meut en lui-même comme le Soi se réfléchissant dans sa réalité concrète. Cette sorte de passivité du concept est le savoir absolu dans son élément propre. La processualité du savoir parvenu à son concept véritable se meut dans sa dimension absolue.

[286] *Phénoménologie de l'esprit*, pp. 0-691.

XI-Le procès d'effectuation dans l'élément de la science

En vérité, le savoir absolu, dans sa dimension concrète, est le point d'articulation entre la *Phénoménologie de l'esprit* et la *Science de la logique*. Il est cette articulation dans la mesure où le procès logique ne peut commencer qu'à la condition que la science se soit déployée intégralement dans sa phénoménalité. Cette effectuation phénoménologique du savoir est le procès de la « mise en figures » en tant qu'elle est la description des expériences de l'esprit dans la dualité conscientielle. L'achèvement du parcours phénoménologique de l'esprit est l'entrée en scène de l'effectuation de la science dans son élément propre. Cette articulation des deux œuvres comme modes d'exposition différenciés de l'esprit ou du concept est mise en relief en ces termes : « Le savoir absolu, à l'articulation de la *Phénoménologie de l'esprit* et de la *Science de la logique*, signe le dépassement du dualisme de la conscience commune et déploie l'*élément* dans lequel toute réalité peut gagner sa qualification conceptuelle[287].»

Saisir le savoir absolu comme le lieu d'articulation du phénoménologique et du logique, présuppose l'intelligence que c'est le savoir absolu lui-même, qui est à l'œuvre, dès la certitude sensible. En clair, le négatif qui travaille chaque figure dans sa configuration propre et qui fait d'elle une effectivité particulière, c'est-à-dire un aspect de la totalité du savoir, exprime la présence constituante du savoir absolu. Dès lors que, le procès phénoménologique se réalise dans l'ultime figure du savoir absolu, le niveau d'intelligibilité qui en résulte ouvre la possibilité pour chaque moment en advenir dans l'élément de la science, à « une qualification conceptuelle. » Cette qualification conceptuelle est la détermination logique des essentialités qui vont se succéder dans le procès d'effectuation du concept dans l'élément de la science, en tant qu'Etre, ensuite Essence et enfin Concept.

A ce niveau, il sera question du procès d'effectuation comme procès des déterminations logiques en tant que moments qui se succèdent dans l'automouvement du contenu. C'est ce procès que Hegel caractérise ainsi : « Ce mouvement des essentialités pures constitue la

[287] Gwendoline Jarczyk et Pierre-Jean Labarrière, *De Kojève à Hegel, 150 ans de pensée hégélienne en France*, Albin Michel, Paris, 1996, p. 221.

nature de la scientificité en général[288].» Parce que l'expérience concrète de l'émergence de la science est portée par l'avènement d'un savoir qui n'a de réalité que comme diction de la totalisation advenue de la diversité des figures afin de la science dans sa simplicité. Cette simplicité consistant à inscrire cette science dans la logique de son effectuation. Le concept délivré de l'inquiétude de la conscience phénoménale présente une nouvelle diction de l'esprit qui va s'effectuer dans l'horizon de l'être parvenu à l'identité du sujet et de l'objet, rendant ainsi possible le mouvement du contenu.

Il est assez remarquable de voir comment Hegel insiste-t-il sur le procès du contenu dans son identification au concept comme résultat du mouvement d'extériorisation et de concrétion du Soi. Ce contenu, en effet, comme effectivité conceptuelle, Hegel le décrit ainsi dans son identification au concept : « Le contenu, selon la liberté de son être, est le Soi s'extériorisant, ou l'unité immédiate du se savoir soi-même. Le mouvement pur de cette extériorisation, à le considérer en son contenu, constitue la nécessité de ce même [contenu][289].»

Le mouvement de soi vers soi-même définit, en effet, le procès du Soi comme contenu en ce sens que, la liberté du contenu, en son être, est d'être à soi-même nécessairement son propre contenu étant donné que la forme est abolie. Le contenu est ainsi « selon la liberté de son être » parce qu'il est l'unité concrète et effective du sujet et de la substance, du Soi et de l'être, de la nécessité et de la liberté, enfin de la forme et du contenu. Le propre du Soi effectif se concevant dans sa liberté, en tant qu'il se sait absolument, est de se mouvoir dans la dimension de sa forme conceptuelle déterminée. Il en résulte qu'aux déterminations phénoménologiques du Soi succèdent les déterminations logiques. La conversion du versant phénoménologique en versant logique est clairement énoncée dans ce passage : « Les moments de son mouvement ne se présentent plus dans elle comme *figures* déterminées de la *conscience*, mais, en tant que la différence de cette même [conscience] est revenue dans le Soi, comme *concepts déterminés*, et comme le mouvement organique fondé dans soi-même de ces mêmes [concepts][290].»

Partant, la mutation du phénoménologique au logique engage la distinction de la nature de la différence dans le mouvement de la

[288] *Phénoménologie de l'esprit*, p. 96.
[289] *Phénoménologie de l'esprit*, p. 691.
[290] *Phénoménologie de l'esprit*, pp. 691-692.

conscience et dans le procès logique du concept. A ce propos, Hegel souligne que : « Si dans la Phénoménologie de l'Esprit chaque moment est la différence du savoir et de la vérité et le mouvement dans lequel elle se sursume, la science par contre ne contient pas cette différence [...][291].» L'élucidation du procès phénoménologique dans sa relation au procès logique prend tout sens dans l'effectutaion du savoir absolu. Le sens de cette élucidation consiste à montrer l'immanence du logique dans la *Phénoménologie de l'esprit.*

Si le procès phénoménologique est aniné par la dualité structurelle à la conscience sous la forme de l'opposition entre la certitude et la vérité, le sujet et l'objet, « le savoir et la vérité » ; le procès logique, quant à lui, résulte de la sursomption de cette opposition et se meut ainsi, dans la processualité de l'unité conceptuelle de la forme objective et du Soi concevant. Dans le procès phénoménologique, l'identité de la forme et du contenu est différenciée ; or dans le procès logique la différence est constitutive de l'identité conceptuelle dans sa mobilité processuelle à travers les déterminations logiques. Mouvement en quête de l'unification de la vérité et du savoir, le processus d'effectuation phénoménologique, présente ses moments, dans leur différence oppositive structurelle.

Il est clair que le moment phénoménologique se caractérise par l'*apparaître de la conscience dans la phénoménalité* ; alors que le moment logique est déterminé par le procès des essentialités pures. La mise en évidence des deux régimes de manifestation de l'esprit ou de l'Idée permet de souligner en quoi consiste le mode de détermination, d'une part de la processualité phénoménologique et, d'autre part de la processualité logique. Dans le *Mal défiguré*, Gwendoline Jarczyk écrit : « La *Phénoménologie de l'esprit*, [...] est placée tout entière sous le régime de la réprésentation. Plus exactement, elle tient dans la lente venue au jour et prise de consistance du mouvement logique qui, en son intemporalité essentielle, est raison de l'assomption – ou de la *sursomption*- de cette représentation en concept.»

En un sens, le savoir absolu est le mouvement du procès d'effectuation en tant qu'il se déploie comme « le principe qui pénètre et informe les moments du procès, posant en eux le dynamisme et l'exigence de leur unification »[292] ; ce qui caractérise véritablement la conjonction de l'apparaître et de l'intériorité réflexive dans leur

---

[291] *Phénoménologie de l'esprit*, p. 692.

[292] Gwendoline Jarczyk, *Système et Liberté dans la logique de Hegel*, *op.cit*, p. 292.

identité conceptuelle. La constitution réflexive et dialectique d'un processus dont les moments se concrétisent dans leur configuration phénoménologique et logique traduit l'effective totalisation des expériences de la conscience dont la concrétude conceptuelle est le savoir absolu. Ce savoir dans la mesure où il est absolu en tant que terme d'un processus doit se faire vrai. Le procès par lequel, il se fait vrai dans l'élément de la science, l'inscrit dans la nécessité logique d'un commencement qui n'est autre que celui de la logique. Ce commencement logique qui s'ouvre sur l'être et le néant, le passage de ce couple catégoriel en sa vérité qu'est le devenir expose le parcours de l'effectuation logique du savoir absolu dans son advenir comme science. C'est à ce niveau que s'énonce dans son élément propre la diction logique de l'esprit dans sa plénitude conceptuelle. Le registre de la logique expose ainsi les déterminations conceptuelles du savoir dans la dimension de la pensée qui s'effectue comme procès de différenciation du contenu en lui-même. Hegel le souligne avec précision dans ce passage : « Connaître les concepts purs de la Science dans cette forme de figures de la conscience constitue l'aspect de leur réalité selon lequel leur essence, le concept, qui dans elle est posée dans sa médiation simple comme penser, disjoint les moments de cette médiation et se présente selon l'opposition intérieure[293].»

Parvenu à son moment ultime dans la figure qui achève le procès des figures et à ce titre science, le savoir absolu contient en soi en tant que science la puissance spéculative de s'exposer dans l'élément de la conscience. Ce que la science expose dans sa dimension conceptuelle, elle le manifeste dans sa phénoménalité. L'unité principielle et systématique du philosopher hegelien se traduit par la connexion en mouvement de la processualité logique et phénoménologique dont le savoir absolu est l'une des effectivités concrètes les plus significatives. Le savoir absolu est, de ce point de vue, la parfaite expression de la conjonction de la phénoménalité et du concept comme modes d'effectuation du phénoménologique et du logique. Si le procès phénoménologique est le processus par lequel vient au jour de l'effectivité la science ; le procès logique à son tour est à même de s'extraposer de sa dimension conceptuelle à son apparition dans l'élément de la conscience.

La *Phénoménologie de l'esprit,* dans l'ampleur de sa description du mouvement de la conscience en tant que production des figures de

---

[293] *Phénoménologie de l'esprit*, p. 692.

cette conscience, présente l'advenir du concept de la science. C'est pourquoi, celle-ci se déduit de ce parcours phénoménal de la conscience. Les manières d'être de la conscience, en tant qu'elles sont les formes déterminées de la dualité conscientielle sont destinées à la nécessaire sursomption pour parvenir à leur réconciliation qui se traduit par le parvenir à l'égalité de la vérité et de la certitude. Dans la mesure où le savoir absolu se présente comme la vérité des figures dans leur totalisation effectuée, il en constiute donc le moment de l'égalité effective de la certitude et de la vérité. On peut bien admettre avec Jean François Kervégan que : « Le savoir absolu n'est donc pas l'absolu du savoir mais cette position à partir de laquelle la vérité logique peut se déployer elle-même librement au-delà des figures finies de la subjectivité[294].»

Que le savoir absolu ne soit pas l'« absolu du savoir » résulte de cette processualité au terme de laquelle advient l'ultime vérité de la sursomption de la dualité de la certitude et de la vérité qui a animé le procès d'effectuation de la conscience. C'est en fait, en tant que parvenir au Soi effectif, dans sa concrétude, que le savoir absolu advient comme effectivité parfaite de la conscience. Cette conscience, ayant parcouru les figures de son expérience phénoménologique dans la phénoménalité et dans la représentation, accède à la maturité conceptuelle qui lui permet de se mouvoir dans l'élément de la science. Le savoir est ainsi déterminé par l'absoluité, telle qu'elle résulte d'un processus qui, en s'accomplissant dans son versant phénoménologique peut s'effectuer dans sa processualité logique et encyclopédique. Ainsi, l'expérience de l'absolu est le devenir conscientiel en tant qu'il est porteur de sa venue à soi dans l'élément de la science. C'est parce que le savoir est devenu absolu que l'effectuation de l'esprit se meut dans l'élément de la science et dans le système. « En effet, la *Logique* adopte le point de vue du savoir absolu, ce qui signifie qu'est surmontée l'opposition entre sujet et objet qui gouverne les représentations modernes du connaître[295].»

---

[294] Jean François Kervégan, *Hegel et l'Hégélianisme, op.cit*, p. 67.

[295] Jean François Kervégan, *Hegel et l'hégélianisme*, *op.cit*, p. 74.

L'esprit dans sa figure effective est dans l'élément de la science, dans la mesure où, il se déploie dans un parcours au terme duquel, il coïncide avec le « vrai comme tout » dans l'effectivité de l'identité de l'absolu et de l'esprit. Ce qui présuppose que la substance est advenue comme sujet. En ce moment, l'esprit apparaît bien dans son élément, qui est le savoir absolu dont la circularité traduit que l'esprit a atteint le terme de son procès phénoménologique. Il en résulte que le savoir absolu est l'effectivité totalisante de ce procès de l'esprit dont les moments se succèdent comme des cercles. Et, dans la sphère de la circularité, l'absoluité du savoir peut être énoncée ainsi : « Le Savoir absolu est le cercle de tous ces cercles[296].»
La circularité hegelienne, en effet, est d'effectuation ; en ce sens que le principe dont le procès est la logique en mouvement, s'énonce dans son expérience phénoménologique par la négativité sous le mode de la succesion des figures. Il importe de souligner que les figures sont inscrites dans cette dynamique de l'effectuation de l'esprit dans l'élément de la conscience, pour advenir à son effectivité conceptuelle absolue par la sursomption de la représentation qui est la diction de l'absolu en tant que savoir absolu. Il s'agit de l'énonciation de la conversion du Soi, de sa dimension substantielle à sa dimension subjective. Le Soi en se déployant dans l'élément de la substance parcourt les déterminations de l'esprit dans sa conscience pour parvenir aux déterminations de l'esprit dans son autoconscience et s'accomplir dans la détermination d'effectivité sachante, le savoir absolu.
On peut en déduire que la concrétude conceptuelle de la totalisation circulaire du savoir ressortit également à la systématicité en mouvement de l'absoluité qui la caractérise. L'avènement du savoir absolu est, de ce point de vue, la forme actualisante du procès de la conscience dans la figure de la science. Il s'est agi de l'effectuation intégrale de l'esprit dont la diction en tant que savoir absolu requiert la processualité récapitulatrice de toutes les exprériences de la conscience dont la concrétion s'est traduite par l'émergence des effectivités de l'esprit. Au centre de ce procès d'effectuation, l'agir de l'esprit se meut sous le mode dialectique qui voit se convertir progressivement la certitude en vérité, la substance en sujet, le concept en savoir absolu.

---

[296] Denise Souches- Dagues, *le Cercle hégélien*, *op.cit*, p. 60.

En quoi ce savoir laisse subsister cette dimension du Soi effectif qui n'est pas intégrée dans la totalisation effective inhérente au savoir absolu ? « Le savoir ne connaît pas seulement soi, mais aussi le négatif de soi-même ou sa limite. Savoir sa limite signifie savoir se sacrifier[297].» Le savoir tel qu'il résulte de son parcours phénoménologique se présente dans la forme de l'identité de soi et de son autre, de l'identité et de la différence. Parce que le savoir est circulaire, il intègre cela-même qui constitue sa limite, comme sa configuration est totalisante, cette intégration découle même de son absoluité effective. La contingence ne peut subsister pour elle que parce qu'elle en constitue une partie intégrante de la nécessité logique pour le savoir de parvenir à la totalisation absolue des expériences de la conscience.

La signification logique de la contingence montre en quel sens l'effectivité dans son accomplissement absolu doit l'assumer en la sursumant dans sa dimension de non-nécesaire, dans la mesure où elle est dans son essence l'être relatif. Du fait que la contingence peut être ou ne pas être, c'est-à-dire parvenir à l'effectivité ou demeurer dans le possible, elle est une nécessité relative. « Le contingent n'a donc aucun fondement pour la raison qu'il est contingent ; et tout aussi bien il a un fondement pour la raison qu'il est contingent[298].» Le propre de la contingence, c'est de se manifester comme diction de l'absolu s'effectuant dans la sphère de son effectivité. Cette effectivité, en sa phase de totalisation en tant que savoir absolu, sursume l'événement dont la contingence naturelle et temporelle est constitutive de l'absoluité. Il est de la nature processuelle du savoir en son contenu absolu d'assumer la contingence en tant que nécessité dans l'extériorité. A ce propos, la remarque de Jean-Marie Lardic est significative : « La négation recelée par la contingence est donc un aspect ontologique essentiel et non l'expression d'une déficience du savoir. C'est pourquoi elle est finalement l'expression même d'une authentique unité du réel et de l'esprit envisagé dans son mouvement dialectique[299]. »

Il est vrai que l'effectivement rationnel est cela même qui instaure une relation essentielle avec l'autre de l'effectivement essentiel dont

---

[297] *Phénoménologie de l'esprit*, p. 693.

[298] *Ibid.*, p.253.

[299] Hegel, *Comment le sens commun comprend la philosophie*, Traduction et Présentation de Jean-Marie Lardic, suivi d'un essai sur *la contingence chez Hegel*, Actes Sud « le génie philosophique », Paris, 1989, p. 85.

la contingence en constitue le mode de son être-là extérieur. Du fait de son accomplissement processuel, le savoir absolu est l'effectuation de la négativité comme procès de concrétion des moments constitutifs du Soi effectif. C'est pourquoi, le savoir absolu se présente en tant que mouvement du Soi dans son advenir à l'effectivité absolue et concrète comme terme du procès de l'expérience phénoménale de la conscience. Le principe d'effectuation, en cette étape de l'autoconscience effective absolument sachante, requiert de ce fait la liberté du concept pour s'approprier l'intériorité et son extériorité en tant qu'être-là effectif, sous le mode de la contingence. Quel est le sens de cette totalisation processuelle qui caractérise le savoir absolu ? En quoi consiste l'avènement du concept qui s'est manifesté comme la vérité totalisante du Soi spirituel ?

En quoi consiste cette manifestation de l'esprit dans le temps ? Que signifie l'extériorité de l'esprit d'autant qu'il s'est accompli dans sa phénoménalité ? Une des modalités de diction de l'esprit dans son concept est sa manifestation dans le temps en ce sens qu'il a sursumé la dualité conscientielle dont l'effectivité est la concrétion du Soi dans le temps. Pour que l'extériorité de l'esprit signifiât son être-là dans le temps, il a fallu l'effectuation phénoménologique de toutes les figures. Car le temps est l'unification du concept et de l'autoconscience sachante. Le temps se conçoit comme «le devenir se médiatisant » ; c'est à ce titre qu'il se déploie en tant que procès de cette extériorisation du Soi spirituel dans sa négativité intérieure et son autonégation.

La temporalité qui se déploie dans l'expérience de la conscience est le mouvement d'advenir à soi du concept dans son extériorité comme mode de succession des figures qui, pour s'accomplir, s'exécutent dans l'élément du savoir absolu. Dès lors « le *temps* […] est très précisément cette *forme transitoire d'extériorité du concept par rapport à lui-même*[300].» Le concept qui s'effectue dans l'élément de l'extériorité est dans le procès de la temporalisation qui n'est autre que le mouvement d'effectuation des figures phénoménologiques telles qu'elles se manifestent dans le sens de l'advenir du savoir absolu. Si le concept se dépoyant dans l'élément de la phénoménalité est l'extériorité sous le mode de la temporalité, c'est qu'en effet l'intériorité du concept n'accède à son intelligibilité sachante que sous

[300] Pierre- Jean Labarrière, « la sursomption du temps et le vrai sens de l'histoire conçue », dans *Hegeliana, op.cit*, p. 153.

la modalité de son extériorisation. En ce sens, le savoir phénoménal tel qu'il s'expose à travers la succession des figures, est la condition de l'avènement du savoir absolu dans l'élément du concept se manifestant dans la forme de l'extériorité à soi sous le mode de la temporalisation. C'est dans cette perspective que le procès d'extériorisation phénoménologique est autant le mouvement du concept dans l'autre que soi dont la diction est le temps en tant que processus du négatif comme négatif de soi-même. Le temps est ainsi, le parvenir à soi dans son autre de l'effectivité conceptuelle comme savoir absolu.

Il est clair que *la Phénoménologie de l'esprit* est la présentation du devenir de l'esprit en tant que conscience jusqu'à sa conversion comme esprit. Cette présentation se déploie comme le devenir des figures, qui, dans leur effectivité spirituelle, constituent les étapes phénoménologiques de son effectutaion. Ce devenir se présente en tant qu'autoconception du Soi dans son autodétermination sachante à travers le procès des figures, de ce fait, il est déterminé par « la patience du négatif ». La lenteur de ce procès est l'expression même de la nécessité de l'extériorisation de la substance dans son advenir comme sujet à travers l'intégralité des figures constitutives du périple phénoménologique de la conscience. Cet advenir de la substance comme sujet est le tracé de la lente et progressive conversion de la conscience en savoir absolu. Cette conversion progressive et dialectique est le procès du procès d'effectuation dont le mode de concrétion ne peut faire l'économie de la lenteur, c'est-à-dire de la « patience du concept ». Car la nécessité logique de l'accomplissement de chaque étape en tant que figure phénoménologique, est le sens du procès du savoir absolu qui est immanent à cette « galerie d'images ». Il convient de reconnaître que « cette richesse totale de la substance » est le contenu s'effectuant à travers la succession des figures qui constituent les moments de la substance dont l'effectivité est de se saisir de soi-même comme sujet. La substance extériorisée dans sa figure vraie est le moment ultime du savoir qui s'est appréhendé dans son absoluité conceptuelle. S'interrogeant sur ces pages du *Savoir absolu* qui soulignent la lenteur processuelle du procès phénoménologique de l'esprit, Bernard Rousset écrit : « Cette lenteur peut nous étonner et expliquer notre impatience : pourquoi la conscience n'est-elle pas devenue plus tôt la conscience de soi de l'être comme esprit du monde, pourquoi l'esprit du monde n'est-il pas devenu plus tôt l'être conscient de soi dans le concept du savoir et dans le travail de la science ? [301]».

Du fait de la « douleur » du « sérieux » et de la « patience » de cette nécessité de l'effectuation, la conscience phénoménologique est mise à l'épreuve de l'angoisse et du désespoir devant l'agir de l'*Aufhebung* qui dissout constamment sa certitude de figure en figure jusqu'à l'avènement de l'ultime figure qu'est le savoir absolu. Une inquiétude abyssale et corrosive traverse le cheminement de la conscience tout le long de ce procès d'effectuation, par la médiation de la négativité, qui alterne la certitude de l'apparition et le désespoir de la disparition. Cette oscillation se conçoit comme épreuve cruciale du négatif en tant que mode de conversion dont le savoir absolu bien qu'immanent au parcours phénoménologique, n'en demeure pas moins lointain, pour une conscience qui n'en est encore qu'à la certitude sensible.

Il s'agit là de la trajectoire de la conscience, par l'expérience de son devenir qui définit l'advenir de la substance dans la vérité de son Soi qui est le sujet se sachant dans son concept. Et le sujet qui se sait dans son effectivité conceptuelle est la vérité du contenu de la substance qui s'est effectué à travers le mouvement de la conscience. C'est pourquoi le savoir absolu est le savoir de la conscience devenue autoconscience sachante dont le contenu est l'identité effectuée de la substance et du sujet. C'est en devenant sujet que la substance est à même de se présenter à soi dans l'actualisation effective extériorisée de la richesse concrète de son contenu. C'est en ce sens que le souvenir est le procès de l'intériorisation de l'extériorisation effective du contenu de la substance spirituelle dans sa totalité. « En tant que son achèvement consiste à savoir parfaitement ce qu'il est, sa substance, ce savoir est son aller-dans-soi, dans lequel il abandonne son être-là et remet sa figure au souvenir[302].»

Quel sensle procès conceptuel récapitulatif des expériences de l'esprit dans son intériorité, en rapport avec l'effectuation des expériences de l'esprit dans son extériorité ? En parvenant à son Soi effectif, l'esprit qui se conçoit dans la figure d'esprit a-t-il besoin de l'être extériorisé ? Dans la mesure où, il trouve sa diction dans son effectivité conceptuelle se sachant comme telle, l'esprit est désormais savoir absolu, unification conceptuelle de son intériorité et de son extériorité dans la dimension de son intériorité conceptuelle. Il est parvenu à

---

[301] Bernard Rousset, *Hegel, le savoir absolu*, *op.cit*, p. 238.

[302] *Phénoménologie de l'esprit*, pp. 693-694.

l'authentique figure dans sa forme vraie qui se donne dans la concrétude du contenu qui est pour soi dans sa forme. C'est dans l'unité de cette forme et de ce contenu que s'est concrétisé l'esprit comme unité advenue de la substance et du sujet.

En fait, le moment ultime de l'esprit dans sa figure effective n'est savoir absolu que parce que ce savoir se donne comme totalisation récapitulative de toutes les expériences de la conscience. En s'énonçant sous le mode de la réeffectuation intériorisante des expériences de la conscience dans son parcours phénoménologique, le savoir absolu se révèle le savoir conçu et concevant en tant que mouvement du Soi parvenu à son effectivité conceptuelle absolue. La nécessité logique pour le parcours phénoménologique de l'esprit de se maintenir dans son effectivité advenue, a pour signification le procès du souvenir comme modalité actualisante constitutive du savoir absolu. Il en résulte que le savoir absolu est le savoir qui maintient la totalité des figures phénoménologiques dans la *présence conceptuelle conçue et concevante*. C'est dans cette perspective que le savoir absolu est l'*instance de médiation actualisante* des expériences advenues dans le passé constamment présent étant entendu que ce passé est la réalisation du savoir comme science.

En tant que savoir unifiant l'extériorisation de l'esprit comme figures phénoménologiques et organisation rationnelle des expériences de la conscience, le savoir absolu est cette « histoire conçue ». En un sens, c'est de l'unification advenue de l'expérience et du concept que résulte le savoir absolu. Il est significatif de voir comment Hegel insiste sur une forme de restitution logico-phénoménologique de l'histoire de la phénoménalité dans son intériorité sachante. Le mouvement spirituel se trouve condensé dans la puissance du concept parvenu à la forme de la substance dont la diction dans sa profondeur est le « concept absolu ».

La configuration du savoir absolu s'est constituée à travers le procès de la concrétude des expériences de la conscience, dont le vecteur est bien le concept absolu se constituant dans la fluidité dialectique et négative de l'*Aufhebung*, telle qu'elle assume le procès du savoir absolu, effectivité totalisante du surgir-disparaître des figures phénoménologiques. Le souvenir comme procès d'intériorisation récapitulative ne sauve-t-il pas la conscience de la négativité constitutive de toutes ses expériences par l'avènement du savoir absolu ? La logique processuelle de la négativité n'est-elle pas sursumée par le savoir absolu ? Ultime figure de l'esprit dans la vérité effectivement totalisante de toutes ses expériences, le savoir absolu est à nouveau une nouvelle figure dans l'élément de la science. En tant qu'il « est le nouvel être-là, un nouveau monde et [une nouvelle] figure de l'esprit », le savoir absolu est l'achèvement du procès phénoménologique de la conscience et l'avènement d'un commencement nouveau du savoir qui, pour s'effectuer dans son élément, présupposait l'accomplissement du parcours phénoménologique de l'esprit. C'est dans la mesure où le savoir absolu est advenu comme figure de l'effectivité de l'esprit sursumant sa phénoménalité conscientielle que la science peut se déployer dans l'élément du contenu. La condition de l'effectuation de la science est dans le processsus d'effectuation de la conscience phénoménale. De ce fait : « Dans elle (la nouvelle figure de l'esprit qu'est le savoir absolu) il a aussi bien à recommencer ingénument par son immédiateté, et à s'éduquer de nouveau à partir d'elle comme si tout ce qui précède était perdu pour lui et qu'il n'avait rien appris de l'expérience des esprits antérieurs[303].»

Le mouvement par lequel l'esprit intériorise tous les moments constitutifs de son procès semble s'inscrire dans une logique d'effectuation qui, conjuguant l'intériorité et l'extériorité dans l'élément du concept, exprime l'effectivité de l'esprit se concevant dans la « forme de la substance ». De par la signification de la richesse de son effectivité constituée, la substance évoque l'accomplissement de ce procès d'intériorisation qui implique que le devenir phénoménologique de la conscience est parvenu à sa figure ultime qu'est l'esprit dans l'élément de la science. Cette intériorisation exprime le procès d'une reconfiguration du procès phénoménologique des figures dans leur effectivité conceptuelle. Dans cette perspective, elle est la diction de leur être-là délivré de la contingence de la phénoménalité et de l'abstraction de l'intériorité. L'intériorisation est effective sous la modalité du savoir dans la mesure où l'esprit dans l'élément de la science est l'unité de l'intériorité et de l'extériorité dans la forme conceptuelle absolue.

Il ressort de cette précision que le savoir absolu n'est pas un « moment quelconque » du procès phénoménologique, mais une *totalisation structurante et récapitulatrice* sous le mode du « *ressouvenir organique* ». C'est en ce sens que le savoir absolu est la diction effective de la conscience dont le devenir spirituel est aussi son

[303] *Phénoménologie de l'esprit*, p. 694.

effectuation à travers la succession des déterminations que constituent les figures phénoménologiques. C'est de cette processualité dialectique qu'il s'agit tout le long de ce parcours phénoménologique se présentant comme le mouvement dialectique de l'expérience de la conscience dont l'ultime moment est l'avènement du savoir absolu. Ce savoir, dont l'absoluité, exprime son entrée dans l'élément de la science. Et Gwendoline Jarczyk de préciser : « Tel est le mouvement de la conscience exprimé en sa globalité en même temps que dans sa rigueur, quand il y faudra le cours phénoménologique total pour réaliser la fluidification de l'élément de la science qu'est le savoir absolu comme identité différenciée du sujet et de l'objet[304].»

Dans sa configuration effective, le savoir absolu excède la conscience phénoménale, pour s'exposer comme commencement du procès logique au point que, ce dont il est le savoir est l'esprit comme esprit, dans son identité conceptuelle absolue. Dès lors le moment qui détermine son autoconception dans sa nécessité intérieure effective est l'énonciation que le procès de l'effectuation est « le *mouvement de l'auto-exposition du principe comme système*[305].»

L'originalité du savoir absolu est d'être à la fois figure d'accomplissement du procès phénoménologique et moment constitutif de l'élément de la science. Dans cette perspective, on pourrait dire qu'il se meut dans la sphère logique, tel qu'il résulte de la sursomption de la structure duelle de l'esprit dans sa dimension conscientielle. C'est dans ce sens que l'épaisseur constitutive du savoir absolu relève du cours logique du concept qui ne fait que se ressouvenir de la dimension conscientielle de son parcours. Le savoir absolu est cette nouvelle figure de l'esprit dont le procès est déterminé par le ressouvenir. A ce propos, Hegel écrit : « Dans elle [cette nouvelle figure], il a aussi bien à recommencer ingénument par son immédiateté, et à s'éduquer de nouveau à partir d'elle comme si tout ce qui précède était perdu pour lui et qu'il n'avait rien appris de l'expérience des esprits antérieurs. Mais l'*in-tériorisation* les a conservés, et est l'intérieur et, la plus haute en fait, la forme de la substance[306].»

Si le savoir absolu est l'ultime vérité du procès phénoménologique, l'effectuation du concept se présente donc comme étant la vérité de ce

[304] Gwendoline Jarczyk, *le concept dans son ambiguïté*, *op.cit*, p. 202.
[305] Gwendoline Jarczyk, *op.cit*, p. 195.
[306] *Phénoménologie de l'esprit*, p. 694.

procès de l'esprit. Le savoir absolu est le moment où se dévoile la dimension logique effective de l'esprit parvenu à son autoconscience absolument sachante. Dès lors, l'esprit a achevé son parcours phénoménologique pour entrer dans l'univers logique de la science. Mais, il a fallu l'effectuation intégrale des figures phénoménologiques par la médiation processuelle de l'expérience pour que l'esprit accédât à la sphère logique, dont la figure totalisante, sous sa dimension absolue et conceptuelle, est le savor absolu. Aussi, non seulement le savoir absolu consiste-t-il en une *rétrospection actualisante* des expériences antérieures, mais également en une dynamique des essentialités de la conscience. Il est donc de l'essence du savoir absolu de se mouvoir dans le cours logique des essentialités en tant que déterminations catégorielles, réflexives et conceptuelles. Au cours phénoménogique des figures, va succéder le cours logique des concepts. Il en résulte que le règne des effectivités spirituelles logiques a ainsi pris forme dans le moment de l'achèvement de l'expérience du procès de phénoménalisation du savoir dans son devenir conscientiel. L'étape actuelle de l'esprit est le moment culminant de son advenir à soi où la détermination logique s'énonce à travers lecommencement de l'esprit nouveau. Hegel présente ce commencement comme l'énonciation d'une nouvelle configuration de l'esprit : « Si donc cet esprit, qui paraît partir de soi seulement, recommence sa culture depuis le début, c'est en même temps à un niveau plus élevé qu'il commence[307].»

Ce moment du savoir absolu comme effectivité absolue est le mode d'être et d'apparaître du « royaume des esprits », caractérisé par la succession des esprits comme moments déterminés du « concept absolu ». L'élévation du Soi à son effectivité spirituelle absolue sachante est la vérité de la configuration des esprits dont l'être-là est le contenu effectif de la science. Cette configuration concrète des esprits, Hegel l'énonce ainsi : « Le royaume des esprits, qui de cette manière s'[est] formé dans l'être-là, constitue une succession où l'un relayait l'autre et [où] chacun reprenait du précédent le royaume du monde[308].»

Le procès de la phénoménalisation a mis en mouvement l'extériorisation de la substance comme devenir subjectif de son contenu. Ce contenu est la réalité de l'expérience des figures de la

---

[307] *Ibidem.*
[308] *Ibidem.*

conscience dont la succession par la négativité est l'advenir de la concrétude spirituelle de la phénoménalité. La subjectivité comme forme vraie de la substance qui est l'instance du contenu parvenu à son effectivité est le résultat de cette conversion dialectique du royaume du monde en royaume des esprits. C'est à partir de l'effectuation des figures qui sont d'abord des figures de la substance, de l'objetcivité phénoménale qu'a surgi la vérité du sujet comme vérité de la forme. En parvenant à sa dimension spirituelle effective, la conscience qui est devenue sujet, se présente comme l'unification de la forme et du contenu de la substance ; elle est le royaume de l'esprit dans lequel se meut le cours logique du savoir.

Dans son épaisseur logique, le savoir absolu est la concrétude effective de la phénoménalité dont la négation est le surgir de l'esprit dans sa figure vraie. Dans la configuration du savoir absolu, la récapitulation des figures de la conscience et des effectivités de l'esprit est un mode d'actualisation des esprits antérieurs résultant de la sursomption de la dualité conscientielle. Aussi faut-il saisir le concept dans l'univers du savoir absolu comme le contenu effectif de l'esprit en tant qu'il est parvenu à soi dans sa forme vraie et effective. De ce point de vue, le savoir absolu est le contenu en effectuation de l'être-là effectif de l'esprit dans l'univers logique, dans la mesure où toute forme de dualité conscientielle ou d'opposition est sursumée.

C'est dans cette perspective que la processualité du concept se donne dans le mouvement d'une « logique en action » selon l'expression de Pierre-Jean Labarrière. Il en découle que le geste logique hegelien, dans sa plénitude, se manifeste comme conjonction de la concrétude rationnelle et de la phénoménalité conscientielle. Ce geste logique tel que Hegel le conçoit est donc le procès de l'unité de l'effectivement vrai dans son effectuation jusqu'à son effectivité concrète. La logique est de ce point de vue la structure d'intelligibilité en mouvement de la relation du concept et de la réalité dans la complexité de la configuration de ses déterminations conceptuelles. C'est de cette intelligibilité en effectuation qu'il est question autant que la compréhension du geste logique est la tâche même du philosopher hegelien.

Ce savoir effectif pose donc la nécessité et l'exigence de son effectuation logique. Car, si le savoir absolu est la vérité du procès phénoménologique de la conscience, il ne parvient à son effectivité logique sachante qu'en se déployant dans la sphère logique pour s'autodéterminer à travers les « essentialités pures » que sont les catégories de la logique telles qu'elles se succèdent dans *la Science de la logique*. La plénitue logique exprime dans son contenu l'effectivité du savoir comme vérité du parcours phénoménologique. Aussi, la processualité logique exprime-t-elle la doublure logique du procès phénoménologique dont l'effectuation a sursumé l'opposition de la concrétude phénoménale et de la vacuité logique de la dualité conscientielle.

Dès lors que le savoir absolu est l'organisation même des expériences des constellations spirituelles dans le principe de totalisation et de réconciliation de l'en-soi et du pour-soi, il est parvenu au terme de son parcours. C'est ainsi que la constitution du savoir absolu est identifiée au parcours des totalisations spirituelles. Ce parcours est le chemin de l'intériorisation de la totalité des expériences advenues et qui se présentent comme « le royaume des esprits ». Hegel a souligné, dans les dernières pages de *la Phénoménologie de l'esprit*, ce procès d'intériorisation qui caractérise le savoir absolu : « *Le but*, le savoir absolu, ou l'esprit se sachant comme esprit, a pour chemin sien l'intériorisation des esprits, tels qu'ils sont en eux-mêmes et accomplissent l'organisation de leur royaume[309].»

C'est donc de l'unification du double parcours de la conscience que s'accomplit « l'histoire conçue » comme diction de l'effectivité concrète de la vérité de l'esprit qui se sait dans sa certitude de l'esprit se sachant comme esprit. Cet esprit est lui-même l'unité de la substance et du sujet, de la conscience et de l'autoconscience, de la contingence et du concept. Il est alors savoir absolu et comme tel, la négativité absolue en tant qu'elle s'est accomplie comme la médiatisation totalisante du procès de l'esprit qui, à ce niveau, est dans sa concrétude achevée, la figure effective et vraie du « calvaire de l'esprit absolu », c'est-à-dire « l'effectivité, vérité et certitude de son trône » pour reprendre des déterminations significatives de l'absoluité effective de cet esprit qui n'est autre que l'autoconscience sachante, certaine, effective et absolue. Cet esprit est en un sens la vie pleinement assumée comme vie de l'esprit parvenu à sa vérité conceptuelle.

Partant, l'esprit qui se présente sur son « trône » est le concept dans l'horizon de son ouverture logique dans la mesure où l'esprit est parvenu à l'unité effective du contenu et de la forme. Cet esprit qui est la conjonction de l'absoluité, de l'effectivité, de la vérité et de la

---

[309] *Phénoménologie de l'esprit*, p. 694.

certitude est l'esprit déterminé dans sa totalité concrète dans son sens véritablement hegelien. C'est à propos de ce sens hegelien de l'esprit que Bernard Bourgeois note : « Pour Hegel, l'esprit n'est pas une détermination parmi d'autres, mais la détermination, vraie, absolue, de l'être : le hégélianisme est la philosophie de l'être comme esprit[310].» Si l'esprit s'est concrétisé dans l'achèvement du procès phénoménologique de la conscience comme déterminé de façon vraie et absolue, c'est qu'il est autant le procès et le terme d'un processus dont il est l'âme en tant que négativité du Soi en mouvement. Le procès d'effectuation de la science se concrétise par le devenir d'une totalité qui ne parvient à son « effectivité parfaite que par la médiation d'une diversité de formes que sont les figures dans leur progression phénoménologique. Et, ce commencement qui s'effectue pour revenir à soi moyennant son accomplissement en tant que totalité concrète dans sa réalisation comme science.

Pour Hegel, le commencement dans son effectuation est ainsi constitué : « Il est le tout ayant fait retour dans soi à partir de son extension, le *concept simple* devenu de ce même [tout][311].» Le procès comme trajectoire du commencement définit le procès d'effectuation, comme diction de la science qui entre en scène pour parvenir à son effectivité. Cette science qui entre en scène est l'énonciation du savoir dans son immédiateté. C'est ainsi que le commencement d'un processsus est le concept même de la science dont la nécessité logique est de s'effectuer pour convertir la totalité abstraite en totalité effective. Si la totalité spirituelle s'affirme dès le conmmencement, en revanche son effectivité résulte du procès d'effectuation et de son ouverture logique dans l'élément de la science.

Et, c'est dans le langage du poète que Hegel a signifié le dernier moment de cette ultime figure de la *Phénoménologie de l'esprit* : « du calice de ce royaume des esprits écume jusqu'à lui cette infinité »[312]. La processualité logique constitutive du savoir absolu procède-t-elle de l'infinité qui caractérise aussi l'absoluité ? La diction de cette processualité est, en un sens le procès d'un principe, qui est d'effectuation dans la mesure où il est le processus, qui permet de rendre compte des expériences constitutives de la conscience. Le parcours phénoménologique est, en effet, le procès du principe

---

[310] Bernard Bourgeois, *Hegel, les Actes de l'Esprit, op.cit*, p. 231.

[311] *Ibidem.*

[312] - *Phénoménologie de l'esprit*, p. 695.

d'effectuation comme mode de mutation et de conversion des figures telles qu'elles se succèdent selon une logique d'expérience, de négativité, de sursomption et de médiation. En se constituant dialectiquement, le principe d'effectuation se présente comme le procès de l'expérience porteuse de la conscience dont l'effectivité constituante est le savoir absolu. C'est le mouvement de cette conversion de la conscience, de la certitude sensible jusqu'au savoir absolu que nous avons voulu saisir à même son processus comme procès du principe d'effectuation dans *la Phénoménologie.*

Conclusion

Il s'est agi de mettre en articulation la substance et le sujet dans une logique d'intelligibilité en mouvement. C'est dans cette perspective que les effectivités de l'esprit s'inscrivent dans le procès de l'effectuation. C'est sous cet angle que le mouvement que nous avons présenté comme procès d'effectuation définit l'expérience des effectivités de l'esprit jusqu'à l'avènement du savoir absolu.

Les effectivités de l'esprit constituent les figures dont l'épaisseur logique se conjugue avec leur ancrage dans l'histoire et ce, dans le principe même de la sursomption de leur phénoménalité. Le procès d'effectuation dont il a été question tout le long de notre réflexion résulte d'une lecture processuelle de la *Phénoménologie de l'esprit*. Chaque effectivité est illustrative du dynamisme principiel en activité dans la succession des figures de l'esprit.

L'enjeu de l'exploration de l'expérience de la mise en acte de l'effectivité dès lors que la dualité conscientielle a été sursumée est d'effectuation dans l'élément de la science en vue de la réoncialisation conceptuelle de la certitude et de la vérité. Il importe de souligner que les effectivités de l'esprit sont des figures phénoméno-logiques chargées d'histoire. Ce qui confère au chemin de la science toute sa dimension de processualité à la fois phénoménologique, logique et histoirque. La conscience absolue a résulté de ce processus qui, tout en étant en mouvemment et d'effectuation, est de réconciliation conceptuelle de la substance et du sujet. C'est de cette réconciliation que le procès d'effectuation a été révélateur comme pour signifer que depuis toujours, il n'est de rationalité que de celle de l'esprit en mouvement.

En effet, le philosopher hegelien en tant que geste logique en acte s'est instauré dans le procès phénoménologique de la conscience à travers la multiplicité et la diversité des figures en leur effectivité même. Les actes de l'esprit, les expériences qui les constituent sont des instances de cette effectuation qui est en constante actualisation de l'intelligibilité conceptuelle comme procès de l'absolu.

De la certitude sensible au savoir absolu, la constitution du procès est d'effectuation à même l'exprience des figures de la conscience et des effectivités de l'esprit. Du principe, nous pouvons dire Hegel a énoncé, son effectuation comme procès phénoménologique et processualité logique. L'ultime figure du savoir conceptuel ne serait-elle pas le principe même en son effectuation.

BIBLIOGRAPHIE

Traductions Françaises

- l'esprit *du christianisme et son destin*, texte traduit, présenté et commenté par Franck Fischbach, Presses Pocket, (Agora classiques), Paris, 1992, 246 pages.

Premières publications :

- *Différence des systèmes philosophiques de Fichte et de Scheling*
- *Foi et savoir*, Traduction, introduction et notes par Marcel Méry, Ophrys (4ème édition) Gap 1975, 329 pages.
- *La relation du scepticisme avec la philosophie* suivi de *l'Essence de la critique philosophique*, traduction et notes par Bernard Fauquet, préface de J.-P. Dumont, seconde édition, Vrin, Paris, 1986, 99 pages.
- *Des manières de traiter scientifiquement du droit naturel ; de sa place dans la philosophie pratique et de son rapport aux sciences positive du droit*, traduction et notes par Bernard Bourgeois, Vrin, Paris, 1972, 102 pages.
- *Les Orbites des Planètes*, (disssertation de 1801), traduction, introduction et notes par François DE GANDT, avec une introduction sur la critique de la mécanique newtonienne chez Hegel, préface de Dominique DUBARLE, Vrin, Paris, 1979, 203 pages.
- *Logique et Métaphysique*, (Iéna 1804- 1805), présentation, traduction et notes de Denise Souche-Dagues avec un commentaire d'André Kaan, Gallimard, Paris, 1980, 297 pages.
- *Notes et fragments*, Iéna 1803-1806, texte allemand, traduction et commentaire par Catherine COLLIOT-THELENE, Gwendoline JARCZYK, Jean-François KERVEGAN, Pierre-Jean LABARRIERE, Béatrice LONGUENESSE, Denise SOUCHE-DAGUES, Steve WAJSGRUS, Aubier, Paris, 1991, 320 pages.
- *Phénoménologie de l'esprit*, traduction Jean Hyppolite, Aubier, (Bibliothèque philosophique) le premier volume1939, 355 pages, le deuxième volume Paris, 1941, 357 pages.
- *Hegel, Préface à la Phénoménologie de l'esprit* (*Vorrede zur Phänomenologie des Geistes*) traduction, introduction, notes par Jean Hyppolite, Aubier, collection (Bibliothèque philosophique bilingue), Paris, 1966, 222 pages
- *Phénoménologie de l'esprit*, traduction de Jean-Pierre Lefebvre, Aubier, (Bibliothèque philosophique), Paris, 1992, 565 pages

- *Hegel, Préface de la Phénoménologie de l'esprit*, traduction, introduction et vade-mecum par Jean-Pierre Lefebvre, GF-Flammarion, (Bilingue), Paris, 1996, 245 pages.
- *Phénoménologie de l'esprit*, traduction, présentation et notes par Gwendoline Jarczyk et Pierre-Jean Labarrière, Gallimard, (Bibliothèque de philosophie), Paris, 1993, 916 pages.
- *Phénoménologie de l'esprit*, traduction et notes par Gwendoline Jarczyk et Pierre-Jean Labarrière, Gallimard, (folio essais), Paris, 1993, 2 volumes, 1346 pages.
- La *Phénoménologie de l'esprit*, texte présenté, traduit et annoté par Bernard Bourgeois, Vrin, Paris, 2006, 701 pages.
- *La Théorie de la Mesure*, traduction et commentaire par André Doz, PUF, « Epiméthée », Paris, 1970, 204 pages.
- *La Science de la logique*, Traduction, présentation, notes de Gwendoline Jarczyk et Pierre-Jean Labarrière, Bibliothèque philosophique, Aubier-Montaingne :
1812, *l'Etre*, premier tome, premier livre Paris, 1972, 414 pages.
- *l'Etre*, seconce édition revue et corrigée, Kimé, Paris, 2006, 413 pages.
- 1813, *la doctrine de l'Essence*, premier tome, deuxième livre, Paris, 1976, 355 pages.
1816, *la logique subjective ou la doctrine du Concept*, deuxième tome, Paris, 1981, 464 pages.
- *L'Encyclopédie des Sciences philosophiques en abrégé*, traduit de l'allemand par Maurice de Gandillac sur le texte établi par Friedhelm Nicolin et Otto Pöggeler, Gallimard, Paris, 1970, 550 pages.
-*L'Encyclopédie des Sciences philosophiques*, texte intégral présenté, traduit et annoté par Bernard Bourgeois, bibliothèques des textes philosophiques, Vrin :
- 1817 (1827, 1830) Tome I : *La Science de la logique*, Paris, 1970, 646 pages.
-1817 (1827, 1830) Tome III : *La Philosophie de l'esprit*, Paris, 1988, 604 pages.
- 1817 (1827, 1830) Tome II : *La Philosophie de la nature*, Paris, 2004, 778pages.
- *Précis de l'Encyclopédie des Sciences Philosophiques, la logique, la philosophie de la nature, la philosophie de l'esprit*, traduction par J. GIBELIN, Vrin, quatrième édition, Paris, 1978, 320 pages.
- *Hegel,* ***Concept préliminaire*** *de l'Encyclopédie des Sciences Philosophiques en abrégé*, traduction, introduction, notes et

commentaires par Bernard Bourgeois, Vrin (Bibliothèque des textes philosophiques), Paris, 1994, 286 pages.
- *Principes de la philosophie du droit*, traduit de l'allemand par André Kaan et préfacé par Jean Hyppolite, Gallimard (collection Idées), Paris, 1940, 380 pages.
- *Principes de la philosophie du droit ou Droit naturel et science de l'Etat en abrégé*, texte présenté, traduit et annoté par Rober Dérathé, seconde édition revue et corrigée, Vrin (Bibliothèque des textes philosophiques), Paris, 1993, 370 pages.
- *Principes de la Philosophie du droit*, texte traduit et commenté par Jean François Kervégan, PUF, première édition Paris, 1998, seconde édition revue et augmentée, Paris, 2003, (collection Quadrige), 500 pages.
- *Principes de la philosophie du droit*, Traduction inédite et présentation par Jean-Louis Vieillard- Baron, Flammarion (GF), Paris, 1999, 444 pages.
- *La Raison dans l'Histoire, Introduction à la Philosophie de l'Histoire* par G.W. F. Hegel, traduction nouvelle, introduction et notes par Kostas PAPAIOANNOU, Union Générale d'Edition (collection 10/ 18), Paris, 1965, 307 pages.
- *Les leçons sur la philosophie de l'histoire*, traduction par J. GIBELIN, troisième édition remaniée, Vrin, Paris, 1979, 349 pages.
- *Les leçons sur l'esthétique* en quatre volumes, traduction de S. Jankélévitch, Flammarion, Paris, 1979, 373 pages, 377 pages, 402 pages, 312 pages.
- *Hegel, Esthétique*, Traduction de Charles BENARD, revue et complétée par Benoît TIMMERMANS et Paolo ZACCARIA, Librairie Générale Française, (le livre de poche, classiques de la philosophie), Paris, 1997, 2 volumes, 768 pages et 767 pages.
- *Les leçons sur la philosophie de la religion*, traduit de l'allemand par J. GIBELIN, Vrin, seconde édition, Paris, 1970-1972, Cinq volumes.
- *Les leçons sur l'histoire de la philosophie*, traduction et notes par Pierre GARNIRON, Vrin, Paris, 1971-1991, 7 volumes, 2210 pages.

Etudes sur *la Phénoménologie de l'esprit*

BOEY Conrad, *L'aliénation* dans « *la Phénoménologie de l'esprit* » de G. W. F. Hegel, préface de Joseph GAUVIN, Desclée de Brouwer, Paris-Bruges, 1970, 311 pages.

GAUVIN Joseph, « Entfremdung et Entäusserung dans la Phénoménologie de l'esprit de Hegel », *Archives de Philosophie*, Juillet-décembre. 1962, p. 165 sq
- « Plaisir et nécessité (I et II) », *Archives de Philosophie*, octobre-décembre. 1965, p. 483 sq. et avril-juin 1966, p. 237 sq.
- « 'für'uns dans la Phénoménologie de l'esprit », *Archives de Philosophie*, octobre-décembre. 1970, p. 829 -854.

GUIBAL Francis, *Dieu selon Hegel, essai sur la problématique de la Phénoménologie de l'esprit*, Aubier, collection « Philosophie de l'histoire », Paris, 1975, 350 pages.

HEIDEGGER Martin, *Chemins qui ne mènent nulle part*, traduit de l'Allemand par Wolfgang Brokmeier, Gallimard, Paris, 1962, nouvelle édition 2004, 461 pages.
- « *La Phénoménologie de l'esprit* » de Hegel, texte établi par Ingtraud Görland, traduit de l'allemand par Emmanuel Martineau, Gallimard, collection (Bibliothèque de philosophie), Paris, 1984, 238 pages.
- *Hegel, La négativité, Eclaircissement de l'Introduction à la Phénoménologie de l'esprit de Hegel*, traduit de l'allemand par Alain Boutot, Gallimard, collection (Bibliothèque de philosophie), Paris, 2007, 174 pages.

HYPPOLITE Jean, *Genèse et Structure de la Phénoménologie de l'esprit*, Aubier-Montaigne, (Philosophie de l'esprit), Paris, 1946, 596 pages.

KOJEVE Alexandre, *Introduction à la lecture de Hegel*, leçons sur la Phénoménologie de l'esprit professées de 1933 à 1939 à l'Ecole des Hautes Etudes réunies et publiées par Raymond Quéneau, Gallimard, Paris, 1947, 597 pages.

LABARRIERE Pierre-Jean, *Structures et Mouvement dialectique dans la Phénoménologie de l'esprit de Hegel*, Paris, Aubier-Montaigne, (collection Analyse et Raisons), première édition 1968, nouvelle édition, Paris, 1985, 314 pages.
- *Introduction à une lecture de la Phénoménologie de l'esprit*, Aubier-montaigne, collection (Analyse et raison), Paris, 1979, 287 pages.
- *Phénoménologie de l'esprit de Hegel*, Ellipses (Philo-œuvres, collection dirigée par Jean-Pierre Zarader), Paris, 1997, 62 pages.

JARCZYK Gwendoline et **LABARRIERE Pierre-Jean**, *Les premiers combats de la reconnaissance, Maîtrise et Servitude dans la Phénoménologie de l'esprit de Hegel*, Aubier (Bibliothèque du Collège International de Philosophie), Paris, 1987, 146 pages.

- *Hegel : le malheur de la conscience ou l'accès à la raison*, texte et commentaire, Aubier (Bibliothèque du Collège International de Philosophie), Paris, 1989, 161 pages.
MARQUET, Jean-François, *Leçons sur la Phénoménologie de l'esprit de Hegel*, Ellipses, Paris, 2004, 443 pages.
- *Commentaire de la « Phénoménologie » de Hegel, de la certitude sensible au savoir absolu*, Vrin (Bibliothèque d'Histoire de la philosophie), Paris, 2001, 290 pages.
TINLAND Olivier, *Maîtrise et Servitude, Phénoménologie de l'esprit* (B, IV, A) Hegel, traduction nouvelle et commentaire, Ellipses (Philo-textes, texte et commentaire, collection dirigée par Jean-Pierre Zarader), Paris, 2003, 72 pages.

Ouvrages et Etudes consacrés à Hegel

BOURGEOIS Bernard,
- *La pensée politique de Hegel*, PUF (Questions, collection dirigée par Blandine Barret-kriegel), Paris, 1969, 147 pages.
- *Eternité et Historicité de l'Esprit selon Hegel*, Vrin, Paris, 1991, 129 pages.
- *Etudes Hégéliennes, Raison et Décision*, PUF (Questions, collection dirigée par Blandine Barret-Kriegel), Paris, 1992, 404 pages.
- ***Préface et Introduction** de la Phénoménologie de l'esprit*, texte, traduction et commentaire précédé de : *Sens et intention de la Phénoménologie de l'esprit*, Vrin « Bibliothèque des Textes philosophiques, Paris, 1997, 314 pages.
- *L'idéalisme allemand, Alternatives et Progrès*, Vrin (Bibliothèque d'Histoire de la Philosophie), Paris, 2000, 319 pages.
- *Hegel, les Actes de l'esprit*, Vrin (Bibliothèque d'Histoire de la Philosophie), Paris, 2001, 354 pages.
BOUTON Christophe, *Temps et Histoire dans la Philosophie de Hegel, de Francfort à Iéna*, Vrin « Bibliothèque d'Histoire de la philosophie », Paris, 2000, 319 pages.
- *Le procès de l'Histoire, Fondements et Postérité de l'idéalisme historique de Hegel*, Vrin « Bibliothèque de l'Histoire de la philosophie », Paris, 319 pages.
CHATELET François, *Hegel*, Seuil, collection « Ecrivains de toujours », Paris, 1968, 190 pages.

D'HONDT Jacques, *Hegel, philosophe de l'histoire vivante*, PUF (Epiméthée, essais philosophiques, collection fondée par Jean Hyppolite et dirigée par Jean-luc Marion), Paris, 1966, 486 pages.
- *Hegel en son temps*, Editions sociales, Paris, 1968, 299 pages.
- *De Hegel à Marx*, PUF, Paris, 1972, 228 pages.
- *L'Idéologie de la Rupture*, PUF, Paris, 1972, 181 pages.
- *Hegel et la pensée grecque* (sous la direction de), PUF, Paris, 1974, 183 pages.
- *Hegel et le siècle des Lumières* (sous la direction de), PUF, Paris, 1974, 183 pages.
FISCHBACH Franck, *Du commencement en philosophie. Etude sur Hegel et Schelling*, Vrin, Paris, 1999
- *Fichte et Hegel, la reconnaissance*, PUF, « Philosophies », Paris, 1999, 128 pages.
GOUIN, Jean-Luc, *Hegel ou de la Raison intégrale*, suivi de « AIMER PENSER MOURIR » Hegel, Nietzsche, Freud en miroirs, préface de Jacques Dufresne, Editions Bellarmin, Bibliothèque Nationale du Québec, 1999, 223 pages.
HYPPOLITE Jean, *Logique et Existence*, PUF (Epiméthée), troisième édition, Paris, 1991, 247 pages.
- *Introduction à la philosophie de l'histoire de Hegel*, Seuil (collection Points), Paris, 1983, 124 pages.
- *Figures de la pensée philosophique*, Tome I, Ecrits 1931-1968, PUF (collection Quadrige), Paris, 1991, 512 pages.
JARCZYK Gwendoline et **LABARRIERE Pierre-Jean**, *Hegeliana*, PUF (Philosophie d'aujourd'hui, collection dirigée par Paul-Laurent Assoun), Paris, 1986, 366 pages.
- *Le syllogisme du pouvoir, y a-t-il une démocratie hegelienne* ?, Aubier (Bibliothèque philosophique), Paris, 1989, 362 pages.
- *De Kojève à Hegel, 150 ans de pensée hégélienne en France*, Albin Michel (Idées), Paris, 1996, 262 pages.
JARCZYK Gwendoline, *Science de la logique de Hegel*, Ellipse « Philo-œuvres », collection dirigée par Jean-Pierre Zarader, Paris, 1998, 63 pages.
- *Système et Liberté dans la Logique de Hegel*, Kimé, seconde édition revue et corrigée, Paris, 2001, 240 pages.
- *Le négatif ou l'écriture de l'autre dans la logique de Hegel*, Postface de Pierre-Jean Labarrière, Ellipses, (Philo collection dirigée par Jean-Pierre Zarader), Paris, 1999, 622 pages.

- *Le mal défiguré, Etude sur la pensée de Hegel*, Ellipses (Philo collection dirigée par Jean-Pierre Zarader), Paris, 2000, 284 pages.
- *Au confluent de la mort, l'universel et le singulier dans la philosophie de Hegel*, Ellipses (Philo collection dirigée par Jean-Pierre Zarader), Paris, 2002, 253 pages.
- *La réflexion spéculative, le retour et la perte dans la pensée de Hegel*, Postface de Pierre-Jean Labarrière, Kimé, Paris, 2004, 342 pages.
- *Le concept dans son ambiguïté, la manifestation du sensible chez Hegel*, Postface de Pierre-Jean Labarrière, Kimé, Paris, 2006, 312 pages.

KERVEGAN Jean-François, *Hegel et l'hégélianisme*, PUF « Que sais-je ? », Paris, 2005, 127pages.

KERVEGAN Jean-François et MARMASSE Gilles (sous la direction de), *Hegel, penseur du droit*, CNRS éditions, Paris, 2004, 298 pages.

LARDIC Jean-Marie, *Hegel, Comment le sens commun comprend la philosophie*, traduction et présentation, suivi d'un essai sur *la Contingence chez Hegel*, Actes Sud, série « le Génie du philosophe », Paris, 1989, 114 pages.
- *L'infini et sa Logique*, *Etude sur Hegel*, l'Harmattan, collection « la philosophie en commun », Paris, 1995, 301 pages.

LEBRUN Gérard, *La patience du Concept*, *Essai sur le Discours hégélien*, Gallimard, « Bibliothèque de philosophie », Paris, 1972, 421 pages.

J. BIARD, D. BUVAT, A. LECRIVAIN, J.-F. KERVEGAN, J.-F. KLING, A. LACROIX, M. SLUBICK, *Introduction à la lecture de la Science de la logique de Hegel*, Aubier « philosophie de l'esprit » :
I- *L'Etre*, Paris, 1983, 302 pages
II- *La Doctrine de l'essence*, Paris, 1983, 392 pages
III- *La Doctrine du concept*, Paris, 1987, 448 pages.

LONGUENESSE Béatrice, *Hegel et la critique de la métaphysique*, Vrin « Bibliothèque d'Histoire de la philosophie », Paris, 1981, 217 pages.

MABILLE Bernard, *Hegel, l'épreuve de la contingence*, Aubier, Paris, 1999, 384 pages.
- *Hegel, Heidegger et la constitution de la métaphysique*, *Recherches pour une constitution*, Vrin « Histoire de la Philosophie », Paris, 2004, 400 pages.

MALABOU Catherine :
- *L'avenir de Hegel, Plasticité, Temporalité, Dialectique*, Vrin « Bibliothèque d'Histoire de la philosophie », Paris, 1996, 272 pages.
- *La plasticité au soir de l'écriture, Dialectique, destructruction, déconstruction*, Variations I, Editions Léo Scheer, Paris, 2005, 121 pages.

MARCUSE Herbert, *L'Ontologie de Hegel et la Théorie de l'historicité*, Traduit de l'Allemand par Gérard Raulet et Henri-Alexis Baatsch, préface de Mimica Cranaka, Gallimard, Paris, 1991, 342 pages.

NANCY Jean-Luc, *La Remarque Spéculative*, Galilée, collection « la philosophie en effet », Paris, 1973, 179 pages.
- *Hegel, L'inquiétude du négatif*, Hachette, Paris, 1997, 149 pages.

PLANTY-BONJOUR Guy, (sous la direction de), *Hegel et la philosophie du droit*, Travaux du Centre de Recherche et de Documentation sur Hegel et Marx (ERA CNRS- Université de Poitiers), PUF, Paris, 1979, 156 pages.

PÖGGELER Oto, *Etudes hégéliennes*, traduction de Jean-François Courtine, Marcel Régnier, Pierre Garniron, Thomas De Koninck, Puf, Vrin « Reprise », Paris, 1985, 236 pages.

RENAULT Emmanuel, *Hegel, la naturalisation de la dialectique*, Vrin, « Bibliothèque d'Histoire de la philosophie », Paris, 2001, 320 pages.

RITTER Joseph, *Hegel et la Révolution Française, suivi de Personne et Propriété selon Hegel*, Bibliographie de H.M. SASS, Paris, Beauchesne, Paris, 1970, 142 pages.

SOUCHES-DAGUES Denise, *Logique et politique hégélienne*, Vrin, Paris, 1983, 133 pages.
- *le Cercle hégélien*, Paris, PUF, « Philosophie d'aujourd'hui », 1986, 186 pages.
- *Hégélianisme et Dualisme, Réflexions sur le phénomène*, Vrin « Bibliothèque d'Histoire de la philosophie », Paris, 1990, 160 pages
- *Recherches logiques, Infini et dialectique*, Vrin, Paris, 1994, 221 pages.

STANGUENNEC André, *Hegel critique de Kant*, PUF, « Philosophie d'aujourd'hui », Paris, 1985, 356 pages.
- *Hegel*, Vrin « Bibliothèque des philosophes », Paris, 1997, 247 pages.

- *La dialectique réflexive, Lignes fondamentales d'une ontologie du Soi*, Paris Presses Universitaires du Septentrion, Villeneuve d'Ascq, 2006, 222 pages.
TINLAND Olivier (Sous la direction de), *Lectures de Hegel*, Librairie Générale Française, collection « Le livre de poche », Paris, 2005, 506 pages.
VIEILLARD- BARON Jean-Louis, *Hegel, penseur du politique*, Editions du Félin, Paris, 2006, 258 pages.
- *Hegel, Système et Structures Théologiques*, Editions du Cerf, collection « Philosophie & Théologie, Paris, 2006, 321 pages.
WAHL Jean, *Le malheur de la conscience dans la philosophie de Hegel*, Riedier, Paris, 1929, 264 pages.
WEIL Eric, *Hegel et l'Etat*, cinq conférences, Vrin, Paris, 1985, 116 pages.

Autres commentaires et Ouvrages

CARON PARTE Maxence, *Lire Hegel*, Ellipses « Philo », collection dirigée par Jean-Pierre Zarader, Paris, 2000, 94 pages.
- *Identité et Essence, méditation sur la Logique de Hegel et sur son essence*, Editions du Cerf, Paris, 2006, 365 pages.

FUKUYAMA Francis, *la Fin de l'Histoire et le dernier homme*, traduit de l'anglais par Denis Armand Canal, Flammarion, collection « Champ », Paris, 1992, 449 pages.
LABARRIERE Pierre-Jean,
- *Le Christ avenir*, Desclée, collection « Jésus et Jésus-Christ » dirigée par J. DORE, n° 19, Paris, 1983, 178 pages.

LACROIX Alain, *Hegel et la philosophie de la nature*, PUF, collection « Philosophies », Paris, 1997, 123 pages.
LECRIVAIN André, *Hegel et l'Ethicité*, commentaire de la troisième partie des « Principes de la philosophie du droit », Vrin « Bibliothèque d'Histoire de la philosophie » Paris, 2001, 174 pages.
SOUAL Philippe, *Intériorité et Réflexion, Etude sur la Logique de l'essence chez Hegel*, Préface de Jean-François Marquet, l'Harmattan, « Ouverture philosophique », Paris, 2000, 361 pages.
TIMMERMANS Benoît, *Hegel*, Société d'édition les Belles Lettres, Figures du savoir, collection dirigée par Richard Zrehen, Paris, 2000, 179 pages.

VAYSSE Jean-Marie, *Hegel, Temps et Histoire*, PUF, collection « Philosophies », Paris, 1998, 127 pages.

Table des matières

Introduction 11

I - Le procès d'effectuation dans la configuration de la substance éthique .. 14

II - Le procès d'effectuation de l'état de droit 28

III - Le procès d'effectuation de la culture et de l'aliénation de l'esprit 32

IV - Le procès d'effectuation de la foi et de l'intellection 50

V - Le procès d'effectuation de la certitude morale 71

VI - Le procès d'effectuation de l'esprit dans son autoconscience 81

VII - Le procès d'effectuation de la religion manifeste 131

VIII - Le procès d'effectuation du savoir absolu 155

IX - Le procès d'effectution du Soi dans l'élément de la science 168

X - Le procès d'effectuation du temps 177

XI - Le procès d'effectuation dans l'élément de la science 191

Conclusion 209

Bibliographie 211

Philosophie aux éditions L'Harmattan

Dernières parutions

ALAIN BADIOU
Vivre en immortel
Vinolo Stéphane
À la différence de penseurs comme Deleuze ou Derrida, Alain Badiou est un philosophe classique, cherchant à apporter des réponses aux questions les plus anciennes de la philosophie. Pour Badiou, la philosophie n'est plus au coeur du processus de production des vérités. Toute la pensée de Badiou nous enjoint donc à cesser d'être des animaux humains pour devenir des sujets, à ne plus survivre à l'aune de nos seuls intérêts, pour vivre pleinement, c'est-à-dire, vivre enfin comme des immortels.
(Coll. Ouverture Philosophique, 20.00 euros, 196 p.)
ISBN : 978-2-343-05087-4, ISBN EBOOK : 978-2-336-36612-8

CENT MILLIONS D'ORGASMES
Essai sur la pornographie
Rubino Francesco
La pornographie sera l'un des objets les plus invasifs des réglementations morales à venir. Aux positions naïves (M. Marzano) et aux reconstructions puristes (C. MacKinnon) et relativistes (M. C. Nussbaum, L. Williams), ce «pornouvrage» oppose le sens authentique de cette anomie érotique : le sens d'un corps opprimé qui, pourtant, pornographiquement écrit (A. J. Magliacane) et se resymbolise dans un cri (P. Pat Califia) ou se désymbolise dans un fantasme (Ch. Ackerman, E. Lemoine-Luccioni).
(Coll. Ouverture Philosophique, série Arts vivants, 24.00 euros, 240 p.)
ISBN : 978-2-343-05144-4, ISBN EBOOK : 978-2-336-36662-3

COURT TRAITÉ D'ONTOLOGIE
Bouvier Pascal
Pourquoi existons-nous ? Est-ce que nous existerons après la mort ? Autant d'interrogations profondément humaines qui sont prises en charge par la philosophie. Au sein de celle-ci, une discipline spécifique se consacre à la question de l'être : l'ontologie. Elle semblait tombée en désuétude et dans l'oubli depuis les critiques sévères de certains courants philosophiques. Ce traité tente de saisir les grandes lignes de cette histoire de l'être.
(Coll. Ouverture Philosophique, 14.50 euros, 148 p.)
ISBN : 978-2-343-04094-3, ISBN EBOOK : 978-2-336-36722-4

CRITIQUE (LA) RADICALE DE L'ARGENT ET DU CAPITAL CHEZ LE DERNIER-MARX
Matériaux pour une refondation du marxisme
Bayer Philippe
Ce livre s'inscrit dans une réflexion sur la Critique radicale associée à ce qu'on peut appeler le Dernier-Marx. Ce Dernier-Marx, on peut le lire dans l'édition française du *Capital* en un repositionnement de Marx, venant problématiser sa pensée objective précédente, qui réceptionnait un donné du mode de production capitaliste pour l'interpréter comme un donné de l'histoire. À

cette entreprise ruineuse pour le mouvement ouvrier, le Dernier-Marx substitue une problématique radicalement subjective à partir d'une ontologie de l'identité vitale.
(Coll. Ouverture Philosophique, 25.00 euros, 248 p.)
ISBN : 978-2-343-04705-8, ISBN EBOOK : 978-2-336-36730-9

DÉCONSTRUCTION PHÉNOMÉNOLOGIQUE ET THÉOLOGIQUE DE LA MODERNITÉ OCCIDENTALE
Awazi Mbambi Kungua Benoît
Le puissant travail de déconstruction phénoménologique et théologique de la modernité occidentale fait apparaître l'autisme épistémologique qui caractérise son horizon de la Mathesis Universalis à la base de ses productions scientifiques, techniques, athées, consuméristes et médiatiques. À travers cet ouvrage, l'auteur opère un puissant tournant prophétique, mystique et thérapeutique de la théologie négro-africaine de la libération holistique, échappant ainsi aux schèmes idéologiques et politiques des théologies occidentales frappées d'obsolescence.
(33.00 euros, 320 p.)
ISBN : 978-2-343-03719-6, ISBN EBOOK : 978-2-336-36791-0

ÉVEIL BOUDDHIQUE ET CORPORÉITÉ
Marcel Antoine
«Voir dans sa propre nature», dans le bouddhisme zen, est une expression convenue qui désigne l'éveil. Pourquoi, et comment ? Observant l'importance première donnée au corps dans la pratique méditative, la mise à l'écart de la noèse, l'auteur, s'appuyant sur les développements de la pensée phénoménologique à la suite de Maurice Merleau-Ponty, tente une investigation de l'éveil bouddhique.
(Coll. Ouverture Philosophique, 12.00 euros, 108 p.)
ISBN : 978-2-343-05191-8, ISBN EBOOK : 978-2-336-36785-9

PROBLÈME (LE) KANTIEN DE L'ÉTHIQUE
Habiter le monde
Gaudet Pascal
La philosophie critique de Kant peut être interprétée comme une éthique, qui signifie non pas seulement l'impératif de la vertu, mais l'exigence d'une réalisation du souverain Bien en l'homme et dans le monde. Ce livre montre comment la recherche d'un passage de la liberté à la nature fonde le projet d'une « habitation » du monde et permet de penser le sens éthique de la philosophie en ses domaines théorique et pratique.
(Coll. Ouverture Philosophique, 12.00 euros, 110 p.)
ISBN : 978-2-343-05328-8, ISBN EBOOK : 978-2-336-36702-6

RACINE (LA) DE LA LIBERTÉ
Urvoy François
À l'issue d'un siècle qui a vu le plus grand écrasement des hommes et des peuples et en ce début qui en prend bien le relais, les préoccupations de liberté ont pris une urgence plus grande et plus sensible. Les investigations obtiennent jusqu'ici des résultats très décevants car elles s'attachent aux moyens externes sans jamais chercher qui et surtout comment on sera en mesure de les produire et de les mettre en œuvre. Il s'agit, ici, de remonter à la racine de la question : ce qui dépend de nous, ce que nous pouvons par nous-mêmes dans un monde qui nous produit et nous conduit.
(Coll. Ouverture Philosophique, 27.00 euros, 258 p.)
ISBN : 978-2-343-03005-0, ISBN EBOOK : 978-2-336-36731-6

SYMBOLIQUE (LE) ET LE TRANSCENDANTAL
Verley Xavier
Ce livre part du différend qui a opposé Frege et Husserl à propos du psychologisme. Comment ces deux pensées tournées vers une réflexion sur l'arithmétique ont-elles pu parvenir à deux conceptions si différentes de la logique ? Il est apparu qu'il s'agissait d'évaluer l'idée de représentation qui est au cœur du problème. Ainsi, faut-il se (re)présenter pour penser ou y a-t-il la place pour une pensée symbolique et aveugle ?
(Coll. Ouverture Philosophique, 30.00 euros, 294 p.)
ISBN : 978-2-343-02833-0, ISBN EBOOK : 978-2-336-36557-2

CRITIQUE ET ÉMANCIPATION
Recherches foucaldiennes sur la culture arabe contemporaine
Beghoura Zouaoui - Préface de Jacques Poulain
Cet ouvrage utilise les pensées de Michel Foucault dans la culture arabe. Il joint à une histoire socio-politique de cette culture une critique qui vise à y établir les conditions d'une émancipation réelle, indépendante de l'actualité brûlante qui semble la rendre aujourd'hui impossible. Cette expérience de critique socio-politique développe en effet les critères d'une émancipation intellectuelle qui conditionne toute émancipation sociale.
(Coll. La philosophie en commun, 17.00 euros, 176 p.)
ISBN : 978-2-343-04092-9, ISBN EBOOK : 978-2-336-36304-2

DU FÉMINISME DANS L'ŒUVRE DE MICHEL FOUCAULT
A demain le bon sexe
Essai
Sastre Danièle
«Le sexe, disait Foucault, ça s'administre, la sexualité, ça se subit ; quant à la sensualité, elle est chaque jour à inventer.» L'auteur a voulu rouvrir le dossier, emprunter les chemins qu'il a tracés en 1976 en écrivant son Histoire de la sexualité, qui est l'histoire des discours sur la sexualité, eux-mêmes histoire des corps investis par le pouvoir.
(27.00 euros, 268 p.)
ISBN : 978-2-343-04763-8, ISBN EBOOK : 978-2-336-36305-9

GASTON BACHELARD, UNE POÉTIQUE DE LA LECTURE
Buse Ionel
L'éthique bachelardienne est une éthique simple, mais pas du tout simpliste : l'homme du théorème est complété par l'homme du poème. Mais, si l'éthique est une direction de la pensée qui doit maîtriser notre avenir, la poétique est la source ontologique de cette pensée. C'est-à-dire la liberté de rêver doit être à l'origine de la liberté créatrice de la pensée ou de l'homme des théorèmes. En fait, il ne s'agit pas d'une éthique fermée dans les modèles artificiels d'une pensée techniciste, mais toujours d'une éthique soutenue, à l'origine, par une poétique de la pensée ouverte.
(Coll. Ouverture Philosophique, 16.50 euros, 160 p.)
ISBN : 978-2-343-04292-3, ISBN EBOOK : 978-2-336-36292-2

HOMME (L') EST-IL UN ANIMAL POLITIQUE ?
Physique de la misanthropie, entre littérature et philosophie
Ainseba Tayeb
Le compartimentage disciplinaire hérité du XIXe siècle pousse à opposer les intentions esthétiques de la littérature au chemin vers la vérité que serait la philosophie. Cette opposition nie la possibilité d'une philosophie littéraire tant que, réduite à un dogme, elle n'est pas critiquée. Ce livre, plutôt que d'opposer la littérature et la philosophie, raconte ce qui les rapproche en prenant un thème qui leur est commun, celui de la misanthropie.
(30.00 euros, 298 p.)
ISBN : 978-2-343-04870-3, ISBN EBOOK : 978-2-336-36346-2

LOGIQUE ET RHÉTORIQUE SELON CHAÏM PERELMAN
ou le jugement partagé
L'éloquence de la raison
Melcer Jean-François
Des trois volets de l'oeuvre de Chaïm Perelman – la philosophie du droit, l'éthique et la logique – le troisième est le moins connu. Les précédents tomes de *L'éloquence de la raison* ont mis l'accent sur les deux premiers. Il s'agit, à présent, d'expliciter les conditions épistémologiques de possibilité de la nouvelle rhétorique, conçue comme logique argumentative, non comme technologie persuasive.
(Coll. Ouverture Philosophique, 31.00 euros, 304 p.)
ISBN : 978-2-343-04209-1, ISBN EBOOK : 978-2-336-36286-1

MERLEAU-PONTY - FREUD ET LES PSYCHANALYSTES
Le Baut Hervé
Le parcours de Maurice Merleau-Ponty ne peut se comprendre sans le fil rouge de la Psychanalyse : dès sa thèse, il restaure le primat de la perception et du corps sexué à la lumière de Freud et de Binswanger. A la Sorbonne, il renouvelle la Psychologie de l'enfant en y intégrant M. Klein, J. Lacan et F. Dolto. Au Collège de France plusieurs cours font des rêves et de la libido une dimension inéluctable de l'humain. De nombreux psychanalystes et psychiatres se sont « laissés interroger par lui « : citons : H. Ey, A. Hesnard, P. Fédida, A. Green, J. Laplanche, J.-B. Pontalis, Luce Irigaray...
(Coll. Ouverture Philosophique, 24.00 euros, 296 p.)
ISBN : 978-2-343-04080-6, ISBN EBOOK : 978-2-336-36381-3

NAÎTRE MÈRE
Essai philosophique d'une sage-femme
de Gunzbourg Hélène
Cet essai est la réflexion d'une sage-femme qui, depuis trente ans, a accompagné des femmes pendant leur grossesse et après la naissance de leur enfant, écoutant leur questionnement sur l'arrivée au monde d'un enfant désormais « désiré ». La révolution dans la procréation et la transformation de la famille concerne chacun d'entre nous. Faut-il redouter que les forces aveugles de la nature ou du destin soient remplacées par la rigueur glaciale et anonyme de la technoscience et de son « expertise » ?
(Coll. Ouverture Philosophique, 28.00 euros, 274 p.)
ISBN : 978-2-343-04437-8, ISBN EBOOK : 978-2-336-36405-6

PENSÉE DIALOGIQUE, LANGAGE ET INTERSUBJECTIVITÉ DANS LA PHILOSOPHIE DE FRANZ ROSENZWEIG
Muller Alain - Préface de Bernard Forthomme
L'originalité de cet ouvrage, c'est de tenter d'éclairer le « retour » de Franz Rosenzweig au judaïsme, - et le concept de « révélation » qui s'y rattache -, à partir de l'itinéraire intellectuel et de la philosophie de celui-ci, et en s'appuyant sur les philosophies d'Hermann Cohen et d'Eugen Rosenstock, et cela en plaçant le premier dans le contexte historique de la « symbiose judéo-allemande », le second dans le cadre du dialogue interreligieux entre le christianisme et le judaïsme.
(Coll. Ouverture Philosophique, 28.00 euros, 270 p.)
ISBN : 978-2-336-00746-5, ISBN EBOOK : 978-2-336-36432-2

PENSÉE (LA) POSITIVISTE SOUS LE SECOND EMPIRE
Charlton Donald Geoffrey - Traduction : René Boissel
Le Second Empire fut l'époque charnière dans la construction de la France moderne : développement exponentiel de la science qui repousse les frontières de l'inconnaissable, culte du 'Progrès' sans limite qui atteindra son apogée à la veille de la Première Guerre mondiale. Parallèlement, une nouvelle philosophie se construit avec pour base la science et remet en cause les profondes certitudes préalablement acquises : le positivisme, esquissé par Saint-Simon et structuré par Auguste Comte. Le professeur Donald Geoffrey Charlton (1925 – 1995) présenta sa thèse à l'Université de Londres.
(Coll. Ouverture Philosophique, 26.00 euros, 260 p.)
ISBN : 978-2-343-01340-4, ISBN EBOOK : 978-2-336-36430-8

PHILOSOPHIE ET SPÉCIFICITÉ AFRICAINE DANS LA REVUE PHILOSOPHIQUE DE KINSHASA
Massamba-Makoumbou Jean-Serge
La revendication d'une rationalité purement africaine par les milieux scientifiques ou universitaires africains, depuis des décennies, dérive de la minorisation de l'Afrique. Cette étude s'interroge sur le sens et la signification de la notion d'africanité attachée à sa philosophie. Elle tente de répondre à la question de l'identité africaine de cette philosophie et partant de celle du philosophe africain, telle qu'elle se donne à lire dans la Revue philosophique de Kinshasa.
(Coll. Ouverture Philosophique, 16.50 euros, 168 p.)
ISBN : 978-2-343-05119-2, ISBN EBOOK : 978-2-336-36416-2

L'Harmattan Italia
Via Degli Artisti 15; 10124 Torino

L'Harmattan Hongrie
Könyvesbolt ; Kossuth L. u. 14-16
1053 Budapest

L'Harmattan Kinshasa
185, avenue Nyangwe
Commune de Lingwala
Kinshasa, R.D. Congo
(00243) 998697603 ou (00243) 999229662

L'Harmattan Congo
67, av. E. P. Lumumba
Bât. – Congo Pharmacie (Bib. Nat.)
BP2874 Brazzaville
harmattan.congo@yahoo.fr

L'Harmattan Guinée
Almamya Rue KA 028, en face
du restaurant Le Cèdre
OKB agency BP 3470 Conakry
(00224) 657 20 85 08 / 664 28 91 96
harmattanguinee@yahoo.fr

L'Harmattan Mali
Rue 73, Porte 536, Niamakoro,
Cité Unicef, Bamako
Tél. 00 (223) 20205724 / +(223) 76378082
poudiougopaul@yahoo.fr
pp.harmattan@gmail.com

L'Harmattan Cameroun
BP 11486
Face à la SNI, immeuble Don Bosco
Yaoundé
(00237) 99 76 61 66
harmattancam@yahoo.fr

L'Harmattan Côte d'Ivoire
Résidence Karl / cité des arts
Abidjan-Cocody 03 BP 1588 Abidjan 03
(00225) 05 77 87 31
etien_nda@yahoo.fr

L'Harmattan Burkina
Penou Achille Some
Ouagadougou
(+226) 70 26 88 27

L'Harmattan Sénégal
10 VDN en face Mermoz, après le pont de Fann
BP 45034 Dakar Fann
33 825 98 58 / 33 860 9858
senharmattan@gmail.com / senlibraire@gmail.com
www.harmattansenegal.com

L'Harmattan Bénin
ISOR-BENIN
01 BP 359 COTONOU-RP
Quartier Gbèdjromèdé,
Rue Agbélenco, Lot 1247 I
Tél : 00 229 21 32 53 79
christian_dablaka123@yahoo.fr

649512 - Avril 2016
Achevé d'imprimer par

1livre.com
du rêve à la réalité !